XIN SHIDAI
PUSHANG WENHUA

■ 莆田学院学术专著出版资助项目

新时代莆商文化

主编　蔡加珍

厦门大学出版社　国家一级出版社
XIAMEN UNIVERSITY PRESS　全国百佳图书出版单位

图书在版编目（CIP）数据

新时代莆商文化 / 蔡加珍主编. -- 厦门：厦门大
学出版社，2023.10
　　ISBN 978-7-5615-8704-1

　　Ⅰ．①新… Ⅱ．①蔡… Ⅲ．①商业文化-莆田 Ⅳ.
①F729

　　中国版本图书馆CIP数据核字(2022)第150979号

出 版 人　郑文礼
责任编辑　章木良
美术编辑　张雨秋
技术编辑　朱　楷

出版发行　厦门大学出版社
社　　　址　厦门市软件园二期望海路39号
邮政编码　361008
总　　　机　0592-2181111　0592-2181406(传真)
营销中心　0592-2184458　0592-2181365
网　　　址　http://www.xmupress.com
邮　　　箱　xmup@xmupress.com
印　　　刷　厦门市明亮彩印有限公司

开本　787 mm×1 092 mm　1/16
印张　14.75
插页　2
字数　281 千字
版次　2023 年 10 月第 1 版
印次　2023 年 10 月第 1 次印刷
定价　99.00 元

厦门大学出版社
微信二维码

厦门大学出版社
微博二维码

序 言

脉衍戴云,谓之莆阳,地浮蒲泽,兴教化民。莆田市历史悠久,自南朝陈光大二年(568年)置县以来,历一千四百多年行政区域时有变化,史称"兴安""兴化",又称"莆阳""莆仙",自古是闽中的政治、经济、文化中心。莆田地理优势明显,地处福建省沿海中部,北连省会城市福州,南接历史名城泉州,西依戴云山,东南濒临台湾海峡。整个地势背山面海,西北部重峦叠嶂,中部丘陵起伏,为八闽名郡。莆田地区文化、经济、社会发展源远流长,人才辈出,遍布天下,文物彰明,闻名遐迩,素有"文献名邦""海滨邹鲁"之誉,获全国文明城市、国家森林城市、福建省历史文化名城等称号。

千百年来莆田人"地瘦栽松柏,家贫子读书",形成了耕读传家的传统,也凭借吃苦耐劳、自强不息,勇闯天下、志在四方,恋祖爱乡、报效桑梓的精神,促进了经济和商贸的快速发展,呈现出"无兴(指兴化商帮)不成镇""无莆不成市"之盛况。莆田商帮也颇具影响力,为中华十大商帮之一闽商的一个重要分支。莆田人比较早就摆脱了作为中华民族文化主体的中原农耕文化以及在农耕基础上形成的自给自足的自然经济思想的束缚,重视商业经营,敢于闯荡天下,商业成就斐然。莆商具有重要影响力的产业主要有金银首饰产业、工艺美术产业、鞋服产业、医疗健康产业等。莆田人在经商打拼的过程中,逐渐形成了独具特色的莆商文化与莆商精神。现代莆商的代表人物有新加坡的黄廷方、印尼的李文正,以及国内的洪杰、苏庆灿等。

莆商实力雄厚,是一支具有世界影响力的商帮。近几年莆商文化研究已涉及众多学科领域,成为一个横跨经济学、管理学、宗教学、人类学、民俗学、社会学、传播学、艺术学等众多学科的精细研究领域。莆商作为一个经济现象与商业文化代表,研究内容十分丰富。本书探讨了莆商的起源与发展、莆商文化与莆商精神、莆商主要产业、莆商公益事业、莆商主要代表人物、莆商海内外商会等。从莆田地域文化探寻根源,全面梳理莆田的地理环境、资源禀赋、人文历史、风俗民情、宗教信仰等如何影响和造就了莆商,着重分析莆商成长的文化基因,展望21世纪莆商事业发展蓝图。新时代应有新的莆商精神,通过对莆商千年辉煌成就的梳理与研究,我们认为新时代莆商精神应是:惟读惟耕、克己复礼、立德立功、行稳致远。惟读惟耕,崇尚科学教育、勤奋努力的精神,这与传统莆田重视教育一脉相承;克己复礼,注重莆商自我修炼;立德立功,强调莆商的社会责任;行稳致远,要求新时代莆商应加强科学决策,做强做优做大产业。新形势下,弘扬新时代莆商精神,才能使莆商立于不败之地。

本书由莆田学院莆商文化研究中心蔡加珍副教授负责组织撰写工作,具体分工如下:第一章"绪论"由黄金象、蔡加珍撰写;第二章"莆商的起源与发展"由蔡加珍撰写;第三章"莆商文化与莆商精神"由黄少强撰写;第四章"莆田工艺美术产业"由蔡欣怡、于立生撰写;第五章"莆田民营医疗健康产业"由蔡加珍、于立生撰写;第六章"莆田金银首饰产业"由蔡加珍撰写;第七章"莆商品牌"由庄婧婧、蔡加珍撰写;第八章"莆商公益事业"由黄亚妹撰写;第九章"国内莆商与莆田商会"由郑长征撰写;第十章"海外莆商与华侨社团"由蔡政忠撰写。

本书的编撰出版,有赖于莆田学院各位专家学者的辛勤劳动,得益于各位莆商的宏观指导。仓促成书,不足之处还请读者专家不吝赐教。

编　者

目 录

第
一
章

绪 论

　　莆田是福建地级市,史称"兴安""兴化",又称"莆阳""莆仙",为八闽名郡,自古是闽中的政治、经济、文化中心。地理优势明显,地处福建省沿海中部,北连省会城市福州,南接历史名城泉州,西依戴云山,东南濒临台湾海峡,与台湾岛隔海相望,与台中市距离仅72海里。整个地势背山面海,西北部重峦叠嶂,中部丘陵起伏,号称"三山六海一分田"。莆田地区文化、经济、社会发展源远流长,人才辈出,遍布天下,文物彰明,闻名遐迩,素有"文献名邦""海滨邹鲁"之誉,是第五届全国文明城市、国家森林城市、福建省历史文化名城、海峡西岸经济区城市之一,正在努力争创国家历史文化名城。陆域面积4 200平方公里,海域面积1.1万平方公里,2022年末户籍人口数为367.29万人。

　　莆田人"地瘦栽松柏,家贫子读书",形成了耕读传家的传统,也凭借吃苦耐劳、自强不息,勇闯天下、志在四方,恋祖爱乡、报效桑梓的精神,促进了经济和商贸的快速发展,呈现出"无兴不成镇""无莆不成市"之盛况。莆田商帮也颇具影响力,莆商为中华十大商帮之一闽商的一个重要分支。莆田人比较早就摆脱了作为中华民族文化主体的中原农耕文化以及在农耕基础上形成的自给自足的自然经济思想的束缚,重视商业经营,敢于闯荡天下。莆田人在经商打拼的过程中,逐渐形成了有自己特色的莆商精神。现代莆商的代表人物有新加坡的黄廷方家族,印尼的李文正,以及国内的洪杰、欧宗荣等。历史资料显示,莆田古代地少人多,迫使莆田人背井离乡前往异地求谋生计,逐渐养成闯荡天下的精神,其足迹涉及东南亚、欧美、非洲等。莆田人的经商历史,上可追溯至唐代。莆田民间自古流传着"瘦店胜过肥田""田园万顷,不如薄艺在身"等谚语,从中可见莆田人重视"工商"的独特理念。从唐代开始,莆田的黄石、涵江、城厢、江口、梧塘、西天尾、华亭、庄边、笏石、北高以及仙游的枫亭等地,就先后形成商业贸易网点,并逐步形成集镇。黄石是最早形成的商业集镇。宋时,莆田的经商风气已经蔚然成风,正如蔡襄笔下所描述的:"凡人情莫不欲富,至于农人、商贾、百工之家,莫不昼夜营度,以求其利。"莆田人具备敢闯精神,早在唐朝时就有人远涉重洋,到海外谋生。莆籍诗人黄滔在《贾客》中写道:"大舟有深利,沧海无浅波。利深波也深,君意竟如何。"可见唐时莆田贾客为了获利,敢冒风波出没于大洋。宋代石碑《兴化军祥应庙记》[现存于三清殿(原莆田市博物馆)碑廊]有"游商海贾,履风涛历险阻,牟利于他郡外番者"的记载。清代至中华人民共和国成立前,兴化商帮更加活跃。清代出现儒生从商现象,促进了商贾素质的提升,也使莆人善贾传统得以发扬光大。清《(乾隆)莆田县志》载"商舟之所会,贩籴往来,以食以济",反映了当时莆田地区商贸之繁华;当时涵江"五方杂处,人烟稠密,百货所聚",号称"小上海"。历史上,众多外出经商的兴化人遍布福建各县城镇及省外许多商业重镇,南京、芜湖、上海、安庆、香港等地都可以看到莆田人的踪迹,以至于有"无兴不成镇"之说。改革开放后,莆商不断繁荣兴盛。莆田商人顺应市场导向,经营范围不断扩大。20世纪80年代,莆田人经商就被传为佳话:忠门人一把弯刀走天下、新度人一筐鸡苗卖全国、榜头人雕木、北高人打金、东庄人卖药……经过几十年的发展,莆商成就为世界所瞩目。

涵江经贸繁荣的实证——东方二十五坎(蔡靖摄)

　　莆商逐渐形成有规模的商帮,并活跃在全国各地,经营着从修鞋到钱庄诸种行业,以其广泛的国内和国际影响力,赢得了"中国犹太人"和"东方犹太人"之美称。莆商实力雄厚,在全国及国外经商从业的乡亲有220万人,其中海外侨胞150万人,分布在85个国家和地区,李文正、黄志强等一批知名莆籍华侨在我国港澳地区,以及东南亚地区具有较大影响力;在内地大约占民营医疗行业的85%、木材市场的近70%、金银珠宝行业的60%,油画出口占全国的三分之一,仙游县的红木家具产品已占国内高端红木家具市场份额的七成以上,同时仙游县也是全国三大红木古典家具主产地之一和最重要的红木生产集散地之一。截至 2022 年,全国民营加油站约 6 万家,其中一半以上是莆田人开的。

近几年的莆商文化研究已涉及众多学科领域,成为一个横跨经济学、管理学、宗教学、人类学、民俗学、社会学、传播学、艺术学等众多学科的精细研究领域。尽管莆商作为一个经济现象与商业文化,研究内容十分丰富,但由于种种原因,研究成果乏善可陈,成果寥寥。以莆商为关键词搜索全国最大的文献数据库"中国知网",文献资料仅 35 篇,期刊仅 26 篇,搜索"超星百链云图书馆"仅有 244 种相关图书,较系统研究莆商的仅有《莆商发展史》等著作。蔡天新教授的著作《莆商发展史》论述了早期莆商的形成、发展变化以及中华人民共和国成立后,莆商在社会主义建设和社会主义工商业改造中的建设和发展,特别是对民营产业、医药产业、木业发展的贡献和对市场发展的影响等。任清华的《莆商成长的历史探源》一文探讨了莆商的成长,从莆田地域文化探寻根源,莆田的地理环境、资源条件、历史政策、风俗民情、宗教信仰等影响和造就了莆商,并研究了莆商成长的文化基因。莆籍学者吴重庆教授的著作《孙村的路》,从人类学等角度研究了莆田一个小村孙村如何"同乡同村闯天下",从无到有,从事黄金珠宝等行业。作者积 10 余年之功,对其家乡莆田孙村所做的研究内容包括通婚圈、姻亲网、"共时态社区"中人鬼神之间的权力关系以及依托于乡土社会文化网络的"同乡同业"经济等。作者探寻微观历史中的细脉与秘径,从日常生活变迁和延续的角度来考察问题,以小见大,细致入微,内容生动,并且有较重要的理论意义,包括对国家与社会、传统与现代革命等二元对立框架的反思,以及对"权力的文化网络"、乡村"空心化"等被较普遍使用的概念的重新论证。陈启庆的《宋代莆阳商业活动综论》一文通过对宋代莆阳的商品生产以及商业贸易等活动的回溯与总结,以期为当代莆商的创业与创新,为 21 世纪海上丝绸之路的建设与发展提供些许有益的启示。陈元添的《莆田市医疗健康产业创新发展探析》一文从莆田市医疗健康产业发展的现状入手,通过深入实际调研重点企业及相关部门,分析医疗健康产业发展中存在的具体问题,剖析推进医疗健康产业发展的现实需求及面临的发展机遇,提出莆田市医疗健康产业创新发展的具体对策。

总体上看,莆商文化的研究仍然是碎片化、非系统化的,需要更多的专家学者从不同的学科视角审视这一课题。

第一节

莆田历史概况

一、莆田地名探源溯流

　　关于莆田的最早记载,常见史料有司马光的《资治通鉴·陈纪》:"(天嘉五年,564
年)十一月,己丑,宝应大败,逃至莆口,谓其子曰:'早从虞公计,不至今日。'"莆田的莆
如何来,主流说法有两个。一个说法认为莆田的"莆"是蒲草的"蒲"。宋代志书认为莆
田的"莆"源于蒲草丛生,所以原叫"蒲田",后因水灾泛滥,折水为"莆",变成如今的"莆
田"(《兴化府志》记载,"宋志释蒲,谓县多水,因去水从莆")。明清两朝的志书一直持此
说。清末陈池养凭借自己多年的水利建设经验,从莆田的地理情况出发,认为"莆田介
福泉之间,西北依山,厥田环山傍溪;东南距海,厥田背山塍海。其中延寿、木兰二溪,与
海潮相出入,盐淡不分,沙泥胶成平壤,短长相复将四十里,惟蒲生之,谓之蒲田。后乃
去水为莆焉"。另一个说法认为"莆"和"蒲"通用,"蒲"为"莆"的通假字。《兴化府志》记
载:"莆与蒲通,《三辅黄图》菖莆百本是已。"以古籍来考证"莆"和"蒲"的关联性。不论
是蒲草的"蒲",还是"蒲""莆"通用的"蒲",莆田平原早期的开发确实和"蒲"有关。根
据林汀水的研究,早期莆田平原的原始地貌多为海湾和沼泽地,所以"蒲草丛生"的现
象是存在的。南朝陈永定元年(557年),郑露、郑庄、郑淑三兄弟结伴而行,来到莆田
推动儒学。凤凰山麓、南湖之畔、祖墓之侧,构筑"湖山书堂",开莆来学。此时莆田还
未设县,也没有开垦。郑氏兄弟看到海潮直达南山之下,波光山色,互相动荡,所以将
自己的书堂取名为"湖山书堂"。《兴化府志》记载,仁德里澄渚山,注曰:"杜预曰:'小
洲曰渚。'莆来塍海时,潮至此,故曰'渚'。"七步村,注曰:"考《礼部韵略》,谓水际渡头
曰步,七其数也。莆来塍海时,民居多际水。"历史学家朱维幹《福建史稿》说:"莆田县
的地名,凡是以浦、以浔、以步、以渚、以埭命名的村落,最初都是海潮出没之地。"近代
地学专家在莆田的勘探结果也表明,现在兴化平原所处的地底存在海泥,说明莆田在
未开垦前要么是海湾,要么是沼泽。早期的兴化平原几乎三分之二都在海里。
　　莆田还有两个名称广为人知,即兴化与兴安。兴化源于北宋,两宋时期是莆田经
济文化鼎盛时期,故兴化之名影响深远,时至今日莆田人仍被称为兴化人。北宋太平
兴国四年(979年),宋太宗诏以莆田、仙游、永福(今永泰)、福清四县之部分属地置兴

化县(治所在今仙游县游洋镇),并在其地建太平军。太平兴国五年(980年),改太平军为兴化军,划出平海军(今泉州市)的莆田、仙游二县归兴化军管辖,兴化军直属两浙西南路,与建州、福州、泉州、漳州、汀州、南剑州、邵武军合称为"八闽",辖地基本上与今莆田市相同。南宋景炎二年(1277年),兴化军城失而复得,端宗诏改兴化军为兴安州,故莆田又有"兴安"之称。

二、历史沿革

(一)夏商周时期

早在三四千年前,人类已在这块美丽富饶的土地上劳动、生息和繁衍。今莆田市区西郊山上有古人穴居之所的海蚀洞多处,曾出土新石器时代的遗物。仙游县大济镇钟峰村洋塘发现有印纹陶文化时期的遗址和石斧、石锛、陶片等遗物。仙游县园庄乡土楼溪尾以及莆田市华亭、西天尾镇等也发掘大量的石锛、印模陶、石戈、陶拍、石斧等新石器时代遗物。

夏朝时属扬州,扬州范围相当于淮河以南、长江流域及岭南地区。商朝属"七闽"地,东汉《说文解字》云:"闽,东南越,蛇种,从虫门声。""东南越"的确切范围,通常系指今浙江东南和福建全境,以及广东潮州、梅州一带。照此,莆、仙亦属"闽地"。

春秋战国时期,越王勾践去世后,越国(都城设于今浙江绍兴)势力开始进入"七闽"地。越国周围的其他越族,因逃避战乱,也随之而入。前306年,越国被楚国所灭,其宗室四分五裂,贵族大规模涌入福建各地,与当地的土著居民互相融合,逐渐形成新的闽越族部落。莆田、仙游是越国故地。

(二)秦汉时期

自公元前221年秦始皇统一中国,莆田被正式纳入行政建制,建立闽中郡。

西汉前期,莆田属闽越国,昭帝始元二年(前85年),西汉中央政权为强化对闽越故地的统治,另立冶县及回浦(今浙江南部)以管辖,并属会稽郡。冶县是福建最早建立的一个县,县署在冶(今福州)。东汉,冶县易名东侯官,辖地不变。顺帝永和六年(141年),在东侯官县增设南部都尉。献帝建安八年(203年),南部都尉移于建安(今福建建瓯)。十二年(207年),南部都尉下设侯官、建安、南平、汉兴及东冶等5县。莆田、仙游归侯官县辖。东汉后期属南部都尉侯官县。三国时期属建安郡侯官县,孙吴多次开发闽中。吴永安三年(260年),孙吴政权撤销南部都尉,在闽中设立建安郡,辖建安、南平、将乐、建平(今建阳)、东平(今松溪)、昭武(今邵武)、吴兴(今浦城)、侯官、东安(今南安、同安)等 9 县。莆田、仙游属建安郡之侯官县。

(三)魏晋南北朝时期

公元 265 年,魏国权臣司马炎夺取政权,建立西晋王朝。晋太康元年(280 年),西晋灭吴,结束三国鼎立局面。三年(282 年),析建安郡地,又立晋安郡。莆田、仙游地域属晋安郡之侯官县。

南朝前期属南安郡。南朝陈光大二年(568 年),废莆田县,隶属丰州(今福州)南安郡。

(四)隋唐五代时期

隋开皇九年(589 年),废置莆田县,隶属泉州(今福州)。唐武德五年(622 年),析南安县地再置莆田县,属丰州(今泉州)。唐圣历二年(699 年),莆田县西部置清源县,莆田、清源属武荣州[景云二年(711 年)改泉州]。唐天宝元年(742 年),改泉州为清源郡,而清源县改为仙游县,莆田、仙游属清源郡。之后清源郡又改为泉州、清源军、平海军,莆田、仙游亦属之。

(五)宋元明清时期

北宋太平兴国四年(979 年),宋太宗诏以莆田、仙游、永福(今永泰)、福清 4 县之部分属地置兴化县(治所在今仙游县游洋镇),并在其地建太平军。太平兴国五年(980 年),改太平军为兴化军,划出平海军(今泉州)的莆田、仙游 2 县归兴化军管辖,兴化军直属两浙西南路,与建州、福州、泉州、漳州、汀州、南剑州、邵武军合称为"八闽",辖地基本上与今莆田市相同。太平兴国八年(983 年),军治迁至莆田县城。雍熙二年(985 年),闽地从两浙西南路分出,置福建路,兴化军隶属福建路。南宋德祐二年(1276 年),恭帝在临安(今杭州)降元。同年五月,益王赵昰在福州登位,是为端宗,改元景炎,升福州为福安府,定为行都。景炎二年(1277 年),兴化军城失而复得,端宗诏改兴化军为兴安州,故莆田市又有"兴安"之称。

元至元十四年(1277 年),元军陷兴安州城。元代,地方设行中书省,兴安州改称兴化路,属江浙行中书省管辖,设总管府,置录事司,统莆田、仙游、兴化 3 县。至元十五年(1278 年),设福建行中书省,兴化路属之。皇庆二年(1313 年),兴化县治由游洋镇迁到广业里湘溪(今莆田市涵江区新县镇)。元朝末期,泉州、莆田出现亦思法杭兵乱。至正二十七年(1367 年),福州参政文殊海牙开城降明,兴化路亦纳款归明。

明洪武二年(1369 年),兴化路改称兴化府。洪武九年(1376 年),福建行中书省改为福建承宣布政使司,兴化府属之。兴化府废录事司,辖莆田、仙游、兴化 3 县不变。正统十三年（1448年），地处山区的兴化县虎患严重，病疫流行，人丁渐少，百姓不堪重负，因而遭裁革。将武化、长乐2乡并为广业里，划归莆田县；兴泰、福兴、来苏3里并为兴泰里，划归仙游县。

清沿明制，兴化府建制不变，仍辖莆田、仙游2县，隶属福建省闽海道。康熙四十四年（1705年），莆田人林麟焻、朱元春总纂《兴化府莆田县志》36卷（今中国国家图书馆藏有一部）。

(六)民国时期

1912年废府，属南路道，道治设厦门，1914年改名厦门道，原泉州府、兴化府、永春直隶州所辖各县隶之。1933年"中华共和国人民革命政府"即"福建人民政府"成立时，属"兴泉（泉海）省"（今莆田、泉州、厦门等地）。民国二十三年（1934年）10月，属第四行政督察区，驻同安，辖同安、晋江、南安、仙游、莆田、金门、安溪、永春、德化、惠安。

(七)中华人民共和国时期

1949年8月21日、8月25日，莆田、仙游二县先后解放，分别成立地方人民政府，同隶福建省第五行政督察专员公署。

改革开放前，1950年属泉州专区，1950年4月起，第五行政督察专员公署先后更名为"晋江行政督察专员公署"和"晋江地区专员公署"，莆田、仙游二县人民政府改称人民委员会。1955年属晋江专区。1967年，全省各地先后建立"军事管制委员会"。同年7月，莆田、仙游二县成立的"军事管制委员会"同隶于"晋江专区军事管制委员会"。1968年，全省各地先后成立"革命委员会"。同年9月，莆田、仙游分别成立县"革命委员会"，属"晋江专区革命委员会"。

1970年6月，莆田、仙游二县划归闽侯专区，专区驻地也从闽侯县螺洲迁移至莆田荔城。原南平、福安、闽侯、晋江、龙溪、龙岩、三明等7个专区改称地区。1971年7月，撤销闽侯地区，析晋江地区的莆田、仙游二县，同原闽侯地区的福清、永泰、闽侯、长乐、平潭、闽清6县，成立"莆田地区革命委员会"，驻莆田县。这是莆田市至今历史上管辖范围最大的时期。1973年7月，复将闽侯县划归福州市辖。

改革开放后，1979年1月，改"莆田地区革命委员会"为"莆田地区行政公署"，行署驻地和辖县不变。尔后，各县"革命委员会"亦改称人民政府。1983年5月，莆田地区行政公署撤销，并析莆田地区的福清、永泰、平潭、长乐、闽清5县归福州市管辖。同年9月9日，基于开发湄洲湾的需要以及兴化地区自然地理和社会历史的实际，国务院批准建立莆田市，辖莆田、仙游2县和由原莆田县城厢镇、城郊公社及涵江镇、涵江公社分别组建的城厢、涵江2区。市人民政府驻城厢区。1989年2月，从莆田县划出湄洲乡,成立莆田市湄洲岛旅游经济区,由莆田市直辖。1992 年经国务院批准升格为国家级旅游度假区。同年 9 月,湄洲乡改为镇建制。1996 年 2 月,福建省人民政府批准成立莆田市湄洲湾北岸经济开发区管委会,对笏石镇、埭头镇、平海镇、东峤镇、南日镇、东庄镇、忠门镇、灵川镇行使管辖权,管辖的行政区域属莆田县。1997 年 10 月,忠门镇区划进行调整,增设山亭、东埔、月塘 3 个乡。1999 年 7 月,灵川镇区划调整增设东海镇。

2002 年 2 月 1 日,国务院批准调整莆田市部分行政区划,撤销莆田县,成立荔城区、秀屿区,市辖有城厢区、涵江区、荔城区、秀屿区和仙游县。撤销莆田县建制,将原莆田县的常太、华亭、灵川、东海 4 个镇划归莆田市城厢区管辖,原莆田县的江口、梧塘、萩芦、白沙、新县、庄边 6 个镇和大洋乡划归莆田市涵江区管辖。涵江区面积 752 平方公里。调整城厢区行政区域范围,设立荔城区。将原城厢区荔城街道,城厢区城南乡的镇海、阔口、新溪、步云、埭里、古山 6 个村,城郊乡的长丰、七步、濠浦、南郊、莘郊、荔浦、陡门、张镇、西洙、拱辰、畅林 12 个村,及原莆田县的西天尾、新度、黄石、北高 4 个镇划归荔城区管辖,面积 268 平方公里。设立秀屿区,将原莆田县的笏石、东庄、忠门、东埔、湄洲、东峰、埭头、平海、南日 9 个镇和山亭、月塘 2 个乡划归秀屿区管辖,面积 506 平方公里。

2008 年 4 月,经国家发改委、国土资源部、建设部发布第 18 号公告,核准莆田市湄洲湾北岸经济开发区管委会再次挂牌成立,对忠门镇、东埔镇、山亭乡行使管辖权,管辖的行政区域属秀屿区。2010 年 1 月,山亭乡改为镇建制。

以 1978 年作为开始年统计,世界各地共有 220 万莆商,其中海外莆籍商人 150 万,足迹遍及 85 个国家和地区;国内莆商也活跃在各个城市的众多经济领域。

第二节

莆田地理环境

莆田独特的地理环境造就了独具特色的莆仙文化,整个地势背山面海,西北部重峦叠嶂,中部丘陵起伏,号称"三山六海一分田"。根据莆田的地理特征,当地人分别被称为"界外人"(指沿海一带的人)、"白洋人"(指平原一带的居民)、"山顶人"(山区一带的居民)。莆商总体上也具有地域性血缘性特征,如江口人"走南洋、走上海",以出国谋生为主;忠门人"阿湾"以建材生意为主;北高"打金",开的金银珠宝店遍布全国,仙游"油 K",开了全国一半以上的民营加油站;东庄"抠药膏",以开办民营医院为主等。莆商以"同村同业闯天下"为特征。

一、区域位置

莆田市地处福建沿海中部,台湾海峡西岸,北依省会福州,南接泉州并与厦门相近,位于东经118°27′～119°39′,北纬24°59′～25°46′,东西长122.4公里,南北宽80.5公里,面积4 200平方公里。东北与福清市交界,西北与永泰县、德化县毗邻,西南与永春县、南安市、惠安县接壤,东南濒临台湾海峡,隔海同淡水港相对,距台中港仅72海里。从莆田市的区位来看,其位于闽中地区,相邻地市福厦漳泉等地都是经济发达地区,随着沿海高铁、高速公路、航空、海上航运等网络的快速发展,产业集聚效应明显,产业链、价值链、创新链能实现互联互动,正在形成福建沿海城市集群、产业集群。

二、地形地貌

莆田市处闽中沿海山地、丘陵带,地势由西北向东南倾斜,背山面海,西北部重峦叠嶂,中部丘陵起伏,东南部平原广阔,与逶迤的木兰溪、延寿溪、萩芦溪构成了江南水乡。西北部多为中低山,海拔500～1 800米,有千米以上的山峰43座,其中位于莆田市仙游县—永泰县—德化县交界处的石谷解主峰海拔1 803.3米,为市内最高峰。境内最大的平原是兴化平原,俗称南北洋平原,面积4.64万公顷,是福建省第三大平原。东南部为沿海低丘陵带,多半岛、岛屿和海湾,海岸线曲折。拥有湄洲湾、兴化湾、平海湾,其中湄洲湾的秀屿、东吴水深港阔、不冻不淤,三湾之间有埭头半岛、忠门半岛、秀屿半岛。有大小岛屿150多个,其中以南日岛、湄洲岛及乌丘屿最为著名。

三、气候特征

莆田市属亚热带海洋性季风气候,年平均气温16℃～21℃。地处北回归线北侧边缘,东濒海洋,平均年太阳辐射量达110.41千卡/厘米²;年日照时数平均为1 995.9小时,年均日照率为45%。日照时间从山区至沿海逐步增多。气温由东南沿海向西北内陆山区逐渐降低。无霜期年平均达316～350天之间。全市绝大部分土地适宜农业生产上的一年三熟制作物栽培。

(一)雨量充沛,气候湿润

全市各地平均年降水量在1 000～2 300毫米之间,自西北山区向东南沿海递减。

西北部山区达 2 300 毫米以上,中部平原为 1 200～1 600 毫米,东南部沿海和岛屿在 900～1 300 毫米。全市一般可分为 4 个降水季节:春雨季节(3—4 月),降水量为 250～300 毫米之间,雨日多、雨量少、强度弱是这一雨季的特点。梅雨季(5—6 月),降雨量为 300～600 毫米,雨区广、雨量多、强度大、雨时长是这一雨季的特点。台风、雷阵雨季(7—9 月),降雨量为 270～700 毫米,雨量多、强度大,易造成洪涝灾害。少雨季(10 月—隔年 2 月),降雨量为 150～300 毫米之间。

(二)季风明显,滨海风大

莆田市主要有东北风和西南风;东北风有 10 个月左右控制沿海地区,山区则以北风或东风居多。冬、夏季风方向随季节交替而转换明显,冬季多为偏北风,夏季多为东南风,而春、秋季为风向转换季节。风速自沿海向平原及内地山区减弱,冬季风往往比夏季风强。全市常见的大风有两种。一种是由北方冷空气南下而引起的东北大风,风力一般为 6～8 级,最大达 10 级以上。沿海风力通常比内陆风力大 3～4 级,海岛地区每年 6 级以上的大风约在 150 天。另一种是由台风侵袭而引起的大风,每年平均有 4～8 次,最多的年份多达 11 次。台风每年大多出现在 7 月中旬至 9 月下旬。强台风正面袭击时往往伴有暴雨,易造成风灾水患,但往往也能为沿海地区解除旱情,为内陆山区的植被和农作物补给水分。

四、自然资源

(一)水资源

莆田境内河流多数自西北向东南方向流经,主要有木兰溪、延寿溪和萩芦溪三大溪流水系。木兰溪发源于莆田市仙游县西苑乡仙西村,横贯全市中、南部,自西北向东南流经度尾、大济、鲤城、城东、赖店、盖尾、华亭、城郊、渠桥、黄石、涵江等地,至三江口注入兴化湾。干流全长 168 公里,集雨面积超过 2 000 平方公里,是闽中的最大溪流,为福建省 8 条主要水系之一。木兰溪水系的较大支流有延寿溪、中岳溪、大济溪、溪口溪、龙华溪、松板溪、仙水溪、苦溪等。延寿溪又称南萩芦溪,源于仙游县钟山镇林泉安,汇九鲤湖溪、莒溪、长岭溪、渔沧溪等,进入莆田平原后,分成众多沟渠,流经常太、城郊和涵江等地,注入木兰溪出海,干、支流总长 189 公里,集雨面积 386 平方公里,是木兰溪最大的支流。萩芦溪源于永泰县和莆田交界的黄乡,入仙游游洋镇兴角山,汇吉宦溪、湘溪、巩石溪、朱溪、蒜溪等,自东北向东南流经庄边、白沙、萩芦、江口等乡镇,注入兴化湾。萩芦溪干、支流总长 150 公里,集雨面积 709 平方公里(莆田市境内662平方公里),居全省第十一位。萩芦溪翻山越岭,峡高滩险,水位落差大,庄边溪底高程137.7米,至江口溪底只有7米,水力资源极为丰富。

木兰溪流域内有著名的南北洋平原(兴化平原)和仙游东西乡平原,是莆田市内主要的人口聚居区。木兰溪沿岸水利设施众多,为流域居民生产生活提供了充足的水源和电力支持,同时木兰溪及其支流、入海口湾是市内重要的水运航道,因此其被称为莆田人民的母亲河。

(二)植物资源

莆田市境内有215科1 403种植物。植被类型有天然林、人工林、荒草坡、经济林、果树林、海岸植被等。莆田市的植被分区为"闽东南戴云山东湿润暖亚热带雨林小区"。其植被段分界线大致为:西起仙游县度尾镇的苦竹村,经度尾中峰桥、大济镇南山、书峰乡书峰村、榜头镇桃源村和九仙寺及天马寺、盖尾镇外坑亭和顶寨里,再转入莆田华亭镇三紫山、九华山、紫霄峰及萩芦镇崇联、梅洋和友谊村,东至江口镇东方红水库。此界南海拔400米以下的地带植被属亚热带常绿雨林,界北海拔400米以上的山地丘陵以中亚热带常绿阔叶林为主。森林树种种类繁多,主要有马尾松、杉林、毛竹和阔叶林种,其中有国家级与省级保护野生植物黄楠、花榈木、青冈栎、木荚红豆树、香椿等。药材品种有203科814种,有三尖杉、山杜仲、猕猴桃、金银花、银杏、黄连、肉桂、喜树、金线莲、列当、石花菜等珍贵中药材。作物品种主要是粮食作物,以水稻、大麦、小麦、甘薯、大豆等为主;经济作物,以甘蔗、花生、油菜、黄麻、红麻、烟草等为主;此外还有各类蔬菜。全市境内有51个果树品种,其中栽培的32个,野生的、半野生的19个,形成了热带和温带果树聚集区,其中荔枝、龙眼、枇杷、蜜柚为闻名遐迩的四大名果。这些莆仙特产也成为莆商创业的重要物资。20世纪20年代,兴化帮已具相当规模,其中又以福州下杭街上号称"四大金刚"的聚源发纸行的林时霖、何元记糖栈的何元育、义美京果行的苏开勋和蔡大生鞭炮行的蔡友兰最为著名。当代莆商著名的天喔集团也是以莆田物产龙眼干贸易起家的。

(三)动物资源

牲畜品种以牛、羊、猪、马、驴、骡为主,牛有耕用、奶用与肉用三种;羊有戴云山山羊、福清高山羊、四川麻羊、吐根堡山羊、萨能奶山羊、陕西奶山羊等品种;猪有莆田黑猪(被列为全国优良品种之一)、福安花猪、广东白花猪、约克夏猪、杜洛克猪、波中猪等品种。家禽以鸡、鸭为主,"绒毛乌骨鸡"与"麻鸭"为主要的优良家禽。除分布于海洋及淡水生态系统的水生动物外,还有分布于树林生态系统中的数百种陆生动物,具有一定经济价值。全市有鱼类、两栖类、爬行类、鸟类、哺乳类等脊椎动物及无脊椎动物共 37 目 500 多种,其中可供养殖的具有很高经济价值的有虾、蟹、贝、蟳、蛏、牡蛎、花蛤、泥蚶、紫菜等 38 种之多。

自隋唐以来,海洋捕捞和滩涂养殖就是福建沿海的重要生产方式,但 21 世纪以来,无序、过量捕捞导致渔业资源渐渐减少,莆田海洋牧场将成为保护渔业资源、修复海洋生态的"试验田"。2012 年至今,人工鱼礁及周边海域已组织了多次鲍鱼、双线紫蛤、石斑鱼、黑鲷等品种的底播增殖放流工作。莆田投放礁体构件后,礁区海洋生物种类增多,动物幼体得到有效庇护,生物资源量恢复显著,多样性水平明显提高,经济效益和生态效益初步显现。除海洋牧场外,莆田市近年来还持续推进重点海域环境整治、海洋生态修复试点和典型海岛生态保护等,近岸海域水质达一、二类标准的海域面积比例连续多年位居全省第二。在海洋生态环境得到保护的同时,2022 年莆田市渔业产值达 144.69 亿元,同比增长 2.1%。

五、主要旅游资源

莆田旅游资源丰富,风景名胜和文物古迹众多。湄洲岛上的妈祖祖庙闻名遐迩,四海共仰;九鲤湖风景区以湖、洞、瀑、石四奇称著,是"福建三绝"之一;距离市区 5 公里的大型古堰木兰陂,是我国现存最完整的古代大型水利工程之一,是全国重点文物保护单位;广化寺为福建省四大禅林和"十佳风景游览区"之一;玄妙观三清殿是福建省保存最好的唐代道教建筑群之一;还有现已论证的南少林寺遗址,宋代的古谯楼及蔡襄墓、瓷窑古遗址,明代的抗倭名城莆禧城等一大批古建筑遗址,也有千年古树——荔枝树"宋家香"、龙华的古樟等。

古代大型水利工程——木兰陂(蔡靖摄)

湄洲岛位于莆田市中心东南42公里,具有得天独厚的滨海风光和自然资源,是难得的旅游度假胜地。蓝天、碧海、阳光、沙滩构成浪漫旖旎的滨海风光。岛上有融碧海、金沙、绿林、海岩、奇石、庙宇于一体的风景名胜20多处,形成水中有山、山外有海,山海相连、海天一色的奇特的自然景观。湄洲妈祖祖庙是全世界妈祖信众心中的圣地,建于宋初,开始仅"落落数椽",名叫"神女祠",经过多次修建、扩建才形成规模的。经过千百年的分灵传播,随着信众走出国门,妈祖也从湄洲逐渐走向世界,成为一尊跨越国界的国际性神祇。

湄洲岛——中国最美小岛之一(蔡靖摄)

妈祖像(蔡靖摄)

妈祖祠（蔡靖摄）

　　九鲤湖位于莆田市仙游县钟山镇，距县城 31 公里，海拔 590 米，以湖、洞、瀑、石四奇著称，尤以飞瀑为最，素有"九鲤飞瀑天下奇"之美誉，明代大旅行家徐霞客把它与武夷山、玉华洞并称为"福建三绝"。

中国祈梦文化发祥地——九鲤湖（蔡靖摄）

福建三绝之一——九鲤湖（蔡靖摄）

莆田南少林寺位于莆田市荔城区西天尾镇北部。莆田南少林寺原名林泉院,据考古认为"林泉院至迟在唐代或唐末即已存在",但具体创建年代有待进一步考证。

南少林寺(蔡靖摄)

莆田人文景观和自然景观遍布山区、沿海和平原,自古就有莆田四季景、莆田二十四景、仙游四大景、沿海十二景的说法。

莆田四季景(四大祈梦胜地)是:春莆禧、夏天云、秋仙女、冬九鲤。其中"夏天云"就是指天云洞。天云洞风景区位于秀屿区埭头镇温李村境内的大蚶山东南部。天云洞四周岩群砑迭,虬松遍野,四时山茶烂漫,异草丛生,以峰奇、石怪、洞幽、林秀、径幽称奇于兴化大地。春夏之交,云雾缭绕,岩峰隐约,亭榭依稀,山岚奇幻,人在云幔之中,俨若置身仙境。唐朝诗人罗隐曾来此尽兴游玩,赞曰"满山皆秀"。

莆田二十四景是:东山晓旭、白塘秋月、宁海初日、锦江春色、西湖水镜、南山松柏、木兰春涨、柳桥春晓、梅寺晨钟、天马晴岚、西岩晚眺、石室藏烟、智泉珠瀑、九华叠翠、三紫凌云、湄屿潮音、钟潭噌响、谷城梅雪、壶山致雨、北濑飞泉、古囊列献、紫霄怪石、绶溪钓艇、夹漈草堂。

仙游四大景是:九鲤湖、麦斜岩、菜溪岩、天马山。

沿海十二景是:新桥夜泊(涵西新桥头)、美澜晨眺(北高)、冲沁晓烟(北高)、黄岐夕照(埭头黄岐)、青山叠翠(埭头石城)、南啸归帆(平海)、门夹风涛(山亭文甲)、鱼希江烟雨(湄洲)、螺港秋潮(山亭港里)、蓼城蜃气(东埔吉城)、塔林渔唱(东埔塔林)、小屿长桥(秀屿港区)。

第三节

莆田风土人情

2022年末户籍人口数为367.29万人,常住人口319.9万人。其中,城镇常住人口204.77万人,常住人口城镇化率为64.01%,比上年末提高0.51个百分点。全年出生人口1.99万人,出生率为6.23‰。市内居住有汉、畲、壮、苗等48个民族。独特的地理环境与人文背景造就了莆田独具特色的语言风格、民间习俗、饮食文化。

一、语言活化石——莆仙方言

福建方言之复杂,不仅在于闽语内部的多样性,还在于福建有赣语、客家话、北方官话和吴语,这4种语言在福建的使用区域占福建总面积的四分之一。福建与江西接壤的地方通行赣语,闽西等地则通行客家话,与浙江毗邻的地方通行吴语。福建凭借着1.3%的全国面积,拥有种类最多的汉语方言。

与福建方言的多样性形成强烈反差的是中国东北。东三省和内蒙古东部的方言没有特别大的分歧,这使得他们对"东北人"的认同可以跨越省市的区域认同。但"福建人"的认同因为语言的割裂变得复杂很多。"我是福建人"的回答显得语焉不详,必须再追问一句"福建哪里"。因为文化意义上的地方认同和行政意义上的地方认同常常是不一致的。文化认同是一种群体心理,是一套包括知识、信仰、艺术、道德、法律、风俗,以及其他作为社会一分子所习得的习惯的总和。相比而言,行政认同的维度就简单许多。

而在国外,"福建人"的认同其实是说闽南话的福建人。闽南话横跨4省并流行于东南亚,在国外被称为"福建话",英文为"Hokkien"。全球使用闽南话的人数有5 000万~7 000万。与具有扩张性的闽南话截然相反的是莆仙方言,它的使用区域在闽语中占地面积最小,且覆盖范围几乎仅限于莆田市区。莆仙方言中保留着大量的上古汉语、中古汉语的语音特点,且很大一部分无法用汉语书写。福建有句俗语"阿骚讲没字","阿骚"是对莆田人的俚称,"讲没字"意思是没有字。这种"有音无字"的现象,使得对莆仙方言的汉字翻译工作变得艰难。并且莆仙方言有一义多音的现象,这使得莆仙方言像一道加密的暗语,也让莆田的文化认同仅限于方言内部。

(一)历史起源

莆田话,通用于莆田市境内,目前使用者约有 500 万人。学术上称莆田话为莆仙方言、兴化方言。中国历史上经历了数次人口大迁移,其中有一部分中原汉人南下福建,带来了当时的古汉语,在莆田地区生根发芽,并逐渐发展成为今天的莆田话。因此,莆田话的本源是中原正统的古汉语。在莆田话中,几乎每个读音都能找到相对应的古汉字。

中华人民共和国成立以后,随着标准普通话的日益普及,莆田话的推广和传承受到严重冲击,莆仙地区已渐渐没有了那种淳朴而又古老的乡音氛围。由于当代莆田人多数在外地经商,除了涵江、仙游、湄洲、南日等地的人们还在说莆田话之外,在莆田市区等较发达地区的人们,以及新生代,在日常生活中已经习惯了说标准普通话。有鉴于此,历史悠久的莆田话很可能面临着失传的危机。

(二)发展演变

莆田话是古代闽越族先民和不断南迁的中原汉人产生文化交融的产物,经过千百年来逐渐发展演变而来的。据史载,汉武帝时朱买臣率兵南征东越王余善,部分汉兵就在莆仙地区定居下来。汉朝末年,江南的汉人入闽,这些汉人讲的是闽语的远祖古吴语(江东话)和古楚语,此时闽语(福建话)还未形成。晋朝永嘉之乱之后,大批华北和中原汉人入闽,而带来了 4 世纪时期的北方口音,福建汉人的语言开始发生大变化,这是日后闽南话的雏形。五代时期,中原人士为躲避战乱迁入莆田地区,是较大规模的中原士族进入莆田,也为莆仙地区逐渐发展成为"文献名邦""海滨邹鲁"注入了浓厚的文化基因。唐初,漳州发生"蛮獠啸乱"(土著暴乱),朝廷派兵入闽镇压之后,陈政、陈元光(开漳圣王)子孙四代镇守漳州 100 多年,促使闽南话在此时期形成。当时莆田地区尚属泉州行政管辖,通用语言为闽南话。

公元 979 年,宋太宗在今日仙游县北部的游洋镇设立兴化县,建兴化军,翌年划泉州的莆田县和仙游县来属,自此莆仙地区与闽南地区分离,本地语言开始脱离闽南话母体,独立发展。而且,由于莆仙地区毗邻福州地区,两地居民交往密切,莆田话又逐渐受福州话的影响,慢慢丧失原有的闽南特征,增加福州话的味道,特别在音韵上表现出向闽东靠近的趋势,其自身的特征越来越明显,进而发展为一种独立方言,兼具闽南话和福州话特色。到了近代,莆田话更进一步向闽东靠近,原有的鼻化韵全部脱落,而与仙游话在韵母体系上产生差别。

可以说,正是由于特殊的地缘关系,莆田话才演变成了具有闽南话和福州话过渡色彩的方言。不论是在外地人还是莆田本地人看来,这里的方言确实既不属于闽南方言又不属于闽东方言,而是颇具特色、自成一系的。20世纪五六十年代方言普查之后,研究闽语的专家学者把这里的语音、词汇和语法同闽东方言、闽南方言进行详细比较后,提出了分立莆田话区的主张。

由于莆田话区面积小,莆田、仙游两县之间来往频繁,故而莆仙方言的内部差异比较小,彼此可以通话。但莆田和仙游两地也有明显不同的口音,例如,莆田一般无鼻化韵,仙游仍保存相当数量的鼻化韵。因此通常把莆仙方言分成两大地方口音,即以莆田城关为代表的"莆田腔"和以仙游城关为代表的"仙游腔"。除此之外,莆田非城区的地方也存在着"十里不同音"的有趣现象。例如,莆田沿海一带通常都带有鼻化韵,俗称"界外腔";莆田江口一带受福清话影响,俗称"江口腔";仙游枫亭和园庄一带口音则受闽南话影响,夹杂"闽南腔";而游洋、石苍、钟山、象溪、庄边、新县、大洋等山区乡镇的口音,则有明显的"山里腔"。在词汇上,也存在一些差异。如莆田方言一般把"海蛎"称为"虰",枫亭却说成"蛾",大概是指其形状如蛾虫;涵江常把"蜘蛛"称为"八大爷",是源于一个蜘蛛织网迷敌拯救了明朝正德皇帝的传说;莆田方言称"儿子"为"囝",仙游方言则叫"乃囝",加上"乃"的称谓是古代人的习惯用法,如"乃父""乃翁"等。

由于莆田话分化出了数种口音,很难评选出一致的正宗发音,如果一定要说哪个地区的莆田话最地道,或许还是以莆田城关话为标准。毕竟从使用范围上看,莆田城关的方言基本通行于莆田市全区各个角落。而莆仙戏的唱腔、道白,长期以来也以城关话为标准音,所以莆田城关话成为莆田话的代表是很自然的。

2014年8月,由莆田市政府领衔的标准莆田话发音录制工作正式启动,此举填补了莆田话教材上的标准发音空白。今后人们在学习莆田话时,终于可以采用官方出品的正规发音教材,这在莆田话的传承上的里程碑。

二、宋元南戏的活化石——莆仙戏

莆仙戏是福建地区的古老汉族戏曲剧种之一,至今有1 000多年的历史。莆仙戏,因形成于兴化地区(今莆田、仙游),用兴化方言演唱,故俗称"兴化戏"。1952年经福建省文化局批准更名为莆仙戏。它流行于莆田、仙游两县,惠安县北部及福建南部兴化话流行的地区。

莆仙戏源于唐,成于宋,盛于明清,闪光于现代。其唱腔丰富,综合了莆仙的民间歌谣俚曲、十音八乐、佛曲法曲、宋元词曲和大曲歌舞的艺术特点,用方言演唱,具有浓厚的地方色彩,迄今仍保留不少宋元南戏音乐元素,被誉为"宋元南戏的活化石"。莆仙戏现存传统剧目有5 000多个,其中保留宋元南戏原貌或故事情节基本类似的剧目有 80 多个,有剧本流传的有 50 多个,如《目连救母》《活捉王魁》《蔡伯喈》《张洽》《朱文》《乐昌公主》《刘文龙》《陈光蕊》《王祥》《郭华》《崔君瑞》《王十朋》《刘知远》《蒋世隆》《杀狗》《琵琶记》等。与《南词叙录》"宋元旧篇"著录的南戏剧目相同或基本相似。中华人民共和国后,莆仙戏经过整理、改编、演出的优秀传统剧目有 200 多个,其中,《琴挑》《三打王英》《团圆之后》《春草闯堂》《秋风辞》《新亭泪》《晋宫寒月》《叶李娘》《状元与乞丐》《江上行》等优秀剧目誉满全国剧坛。莆仙戏的著名剧作家有陈仁鉴、柯如宽、江幼宋等,著名演员有黄文狄、林栋志、朱石凤、黄宝珍、王少媛等。

据宋莆田刘克庄致仕家居时的诗文记载,当时兴化民间优戏演出的故事有:楚汉"鸿门会",项羽兵败垓下的"霸王别姬",两晋兴亡的"东晋西都",古代神话的"夸父逐日",外邦朝贡的"昆仑奴献宝"等。演出的场所有广场的"戏棚",也有庙宇的"戏台"。伴奏乐器主要是鼓、锣、笛(即筚、篥)。演出时很受欢迎,出现所谓"抽簪脱裤满城忙,大半人多在戏场""空巷无人尽出嬉""游女归来寻坠珥""棚空众散足凄凉,昨日人趋似堵墙"的盛况(见宋刘克庄《后村先生大全集》卷十、卷二十一、卷二十二、卷四十三)。

莆仙戏的表演古朴优雅,不少动作深受木偶戏影响。莆仙戏的行当沿袭南戏旧规,原来只有生、旦、贴、靓妆(净)、老、末、丑等 7 个角色,俗称"七子班"。

三、莆田饮食文化

莆田饮食文化历史悠远,源远流长,丰厚的自然馈赠与深厚的历史文化相逢,逐步形成种类繁多、制作精美、工艺技术独特的特点。

莆田依山濒海,拥有三大平原和三大湾,以及众多的岛屿,溪渠纵横,土地肥沃,物产富饶,素有"鱼米之乡"之盛誉。早在唐代,莆田以稻米为主食,以鱼肉、蔬菜为副食,奠定了烹饪主流、饮食习惯与风格。莆田以稻米、番薯、面粉、大豆、蔗糖等产地原料制作食品,如炒饭和稀粥、八宝饭、炒兴化米粉、炒山里白粿、"粿洒"、"粿煎"、"车丸"等,以及炸番薯、烤番薯、"菜丸泗粉"、"擦粉"、"粉心燕"等,还有煎包、笼包、扁食、炒面、卤面、线面等,另外,也有焖豆腐、炒"豆腐箸"等各种豆制品,营养好,味道香。莆田海岸线长,又有河流、湖泊、水库,水产品丰富,四季都有鱼虾蟹贝,达 300 余种等,以水产品为主的菜肴和风味小吃品种多,味鲜嫩,如"蚝猴""蛏溜""树蛏"、海蛎煎、烤鳗、跳跳鱼炖豆腐等。

莆田菜肴制作时,既注意原料时效,又讲究鲜嫩,达到清淡和养生的效果,以独特的烹调工艺形成闽菜系的兴化菜,介于福州菜与闽南菜之间。莆田饮食,特别是风味小吃品种多、技艺精、用料广、造型巧、口味全等,极具特色。如荔枝肉、温汤羊肉、炝肉、焦香煎包、豆浆炒米粉、包心豆腐丸、梅花蚝饼、盘舍龟、土笋冻等 100 多种,不仅在色、香、味、形、美等方面讲究特色,而且制作注重和许多地方历史人物、事件、传说结合,如风味小吃春卷的来历颇有趣味。传说宋代兴化乡村有个书生,屡试不中,于是更加发愤攻读。每日三餐,他的妻子总是千呼百唤地催叫,但他还不愿离开书房,妻子把饭送入书房,他仍是手不释卷,饭都凉了也不去吃。妻子只好想了个办法,用菜做馅,用米浆做皮,包成春卷,经油炸后,用盘装着,放在书房里,让他一边读书一边吃。两年后,书生高中状元。于是,春卷便在兴化民间流传开了。其他如温汤羊肉与倭寇侵犯、莆田百姓逃难有关;兴化米粉、光饼与戚继光抗倭有关;莆田索面是民间办年节、喜庆和接待宾客必备的礼俗食品,含有平安、添寿、长命之意。许多莆田饮食既有历史传承又有时代创新,如"妈祖宴菜"的开发。

"妈祖宴菜"是莆田名厨师王文基先生在20世纪80年代配制烹饪的,享誉海峡两岸。"妈祖宴菜"源于独特的妈祖文化,发扬了莆田乡土风味菜饮食传统,吸收宫廷菜系和民间供品的特色,以莆田当地出产的原料为基础,依据妈祖传说精工细作,每一道菜都包含着某种寓意,寄托着某种愿望。其中"丹凤朝阳""满岛秋月""万灵拜圣""窥井得符""一帆风顺""妈祖寿面""龙王点兵""发财有余""喜庆花篮""群仙迎驾""妈祖赐寿桃"等36道菜肴,色、香、味、形、美广受好评。

莆田饮食还与节日、宗教活动结合。如大年三十晚,全家团圆吃年夜饭,大鱼大肉,共食鸡(吉)、鱼(余)等,妙味无穷,其乐融融。春节前制作红团,作为祭神拜祖重要供品之一,红团的形状是圆的,取其团圆、幸福、美满之意,祈求上天保佑合家团圆、吉祥如意。大年初一,家家户户吃长寿面,寓意健康长寿。元宵节搓元宵丸。清明节制作"清明龟",是为祭祀祖先。端午节包粽子,是为纪念屈原。"七月半"炊宝糕、蒸金粿,也是为祭祀亡灵。重阳节做九层粿。斋菜、素菜则与宗教活动有关,是由佛教寺院传到民间的,道教和民间信仰的神诞日饮食也是以素食为主。

随着时代的不断发展,莆田饮食不仅承载着莆田优秀传统文化、烹调技艺,也在不断变革发展之中。如今莆田饮食结构已有很大变化,人们重视养生,更注重菜肴的艺术价值和营养价值。

第四节

莆田著名人物

莆田是科举名邦、状元之乡。据莆田学院莆仙文化研究院所编的《莆田市名人志》,莆仙历代状元总计21人,其中正奏状元9人、正奏武状元2人、特奏名状元8

人、释褐状元 2 人;历代榜眼 7 人;历代探花 5 人;历代宰辅(含赠予)17 人;历代莆籍进士 2 482 人。

一、古代著名人物

林披(733—802),字茂则、茂彦,号师道,唐高平太守林万宠之次子,莆田人。唐天宝十一年(752 年),明经擢第,为将乐令,迁漳州刺史、澧州(今湖南澧县)司马、康州(今广东德夫)刺史,贬临汀郡曹掾,改临江(今四川忠县)令。后授临汀别驾知州事,汀俗尚鬼,作《无鬼论》以晓谕民众。官终检校太子兼苏州(今江苏苏州)别驾,赐紫金鱼袋、上柱国。林披有九子,皆官至州刺史,世号"九牧林家"。

郑露(739—818),字恩叟,初名褒,又名灌三,莆田人,生于唐玄宗开元二十七年(739 年)三月十五日辰时。唐肃宗乾元三年(760 年)举明经进士,德宗贞元元年(785 年)八月初一日偕同同祖弟郑庄、郑淑至莆田,在南湖山祖坟侧创建了闽地第一所学堂湖山书院,开创了莆田文化教育之先河,换来"十室九书堂,龙门半天下"的人文荟萃局面。由于三人开莆田"文献名邦""海滨邹鲁"之先河,世人尊他们为"南湖三先生"。

林藻(765—840),系林披次子,字纬乾,小名遂奴,莆田人。唐贞元四年(788 年)登明经第。贞元七年(791 年)中进士,是闽举进士之第一人。少有奇志,刻苦业文,读书于灵岩精舍。初授容州(今广西北流)支使,迁殿中侍御史、内供奉、岭南节度副使,终江陵府(今湖北江陵)使。工诗书法,今传世有行书《深慰帖》(见《新唐书·艺文志》)。其诗作收录于《全唐诗》中。

徐寅(生卒年不详),字昭梦,莆田人。唐乾宁元年(894 年)举进士,梁开平元年(907 年)再试进士,中第一名,为福建历史上第二个状元。因梁太祖指其《人生几何赋》中"任是秦皇汉武,不死何归"句,要其改写,徐寅答"臣宁无官,赋不可改",梁太祖怒削其名籍。东归,闽王审知礼聘入幕,官秘书省正字。后归莆隐居。有《徐正字诗赋》,为清代《四库全书》所收录,诗亦收录于《全唐诗》中。

本寂(840—901),唐僧,佛教曹洞宗创始人之一。俗姓黄,名崇精,莆田人。少时习儒学,19 岁出家于福州灵石山,法名耽章。25 岁受具足戒。唐咸通中至长安,从洞山良价学禅,得心印"曹山本寂禅师"。著有《寒山子诗集注》。

黄璞(837—920),字德温,又字绍山,号雾居子。历史学家、大学问家、文学家。进士,官至翰林院、崇文馆大校书。其故居有两处。一在福建莆田市涵江区国欢镇黄巷山前黄,即早年故居;一在福州三坊七巷之一东街口南后街黄巷 36 号小黄楼,即晚年故居。唐乾符五年(878 年)八月,黄巢率义兵夜过黄璞家门时,知是大儒所居,命令军士把火把吹灭,静悄悄地走过去,没有惊动他。大顺二年(891年),登进士第。乾宁元年(894年),升任崇文阁校书郎致仕。黄璞著有《雾居子集》《闽川名士传》,其中《闽川名士传》是福建省最早的一部人物志。

黄滔(840—911),字文江,莆田人。唐乾宁二年(895年)登进士第,官国子四门博士,因宦官乱政,愤然弃职回乡。王审知主闽,奏授御史里行,充任威武军节度推官。黄滔是晚唐著名诗人,《全唐诗》收录其诗作100多首。他还辑唐代福建人诗作刊行《泉山秀句集》30卷,是第一部闽人诗歌总集,对保护福建文化起了一定作用。他是莆田早期的文学家,人称"闽中文章初祖",其著作《黄御史集》被收集于清代《四库全书》和《丛书集成》。黄滔规劝王审知"宁为开门节度,不作闭门天子",崇节俭,减赋役,与民休息;开港路,兴海上贸易;建学校,发展地方文化。故闽境30年免受兵祸,并以礼相待来闽避乱名士,使其安居福建,从事各项工作。其功绩为世人所传颂。

陈洪进(914—985),字济川,又字致先,仙游县人,出身军伍。闽永隆三年(941年)升泉州马步行军都校,次年王延政归南唐,任清源(今福建泉州)统军使,后升节度使。宋建隆三年(962年)继留从效任泉州节度使,割据漳、泉二州地。乾德二年(964年),赵匡胤授之平海军节度使,兼泉漳二州观察使、检校太傅,赐"推诚顺化功臣"印。开宝八年(975年),宋太宗即位后,陈洪进审时度势,顺应历史潮流,于太平兴国三年(978年)献漳、泉二州所辖14县归入宋朝版图,为国家统一做出积极贡献,被授为武宁节度使同平章事。次年,随宋太宗收复太原,先后晋封为杞国公、岐国公。病卒后,宋太宗御赠为中书令,谥"忠顺",追封为东海南康郡王。

林默(960—987),莆田人,晋代晋安郡(今福建福州)王林禄之十二世,唐闽中望族九牧林之后。其父林惟悫,官都巡检,居湄洲屿。林默生于宋建隆元年(960年)庚申三月二十三日酉时。出世至弥月,不闻啼声,因名曰"默"。自幼聪颖,不类诸女;八岁从塾师训读,悉解文义;十岁始喜净几焚香,诵经礼佛。自小即习水性,善驾舟、泅水,通晓气象与海道。十六岁起,矢志不嫁,专为商人、渔民救险排难,被人称为"神姑"。雍熙四年(987年)农历九月十九日逝世。不久,乡民在湄洲岛上立祠祀之,号"通贤灵女",尊为"妈祖"或"娘妈",并定每年三月二十三日为"妈祖节"。由此日趋神化,被海上商人、渔民奉为"海上救护神"。北宋宣和五年(1123年),宋徽宗始特赐"顺济"庙额;南宋时多次被封为"夫人""妃";元至元十八年(1281年)加封"天妃";明初郑和七下西洋,平安往返,曾奏建南京、太仓、长乐天妃行宫,立碑纪念;清康熙二十三年(1684年)进封"天后"。至今,海内外许多地方均有奉祀妈祖的庙宇。

蔡襄(1012—1067),字君谟,号莆阳居士,仙游县人。北宋名臣,政治家,园艺学家。宋天圣八年(1030年)登进士第,先后担任过馆阁校勘、知谏院、直史馆、知制诰、龙图阁直学士、枢密院直学士、翰林学士、三司使、端明殿学士等职,并出任福建路转运使,知泉州、福州、开封和杭州府事。卒赠礼部侍郎,谥"忠惠"。与苏轼、米芾、黄庭坚合称北宋"四大书法家"。

蔡京(1047—1126),字元长,北宋宰相,书法家,仙游县连江里赤湖蕉溪村(今仙游县枫亭镇赤湖蕉溪东宅村)人。蔡京官至太师、宰相,封爵鲁国公,先后四次任相,大兴花石纲,改盐法和茶法,铸当十大钱;笔法姿媚,字势豪健,独具风格,代表作有《草堂诗题记》《节夫帖》《宫使帖》等。宋钦宗继位后,蔡京被贬,至潭州时去世。

蔡卞(1048—1117),字元度,北宋宰相,书法家,仙游县人。蔡京之弟,王安石之婿。北宋熙宁三年(1070年),蔡卞与胞兄蔡京同科举登进士第。元丰五年(1082年),蔡卞任国子直讲、崇政殿侍讲,后提为起居舍人、同知谏院、侍御。元丰八年(1085年),宋哲宗即位,改任礼部侍郎,出使辽国,受厚礼接待。后连知外州。绍圣元年(1094年)为中书舍人,兼国史修撰。绍圣四年(1097年)升任尚书左丞,借"绍述"之说,欺上胁下,陷害异己。建中靖国元年(1101年),宋徽宗继位,蔡卞被陈瓘等谏官所劾,降为少府少监,到池州(治今安徽贵池)居住。政和七年(1117年)病逝,谥"文正"。南宋建立后,逝世的蔡卞受到胞兄蔡京的牵连,宋高宗赵构采纳谏议大夫任伯雨谏章,追贬蔡卞为单州团练副使。

郑樵(1104—1162),字渔仲,南宋兴化军莆田人,世称夹漈先生。史学家,目录学家。一生不应科举,立志读遍古今书。他和从兄郑厚到处借书求读,毕生从事学术研究,在经学、礼乐之学、语言学、自然科学、文献学、史学等方面都取得了成就。其著述据统计达80余种,但大部分已佚亡。今存仅《通志》《夹漈遗稿》《尔雅注》《诗辨妄》,及一些零散遗文。其《通志》堪称世界上最早的一部百科全书,共200卷,分传、谱、略3个部分。二十略共52卷,是全书精华,其中《校雠略》和《艺文略》是研究中国目录学、校雠学的重要文献。在《校雠略》中,他从理论上阐明了图书采访、类例、著录、注释的观点。在《艺文略》中,他突破前人所用的四分、五分、六分、七分、九分等文献分类方法,创立了12类、100家、432种的分类体系,著录10 912部、110 972卷图书,力图全面、系统地反映当时的文献存亡情况,超越了前人,取得很大成就。

陈俊卿(1113—1186),字应求,莆田白湖(今莆田市城厢区镇海街道阔口社区)人。宋孝宗时期名相、诗人。高宗绍兴八年(1138年)进士,授泉州观察推官。累官殿中侍御史、权兵部侍郎。宋孝宗即位,迁中书舍人,充江淮宣抚判官兼权建康府事。隆兴元年(1163年),建都督府,除礼部侍郎、参赞军事,为汤思退所忌,出知泉州。乾道元年(1165年)复召,又为钱端礼所忌,出知漳州,改任建宁府。乾道三年(1167年),召为同知枢密院事兼参知政事。乾道四年(1168年),拜尚书右仆射、同中书门下平章事兼枢密使。后因与虞允文不协,出知福州,兼福建路安抚使。淳熙二年(1175年),再命知福州。后力求去,提举临安府洞霄宫。淳熙五年(1178年),起判建康府、江南东路安抚使兼行宫留守。淳熙九年（1182 年），以少保、魏国公致仕。淳熙十三年（1186 年）卒，赠太保，谥"正献"。陈俊卿有遗文二十卷、奏议二十卷，均佚。《全宋诗》录其诗九首。

郑侨（1132—1202），字惠叔，号回溪。史学家郑樵之侄，汪应辰之婿，兴化县兴泰里龟岭（今仙游县菜溪乡菜溪村北溪自然村）人。幼时聪慧，勤奋好学。乾道五年（1169 年）殿试状元，官至参知政事，知枢密院事，赠太师、封郇国公，谥"忠惠"，祀乡贤祠。善行草，著《书衡》。《书史会要》记有其事迹。

陈文龙（1232—1276），莆田玉湖（今莆田市荔城区镇海街道阔口村）人，成长于长乐后山（今阜山）。初名子龙，宋度宗为之改名文龙，赐字君贲，字刚中，号如心。陈俊卿五世从孙，抗元名将。幼颖悟，苦学不厌。淳祐十一年（1251 年），入乡学。宝祐四年（1256 年），入太学。咸淳四年（1268 年）戊辰科进士。后被元军所捕，绝食而死。宋端宗闻讯后，赐谥"忠肃"。明朝诏封文龙为福州府城隍，又以能保佑航运、渔民，加封"水部尚书"，福州人称文龙为"尚书公"。清乾隆四十六年（1781 年），皇帝加封陈文龙为镇海王。

柯潜（1423—1473），字孟时，号竹岩，莆田人。气质独特，颖异过人，7 岁能写诗，15 岁会作八股文，誉满乡里。正统九年（1444 年）以乡试第一中举，为解元。后因不忍离别父母未赴会试。正统十三年（1448 年），他会试中了副榜，又不愿就职。景泰二年（1451 年）终于大魁天下，授翰林修撰。参与《历代君鉴》的编写工作，升中允。性高洁，重操行。多次出任乡试、会试考官，拒受请托，拔擢公允。好文学，为文整洁，诗尤清婉，著有《竹岩集》等。

二、近代著名人物

江春霖（1855—1918），字仲默，号杏村，又号梅阳山人，莆田人。光绪二十年（1894 年）进士，名列第一。历任翰林院检讨、武英殿纂修、国史馆协修。考选御史，旋掌江南、新疆、辽沈、河南、四川诸道监察御史。访察吏治，不避权贵。前后六年，封奏六十多起，直言义谏，与庆亲王、袁世凯、徐世昌、孙宝琦等权贵抗争，声震朝野。宣统二年（1910 年），被罢官归里，从此厌谈政治，唯致力于公益事业。翌年辛亥革命后，袁世凯以其修家乡水利有功，授二等嘉禾勋章，拒之不受。著有《江御史奏议》《梅阳山人集》等行世。

李霞（1871—1938），字云仙，号髓石子，仙游县人。少时随伯父（雕刻艺人）学画，为庙宇作壁画。16 岁始以卖画为生。1908 年以《麻姑晋酿》《麻姑献寿》杰作誉满京城，被称为"麻姑李"。1910 年，先后在南京、上海等地举办个人画展，轰动一时。

1914 年,其名作《十八罗汉渡江图》被选送旧金山参加巴拿马太平洋万国博览会,获优等奖章。1923 年所绘的《函谷跨牛图》在美国纽约的全球赛会上又获优等奖章。我国著名画家吴昌硕曾撰文高度评价李霞画作,称其为当时的"人物第一家"。

张琴(1876—1952),字治如,晚号石匏老人,莆田人。光绪三十年(1904 年)进士,是莆田自科举以来的最后一科进士,授翰林院编修。次年,废科举,兴学校,任莆田第一所官立兴郡中学堂监督(即校长)。民国成立后,选为中华民国第一届国会议员,在北京与爱国人士创办《亚东新闻》报,任主笔。因《亚东新闻》每期著社论揭露窃国大盗袁世凯图谋"帝制自为"、刺杀宋教仁等罪行,其被袁世凯拘留于怀仁堂一昼夜,报纸亦遭封禁。民国六年(1917 年)赴广州出席国会非常会议。拥戴孙中山,受聘为杜起云师长秘书。后归里著述,有《六书考源》《桐云轩碑帖题跋》《读尔雅稿》《莆田县志稿》《桐云轩书画集》《桐云轩诗文集》等。其诗文、书画、篆刻手迹,均为世人所珍藏。

李耕(1885—1964),原名李实坚,字砚衣,号一琴道人、大帽山人,仙游县人。历任福建文史馆研究员、福建省政协委员、仙游县政协副主席、中国美协会员、福建美协副主席。李耕是著名的国画家,从事艺术实践六十多年,用神妙画笔创作出许多珍贵的艺术形象,尤以佛像画著称于世,山水花卉功力甚深,兼通书法、诗文、雕塑。作画笔法超脱老练,形、神、韵三者兼备,独树一帜,在国外尤其是东南亚久负盛名。作品《弥勒佛》曾在 1925 年的东南五省画展中获第一名。徐悲鸿赞曰:"有奇拙胜者,首推李耕君,挥毫恣肆,可以追瘿瓢,其才则中原所无。"代表作还有《东坡笠屐图》《达摩》《十八罗汉图》《四快图》《仙游十八景》等。另著有《菜根精舍画论》等。李耕为人正直,品德高尚,广收门徒,热心培养一大批后起之秀,为国画艺术的发展做出较大贡献。

黄羲(1899—1979),原名文清,又作文倩,字可轩,号大蜚人,仙游县人。著名的古装人物画家,美术教育家。少年时拜李耕为师,后随李霞学画,游艺苏州、杭州、上海、闽南和台湾等地。1926 年考入上海美专,又进新华艺专进修,毕业后任教 42 年。其画既继承传统的国画技法,又吸取民间艺术的气质和特点,代表作有《风尘三侠》《伯乐相马》《伏生传经》《文姬归汉》《麻姑》《达摩》《观音》等。1957 年应著名画家潘天寿邀请,受聘于浙江美术学院讲授中国古装人物画传统技法,著有《黄羲画学研究集稿》和《中国画法研究》等书。1980 年,浙江美术学院和闽、浙美术家协会联合举办"黄羲遗作画展",著名艺术大师刘海粟题词"意思横逸,动笔新奇",给予高度评价。

吴德懋(1903—1942),中国体育巨星,莆田人。毕业于南京东南大学体育系。任厦门集美学校体育部主任、南京东南大学体育教师、福建省参议员、中央大学体育科主任等职。吴德懋曾获 1924 年福建省学校联合运动会个人总分第一名;1924 年旧中国第三届全国运动会上，获五项全能及十项全能冠军，并获铁饼第二名和铅球、标枪第四名，同时获得个人总分第一名，轰动全国体育界。1925年参加第七届远东运动会，荣获五项全能第一名，为我国获得的唯一一个冠军。吴德懋任教期间，精心培养了一批全国著名的体育人才。

黄震（1900—1968），原名经芳，仙游县人。毕业于北京师范大学，留学日本东京帝国大学。历任福建省农业改进处处长兼试验场场长、福建省科学馆馆长、中国动物学会福州分会理事长、莆田一中校长，以及福建农学院、福建师大等校教授。黄震对教育、文化和科研事业的贡献至为卓著。早在20世纪30年代，即编著生物科学读物，供各大专院校使用。20世纪40年代，曾在永安大湖创办10所国民学校、10间民众教育馆、32个读书站，并组织3个巡回教育队，极力在农村普及文化、卫生及科学知识。举办全省动植物及防治病虫害展览会，受到国内外科研人士和知名学者的高度评价。编著有《中国农业害虫手册》《解剖动物学》等书。

林景润（1897—1946），字琴雨，莆田人。莆田哲理中学毕业后，入福建协和大学政治系，后赴美国芝加哥大学深造。1919年获硕士学位，后又获哈佛大学授予的名誉博士学位。回国后任福建协和大学教授，讲授政治学及教育行政学。1928年起出任福建协和大学校长，历近二十年，并创办琴雨幼稚园，捐资办小学。曾任福建省临时参议会参议员，1946年病故于美国。

欧元怀（1893—1978），字愧安，莆田人。1915年赴美国，先后在西南大学文理学院和哥伦比亚大学学习。1922年毕业回国，历任厦门大学教育主任兼总务长、上海大夏大学副校长和校长、上海市工部局华人教育处教育委员、贵州省政府委员兼教育厅厅长等职。中华人民共和国成立初任"华东师范大学筹备委员会"事务委员，并被邀为上海市人民政治协商会议委员。欧元怀一生致力于教育事业，曾因创办大夏大学，成绩显著，贡献杰出，美国西南大学特赠予其荣誉博士学位。

三、现代著名人物

随着戴建生的当选，莆田的院士增至17名（7名已故），戴建生院士也是第一个当选欧美发达国家院士的莆田人。现代莆田籍在外乡亲人才济济，有7 000多位教授以上高级职称的人才遍布全国，其中中国科学院、中国工程院院士17人（其中2人为两院院士），更有近3 000名莆田籍专家学者遍布国内外。

1.陈宜瑜，动物学家，1991年当选中国科学院院士（学部委员）。

2.俞永新，药品检定专家，中国食品药品检定研究院研究员，2001年当选中国工程院院士。

3.陈森玉,加速器物理学家,2001年当选中国工程院院士。

4.洪茂椿,无机化学家,2003年当选中国科学院院士。

5.林其谁,生物化学家,2003年当选中国科学院院士。

6.林元培,桥梁设计专家,2005年当选中国工程院院士。

7.周良辅,神经外科专家,2009年当选中国工程院院士。

8.龚旗煌,光学专家,2013年当选中国科学院院士。

9.林兰英(1918—2003),半导体材料学家,1980年当选中国科学院院士(学部委员)。

10.闵桂荣(1933—2021),工程热物理学及空间技术专家,1991年当选中国科学院院士(学部委员),1994年当选中国工程院院士。

11.林华宝(1931—2003),空间返回技术专家,1997年当选中国工程院院士。

12.林秉南(1920—2014),水利学与河流动力学专家,1991年当选中国科学院院士(学部委员)。

13.黄维垣(1921—2015),有机化学家,1980年当选中国科学院院士(学部委员)。

14.刘思职(1904—1983),生物化学家,1957年当选中国科学院院士(学部委员)。

15.杨锦宗(1932—2008),精细化工专家,2001年当选中国工程院院士。

16.关杰,冶金机械专家,1997年当选中国工程院院士。

17.戴建生,机构学与机器人学领域专家,2021年当选英国皇家工程院院士。

莆商的起源与发展

莆商是对从事商品生产、商品交换、对外贸易、金融业务等活动的莆田籍海内外商人的统称。本书探讨的莆商,既包括传统的莆商,也包括现代的莆商,既包括海商,也包括陆商,既包括本土莆商,也包括祖籍莆田的侨商,甚至还包括外来落户莆田的商人。

历史上很早就有莆商的提法,明清时期闽商是中国十大商帮之一,与晋商、徽商、粤商、浙商等商帮齐名。在当今世界上,海外莆商是国际商界的劲旅,国内莆商也再次崛起,其快速成长的态势和经济实力已引起各方关注。莆商在国际商界活跃了上千年,过去的成就和今天的辉煌,都与莆商的历史渊源和文化的传承因素有着非常密切的关系。

从发展的历史来看,莆商萌芽于隋唐,成长发展于宋元,繁荣兴盛于明清,再兴于当今。莆田商人勤俭恭谦,诚信经营,精明智慧,勇于实践,敢为天下先;眼光独到,擅长于融通资源,合作共赢;崇尚信义,热心公益,乐善好施。宋代的洪伯通、陈应功、沈法询、朱纺,元代的俞良甫、薛和源,明代的李元兴、王玉鹏、陈隆兴,清代的连大春、陈天高、黄邦杰、王鹏、林良材,海外侨商姚为棋、杨乌白、林宗谟等,都是莆田古代的著名商人。

进入民国后,商贸经济开始兴起,莆田商人的地位和作用日益突出。这一时期的莆商代表有蔡友兰、陈芹、林柏青、邱德霖、陈耀如等,他们在支援抗日战争和解放战争中做出了不朽的贡献。二战结束后,莆田商帮随着东南亚经济发展,抓住时机快速成长起来,取得辉煌的成就,如印尼银行家李文正、新加坡富豪黄廷方、金鹰集团主席陈江和等,都是名扬四海的著名企业家。

改革开放以来,莆田商人再次兴起,与时俱进,勇于担当,抓住机遇,敢于挑战,再创辉煌。据统计,莆商实力雄厚,在全国及国外经商从业的乡亲有 220 万人,其中海外侨胞 150 万人,分布在 85 个国家和地区,几乎覆盖了各行各业。莆田商帮的形成和发展,既与莆田历史上多次人口迁移所形成的多元化人口结构、文化结构以及地处独特的海洋文化与农耕文化融合发展的沿海地理位置有关,又与中国和莆田地方独有的经济文化社会发展的机遇有关。

莆商发展的缩影——兴化府历史文化街区(蔡靖摄)

唐代莆商起源

南朝之后,隋唐三百年是福建发展的历史性转折时期:福建形成了山海并进、山海互动的经济发展格局。同时,唐中叶由于怛罗斯战役(751年)的失利,中国失去了对陆上丝绸之路的控制权,唐朝的对外贸易转向海路,东南沿海的位置重要性凸显。紧接着的安史之乱(755—763年)再次使中原沦为战场,中国的经济重心从此向南方转移。唐代的福建,无论从州县的设置还是从人口的分布上,都呈现出从传统的闽西北向闽东南发展的态势,福建也从不发达区域一跃成为中国较发达的区域之一。从这一时期起,福建的海洋意识也从自发状态进入了自觉状态。

经历了汉、晋、隋等几个朝代的缓慢发展,福建境内的农耕有了很大的发展。从唐代起,莆田境内人多地少矛盾开始显现,进而粮食短缺问题日益严峻。唐初,李渊执政时实行"计口授田"政策,农业发展缓慢。从贞观年间起,朝廷改变政策,轻徭薄赋,实行"均田制",使大多数农民有地可耕;大兴水利设施建设,从木兰溪下游入手筑塘蓄水,建中年间起,延寿陂开始建造。这一集蓄水、灌溉、排水于一体的大型水利工程,使莆田百姓受益匪浅,为莆田商业的发展奠定了坚实的基础。

唐代是中国历史上最强盛的朝代之一,也是莆田地区经济文化社会发展的重要时期。唐初,莆田地区荒地、荒山、荒滩得到了大规模开垦,建立了相应的农业基础设施,同时以纺织、建筑、制陶,以及造纸、酿酒、制蜡、艺雕等为主的手工业经济也快速发展,逐步形成了集市、码头、圩市、集镇等商贸场所,为商贸经济打下了良好的基础,还产生了众多的小商小贩,以及打鱼和转运货物的船老大,为莆田商人队伍奠定了基础。农产品多样化和手工业产品的丰富,推动了莆田商业经济的进一步发展。早在唐会昌年间,莆田就出现了金属货币,大大方便了产品的交易和广泛流通,促成了商业经济的最终形成。到了唐末,莆田百姓普遍接受了金属货币,铜钱成为最主要的商品交易的媒介,商品经济的发展有了广阔前景。

唐代经济重心的转移,使莆田的经济发展更具特色。第一,海洋经济与陆地经济齐头并进的发展格局。福建沿海多为丘陵地带,随着人口的增加,耕地已显不足,向海要田是大势所趋。莆田平原(又称兴化平原、南北洋平原)基本上是通过河海泥沙在浅海湾交错沉积以及围海造田而成的。为了使新围的卤地变成良田,沿海州县普遍兴修水利,水利设施有塘、陂、堤、堰等。海上贸易也逐渐兴起,但海上经商风险很大。福建民谚"走海行船三分命",诗人刘克庄说"海贾归来富不赀,以身殉货绝堪悲",都说明了从事海上贸易的危险性。海上多风浪,异乡也会有暴徒,面对的都是未知的不确定。然而,海洋没有成为文明前进的障碍,由于风俗的长期熏染漫浸,莆田人敢于冒险,以海为生,经商欲望强烈,无视封建官府律法,即使九死一生也在所不惜。

第二,莆商多种经营相结合。因为莆田山多地少,农业必须朝集约型方向发展,不仅要精耕细作,还必须提高单位面积的产量,以缓解人口不断增长与粮食不足的矛盾。双季稻和稻麦复种技术的推广,就是莆田农业由粗放向集约转变的标志。晚唐咸通时,中央政府用兵岭南,为了解决军粮问题,动用大船数十艘,从闽中运粮三五万石赴广州。可见莆田已成为粮食外调地区,这为莆田其他经营奠定了基础。农、蔬、果、副、油、盐相结合,进行多种经营。积极扩大经济作物的经营,比较受重视的有荔枝、龙眼、芭蕉、柑、橘、橄榄、木棉、蔬菜、姜、花卉等,其中荔枝和橄榄被列为贡品。莆田四大名果荔枝、龙眼、文旦柚、枇杷由此闻名于世。

第三,逐步形成商品市场。从唐贞观年间开始,莆田沿海港口和岛屿就出现"番客",即外国商贩。在唐代,莆田沿海形成了多个码头,对外通商港口主要有莆口港、江口港、枫亭港和涵头港等;形成了国内和国外两大航线,国内航线可达广州、泉州、宁波、温州、上海等,国外航线可达罗马帝国、日本、印度、高丽等,对外贸易规模逐渐扩大,出口产品数量也逐步增加。为了海防和防止走私,朝廷在沿海设置行台,监管港务,整肃海防,打击走私活动。

涵江东濒兴化湾,与台湾隔海相望,外有天然良港三江口,内有内河四通八达。唐代,这里筑涵排涝,称"涵头",凭借临海地利,游商海贾云集。据新编《涵江区志》载,涵江"宋代开埠",成为商贸集镇。弘治《兴化府志》称:"涵头市,长三里许,人家稠密,商贾鱼盐辐辏,为莆闹市。"另据新编《莆田市志》载:"唐代,莆田南北洋平原开发,促进商贸发展,在今黄石、梧塘、西天尾等地,先后设有商业网点。据宋志书载,在今萩芦镇有唐开元年间(713—741年)开设的九坎店,宋人称为唐店,后逐步形成商贸集镇。唐代古驿道自福州南下,经福清岭山边折莆田邑境迎仙市(江口)后,翻过烧灰山,下趋东田,过襄山、九峰,横贯梧塘,而通至莆田县城关。当时江口称迎仙市,唐代已形成商业集市。"以上史料说明,早在唐宋时期,涵江的萩芦、梧塘、江口就已经形成了商业集镇,促进了平原与山区的物资交流,商贸有了初期的发展。

第四,莆商文化开始逐步形成。在交易活动中,消费者为了维护自身利益,必然要评判商家诚信度、衡量商品优劣,选择诚实可信、质优价廉的商家交易。一些经营有方的商家,为了区别竞争对手,便开始使用"店名""字号"等。莆田商家多以姓氏为名号,曾出现"黄记米店""林记粮店""陈氏铁铺"等;也有采用跟原产地资源有关的商品名称,或者特定寓意的名词作为店名和字号,比如龟山茶叶、兴太糯米、湄洲紫菜、兴隆、顺发等,从而实现商品的品牌效应,扩大产品销路,获得更多的经济效益。

第二节
宋代莆商逐步成长

宋代是我国古代经济社会和文化发展的重要时期,商业繁荣。宋代商业赋税政策比较宽松,税率较为合理,调动了工商业者的积极性,促进了商品经济发展,也增加了朝廷赋税收入,一度出现全民经商的局面,商贸交流不断扩大。纸币发行也为宋代商业经济开辟了广阔前景。莆田当地实施了宽松的商业政策,鼓励商业活动;沿海港口陆续开发,对外贸易不断扩大。丰富的农业产品和手工业品,支撑了莆田商贸经济的快速发展,反过来又使得莆田农业生产和手工业生产日趋专业化,促进了莆田商贸交流的扩大。宋代大诗人刘克庄有诗"只博黄金不博诗",形象反映了宋代莆商追求财富的强烈愿望与精神。

一、宋代莆商的队伍结构和特点

北宋时期,允许农民弃农经商,莆田境内小商小贩日益增多,商人队伍迅速扩大,为莆田商帮的形成奠定了基础。莆田商人数量众多,形成了专门从事农产品贸易的商人,手工业者也逐步演变为亦工亦商的经营者,人员结构多元化,以贾商、行商、牙人(中介)、船舶主(海商)为主。同时,莆商也具有多重性格特点。一方面,抱团,能形成老乡圈子,互帮互带;另一方面,也有"亲兄弟,明算账"的精明。另外,莆商也是爱国爱乡、慷慨解囊的榜样。

宋代莆田白湖有个陈贵,字美和,是个做大米买卖的中介商,古时称"做米牙人",简称"米牙"。因为他的字"美和"刚好与"米牙"在方言中谐音,人们都叫他"陈米牙"。陈米牙为人诚信,无论做成多大的买卖,他都只收取一指甲的米作为报酬,在民间信誉极佳,生意日隆,家道殷实。陈米牙乐善好施,常救济穷人,德声传遍莆田。后来,其孙子陈俊卿高中状元,位至宰相,七世孙陈文龙也状元及第,官居宰辅,所以陈府有"一门二丞相,九代八太师"之荣耀。从宋代起,莆田商界就把陈米牙视为楷模,尊为商界的祖师爷,每月的初二、十六日都要举行祭牙仪式,备好五果六斋和香烛祭拜陈米牙,规格与初一、十五日拜神差不多。此俗也影响到周边地区,实际上是莆商"诚信为本"的核心精神的传扬。

二、宋代莆商发展的背景

(一)市场繁荣

市场是经济的晴雨表,从一个地区街市的多少,便可以看出这个地区商业活动的盛衰;而一个地方市场上商品的丰寡,则又可以折射出这个地方商业经济的强弱。随着商品经济的发展,宋代莆阳集市如雨后春笋般纷纷涌现,遍布境内城乡各地,有村市、草市,有山市、庙市,有早市、日市。而尤为可贵的是,当时莆阳已经出现了类似今天的"商业一条街"。

宋代莆田商业经济逐渐发展,必然带来激烈的市场竞争,推动了商品质量、商业规模和店面设施等方面的提升,也推动了商标广告、经营理念和竞争方式的改变。首先改变了"重农轻商"的理念,重商经商也可以成就事业、光宗耀祖。商业文化内涵逐渐丰富起来,商品价格、质量、经营方式和服务等方面竞争加剧。莆田境内开始出现大量使用名号、字号的商店,将产地、商品和品牌结合起来,实现广告、品牌和诚信经营的广泛宣传效应。另外,宋代开始出现商业行业组织,朝廷也要求商铺、商贩必须加入行会,分类登记在册。

《仙溪志》载:"红花可以朱,茈草可以紫,布帛之幅则治麻与蕉,织丝以纻……纱出于土机者最精细,粥于蚕户者为良。用物则窠蜂而取蜜,且溶其房,以蜡灰蛎而柔。竹则蒸其屑以纸,炼铅而粉,采柏而烛,凝土而燔之。窑则埏埴之器通于三邑,煮铁而出之模,则鼎釜之利及于旁郡……"这一文献记载,既勾画了宋代仙游县商品生产的基本面貌,又折射出宋代莆阳商业繁荣发达的盛景。

(二)海洋经济发展

商品生产的丰富多样,不仅带动了商业集市的兴起与繁荣,同时也推动了商品流通、商品买卖、商业贸易的发达;而商业贸易的红火反过来则又促进了商品生产的发展。宋代的莆阳便是如此,其商品运出境外、海外贸易,也有境外、海外的货物贩进莆地买卖;既有莆地商人经营,又有外地商人参与。据《新五代史》记载,王审知治闽时就已"招来海中蛮夷商贾"。一方面,商人们把莆阳生产的各类商品,如红糖、干果、布料、铁器、瓷器等,从海上运往江浙、京津乃至日本、琉球等海外出售以获利。"初着花时,商人计林断之以立券,若后丰寡,商人知之,不计美恶,悉为红盐者。水浮陆转,以入京师,外至北漠、西夏。其东南舟行新罗、日本、流求、大食之属,莫不爱好,重利以酬之。故商人贩益广,而乡人种益多,一岁之出不知几千万亿!"蔡襄《荔枝谱》的这一记述,虽然仅仅勾画出一幅莆地荔枝干的国内与国际贸易图,但从中可以窥见莆地商品远销海内外之一斑,也道出宋代莆阳海上贸易之兴旺发达。另一方面,客商亦把境外商品贩入莆阳以获利。南宋时,曾任泉州知州的真德秀就记载到,福建地处中外及南北海上交通贸易要冲,江浙客艘南下而来,东南商舶北航而至,泉州港外围的浯洲湾和兴化湄洲湾常有南北商船穿梭航行,北航南驰的商船经常在这两处港湾抛碇停泊,与"居民交通贸易"。

据专家考证,莆田古代海运事业从宋代起进入兴盛时期。现保存在三清殿里的《兴化军祥应庙记》明确记载了宋代莆田对外对内的海上贸易,如有"游商海贾,履风涛历险阻,牟利于他郡外番者",还有"泉州纲首朱纺舟往三佛齐国"的记载。三佛齐国位于今印度尼西亚的苏门答腊,可知当时莆田的船只已经往南洋一带经商了。当时,莆田出口的主要货物有荔枝干、糖、酒、铁、瓷器、蓝靛、鱼、盐等。

三、宋代妈祖文化的传播与莆商的关系

莆田境内山高路陡,河流众多,河汊纵横交错,百姓通常借助舟船运载货物,在科技相对落后的年代,水上行舟,越洋过海,多有不测,能拯救海难的妈祖自然成为商人的保护神。宋代莆田商人都认为,祷求妈祖保佑,不仅航海平安无事,而且生意也会兴旺发达。妈祖本是地方性的信仰,在较短的时间内成为全国性甚至世界性的信仰,其中最主要的传播者就是莆田商人。莆田商船行到哪里就把妈祖带到哪里,莆商足迹所到之处必建有妈祖庙,或在莆田会馆内设妈祖牌位,供随时参拜。宋代商业持续繁荣,莆田商人足迹遍布全国各地,妈祖信仰也随之传遍了天南海北。

如宁波是莆田商人最早销售荔枝干和桂圆干的商埠,其境内在宋代建有多座妈祖庙,其中灵慈庙是最早的一座。《灵慈庙记》记载:"自宋绍兴三年,来远亭北,舶舟长沈法询往海南遇风,神降于舟以济。遂诣兴化分炉香以归,见红光异香满室,乃舍宅为庙址。益以官地、捐资,募众创殿庭像设毕具,俾沈氏世掌之。"可见,不仅灵慈庙是莆田商人创建,而且庙中妈祖神像也是从湄洲分炉过去的。又如杭州也有奉祀妈祖的艮山祠,其是浙江境内最早的湄洲妈祖分灵庙。还有山东长岛的显应宫,始建于宋徽宗宣和四年(1122年),亦称海神娘娘庙,是我国北方修建最早、规模最大、影响最广的妈祖庙之一,与湄洲妈祖祖庙并称为"南北祖庭",宫内存有世界上历史最久的铜身妈祖塑像。

到了南宋时期,妈祖信仰已传播到我国台湾、香港地区,以及东南亚各国。妈祖

信仰传播速度之快，流传之广，堪称奇迹，除了莆田商人的推动作用，宋朝官方对妈祖信仰的推崇也起着重要作用。另外，妈祖行善救困、舍身为人的精神也符合中华民族的传统美德，契合了社会需求。

第三节

元代莆商快速发展

元代初期，莆田战乱频仍，农业、手工业和商业经济受到严重打击和摧残，其后才逐渐得到恢复。为了巩固政权和笼络人心，元朝统治者颁布了促进农业发展的法令，施行免税减税政策促进流民复业，鼓励新垦农地，对莆田农业经济恢复和发展起了积极的促进作用。元代中后期莆田经济得到全面恢复与发展，商店集市逐渐增多，日趋繁荣，与商业相关的辅助行业应运而生，邸店、牙行等大量涌现。而莆田境内交通条件大大改善，南北洋舟楫相通，也促进了交通和物流的快速发展。

横跨莆田木兰溪的宁海桥已有近700年历史，至今它仍是连接兴化平原南北洋的一条交通要道。元朝后，莆田外销的荔枝干、桂圆和山货大多要渡船经过宁海桥所在的宁海渡，可见宁海桥是元代莆田土特产的通道，见证了莆田海上贸易的兴盛与繁荣。

宁海桥位于距莆田市区约15公里的木兰溪入海口，南北走向，桥南为南洋，桥北为北洋。在建桥之前，莆田南北洋两岸的老百姓往来都要乘渡船，十分不便。元元统二年（1334年），龟山寺僧人越浦发起募捐建桥，历时二三十年才建成。宁海桥全长225.7米，仿泉州著名的洛阳桥而建，具有宋代石桥梁的建筑风格。共有船形石墩14座，分水15门，船形石墩下粗上收，两头分水尖取内凹形，上下两头宽，中间略为收身，以规整条石横直相错垒砌而成。而在墩上南北架梁处还砌了三层悬臂，层层托出，以减少石梁的实际跨度。值得一提的是，每条石条上都刻有捐建者的姓名和捐资数额，字迹至今清晰可见。

元时，莆田各地的桂圆、茶叶、竹编，仙游的红糖、砂糖和漆器等商品均汇集到宁海港南边的黄石。宁海港每日进出船近百艘，黄石街市商铺数百家，逐渐成为闽中经济繁荣、文化发达的集市。

元代是莆商发展的重要时期。莆田商业经济再度繁荣，从事商业活动的人数大幅增多，商人队伍不断扩大。商人队伍的结构也有了新的变化，众多的士人学子也加入经商行列。商贸活动也由境内向境外扩展。许多商人举家外出，奔赴全国各地经商，足迹遍布大江南北；也有一些商人移居东南亚，成为海外莆田商帮的先驱。莆商

极具宋代石桥建筑风格的宁海桥（蔡靖摄）

的商业经营理念和经营方式也出现了重大转变。越来越多的人加入行商行列,既有固定的商铺,也有航运船舶,也经常与番客合作经营,同时民间借贷活动也极为常见,商业意识增强,竞争意识提高。随着莆商原始积累增多,莆田出现了棉布行、粮食行、杉木行、渔牙行等几大行业,每个行业都出现了商业巨头,成为富甲一方的批发商。如仙游枫亭的薛和源,依港建立粮仓油库,在霞桥开设货栈,经营北方食油,销售网络遍布莆田、永春、德化、惠安等地。

第四节

明代莆商发展壮大

明朝初年,政府采取加强中央集权的措施和实行休养生息的经济政策,恢复生产,国势不断强盛,东南沿海地区的手工业和商业日趋繁荣。明代保守的通商政策未能阻止贸易的发展,这个时期我国与亚洲其他国家的商业交往仍然发展较快。闭关政策反而加剧了海上走私,对外贸易畸形发展。海上走私利润丰厚,吸引社会上商人、农民、手工业者、地主、富豪,甚至官吏和海盗参与到走私贸易中。

隆庆元年(1567年),福建开放海禁后,莆仙人移居东南亚经商谋生者渐多,出现了自郑和七下西洋之后的第一个华人出国高潮,而且奠定了华侨祖籍多为福建、广东两省及去向多为东南亚各国的格局。出国经商的商人来源复杂,有因起义失败而出海避难的,也有因躲避倭寇祸患而出境的,还有因生活所迫为觅出路而出国的。海外莆田商人越来越多,加上莆田人风俗习惯相同,家乡观念重,在外经商的莆田商人能够互帮互助,共渡难关,逐步形成了以莆田方言为纽带的地方商人群体。

据有关史料载,当时烟草大量传入,在中国形成了烟草种植业,吸烟的风气也日渐兴盛,随之而来的是烟草工商业迅速发展。于是,烟丝加工业逐渐从农业中分离出来,成为相对独立的手工业,烟丝作坊迅速遍布城乡。这些作坊一般为前店后坊,大则一二百人,小则十几人,还有一些家庭型作坊。随着烟草贸易的繁荣,这些作坊不仅生产加工烟丝,同时也参与烟草买卖,对外也称烟铺或烟行、烟庄。工商的结合使得大批量生产烟丝成为可能,当时福建烟丝生产极为兴旺。其中,仙游烟草加工业在福建很有名气。明万历年间(1573—1620年),善化里乌台村(今仙游县大济镇西南村)一带农民种植从外地传入的烟草,并采用简单工具,手工操作,制作"条丝烟",俗称"土烟",在本县和毗邻地区行销。此外,万福、富洋、古洋等地的晒烟也色、香、味俱佳,名扬海内外。

明朝时,北高黄金珠宝首饰行业开始发展,距今已有五六百年的历史。许多北高人通过子承父业、师徒传承,保持着打金打银的手艺。这些北高打金人纷纷走出家门,走街串巷、走南闯北,开始了他们最初的打金生涯。北高不产金、不产银,北高人却凭着传统的打金手艺勇闯天下,为北高挣来了一个名副其实的"金匠之乡"称号。这个行业不仅是当地的支柱产业,还走向全国,享有盛誉。

明代莆田商帮不断发展壮大。商帮是以地域为中心,以血缘和乡谊为纽带,以相亲相助为目的,且自发形成的商人团体。明代初期,由于倭寇祸患,莆田商人被迫外出经商,全国各地和海外各国逐步形成了一个以莆田商人为主的群体,即莆田商帮。莆田商帮的形成和发展,对莆田的经济、政治、文化和社会发展产生了深远的影响。

明代莆田商帮的结构和特点也跟以往不同。莆田商人迅速增多,队伍快速壮大,商人的社会地位和作用不断提高。莆商结构繁杂,有农民逐渐转变为商人,也有手工业者演变为商人,大多数地主兼有商人身份,也有豪绅转为商人,另外,官员、文人学士也加入商人行列,更有地方武装、海盗和倭寇都挂上商人的招牌。随着行业集聚,资本集中,莆田境内一些经营有方的商人实力不断增强,成为行业巨商。官商结合开始出现,莆田商人依官谋利游刃有余。海上商人为牟取暴利,在正常贸易间或染指海上走私贸易。莆田商人社团在全国各地设立会馆等,为莆田士绅和商界同行联谊结社,也为同乡提供免费或廉价的栖身之所。福建会馆多数也与莆商有关,莆商是其中的主要力量之一。由于资料有限,无法判断各个福建会馆与莆商的具体关系,此处一并列举。

表 2-1　明清福建会馆一览表

福建商帮会馆所在地	名称	建立时间	资料来源
福建涵江霞徐新开河	兴安会馆	1750 年	民国《建宁县志》卷六
铅山	福建会馆	明代	万历《铅书》卷一
泉州涂山街胭脂巷	兴化会馆	清代	张大任《妈祖宫集》(7)
福州下杭街	兴安会馆	清代	《福州便览》(7)
温州大南门外	莆商天后宫	1741 年	乾隆《温州府志》卷九
缙云县西南临好溪	闽商天后宫	乾隆间	光绪《处州府志》卷十二
松阳县城西	闽商天后宫	1749 年	光绪《处州府志》卷十二
衢州城天王巷	福建会馆	1801 年	嘉庆《西安县志》卷四十三
兰溪六坊	闽商公所	1709 年	光绪《兰溪县志》卷三
金华长仙门外	闽商会馆	康熙间	民国《金华县志》卷十三
建德三元坊	福建会馆	1751 年	乾隆《建德县志》卷三
临海城南垣外	八闽会馆	1737 年	民国《临海县志》卷八

续表

福建商帮会馆所在地	名称	建立时间	资料来源
象山南门外	闽广会馆	1839 年	道光《象山县志》卷十二
象山盐仓前	兴化天后宫	1855 年	道光《象山县志》卷十二
鄞县东门外	福建会馆	康熙末	《天后史迹的初步调查》(8)
镇海招宝山	闽浙会馆	1735 年	民国《镇海县志》卷十三
福州后田	闽清会馆	清代	《福州便览》(7)
定海南门外	八闽会馆	康熙末	民国《定海县志》卷二
乍浦萧山街	莆阳会馆	1748 年	光绪《平湖县志》卷九
嘉兴南十三庄	福建会馆	1785 年	光绪《嘉兴府志》卷十
娄县谷阳门外	兴安会馆	1845 年	光绪《松江府志》卷十
上海南市复兴东路	兴安会馆	光绪间	《上海碑刻资料选辑》(9)
吴县十一都二图姚家巷	兴化会馆	康熙间	民国《吴县志》卷三十三
盛泽南栅陈家土墩	闽公所	清代	民国《吴县志》卷三十三
泰州北门内大街	福建会馆	清代	道光《泰州志》卷七
淮安城北莲花街	十闽堂	1828 年	《天后史迹的初步调查》
宿迁新盛街	福建会馆	清代	同治《宿迁县志》卷十一
峄县台庄闸	福建士商	1853 年	光绪《峄县志》卷十
即墨金口	福建会馆	1768 年	新编《即墨县志》
烟台新世界	福建会馆	1884 年	《天后史迹的初步调查》
周口沙河西岸	天后宫	清代	杨永德主编《周口大观》,1993 年,第 7 页
南阳	福建会馆	清代	民国《南阳县志》卷二
天津针市街	闽粤会馆	乾隆间	《天津天后宫》(7)
沈阳地载门	闽江会馆	乾隆间	民国《沈阳县志》卷十三
盖平城南门	福建会馆	嘉庆间	民国《盖平县志》卷二
芜湖陶塘西埂	福建会馆	1886 年	民国《芜湖县志》卷十三
合肥城桥东	福建会馆	1802 年	光绪《庐江府志》卷十八
上饶城外南街皇华坊	福建会馆	1708 年	同治《上饶县志》卷六
赣州城内	福建会馆	清代	同治《赣州府志》卷十一
长沙八角亭	福建会馆	清代	同治《长沙县志》卷十四
长沙鱼塘口	福建会馆	清代	同治《善化县志》卷十四
湘潭十八总	福建会馆	清代	光绪《湘潭县志》卷七
芷江沅水河西岸	福建会馆	1748 年	同治《沅州府志》卷七

续表

福建商帮会馆所在地	名称	建立时间	资料来源
安陆城外河街	福建会馆	清代	光绪《德安府志》卷五
应城城内	福建会馆	乾隆间	光绪《德安府志》卷五
石首城南三里店	福建会馆	清代	光绪《荆州府志》卷二十七
宜昌忠文街	福建会馆	1761 年	同治《宜昌府志》卷四
万县城内	福建会馆	清代	同治《万县志》卷七
重庆朝天门	福建会馆	不详	嘉庆《巴县志》卷二
成都简州	天后宫	清代	咸丰《简州志》卷三
崇庆	天后宫	清代	乾隆《崇庆州志》卷三
汉州	天后宫	清代	嘉庆《汉州志》卷十七
成都	天后宫	清代	同治《成都府志》卷二
双流	天后宫	清代	民国《双流县志》卷一
温江	天后宫	清代	民国《温江县志》卷四
新繁	天后宫	清代	民国《新繁县志》卷一
金堂	天后宫	清代	民国《金堂县续志》卷二
新都	天后宫	清代	民国《重修新都县志》第二编
崇宁	天后官	清代	民国《崇宁县志》卷二
南充	福建会馆	清代	民国《南充县志》卷五
中江北门外	福建会馆	清代	民国《中江县志》卷四
德阳县城南街	福建会馆	清代	民国《德阳县志》卷二
德阳县孝泉场内	福建会馆	清代	民国《德阳县志》卷二
绵阳吉祥街	福建会馆	1755 年	民国《绵阳县志》卷二
绵阳马石场	福建会馆	清代	民国《绵阳县志》卷二
江油城内	福建会馆	清代	乾隆《江油县志》卷上
绵竹城大北街	福建会馆	1837 年	民国《绵竹县志》卷十二
华阳黄龙溪场	福建会馆	1755 年	民国《华阳县志》卷三十
华阳总府街	福建会馆	清代	民国《华阳县志》卷三十
双流东城外	福建会馆	不详	民国《双流县志》卷一
荣县城西街	福建会馆	嘉庆间	民国《荣县志》卷十一
荣县程家场	福建会馆	乾隆间	民国《荣县志》卷十一
荣县孝子桥	福建会馆	咸丰间	民国《荣县志》卷十一
荣县李家堰	福建会馆	光绪间	民国《荣县志》卷十一

续表

福建商帮会馆所在地	名称	建立时间	资料来源
荣县鼎兴场	福建会馆	1807 年	民国《荣县志》卷十一
荣县桥头铺	福建会馆	1879 年	民国《荣县志》卷十一
荣县杨家场	福建会馆	1794 年	民国《荣县志》卷十一
荣县铁场铺	福建会馆	1786 年	民国《荣县志》卷十一
荣县长山桥	福建会馆	1863 年	民国《荣县志》卷十一
犍为城内馆驿街	福建会馆	1748 年	民国《犍为县志》卷二
犍为清溪镇中河街	福建会馆	1755 年	民国《犍为县志》卷二
犍为石溪镇正街	福建会馆	雍正间	民国《犍为县志》卷二
昆明丽正门外校场	福建会馆	清代	光绪《昆明县志》卷四
蒙自南门	福建会馆	清代	宣统《续蒙自县志》卷三
思南东门外	福建会馆	1812 年	道光《思南府续志》卷二
临桂王辅坪大街	福建会馆	1733 年	光绪《临桂县志》卷十五
雷州赤坎	福建会馆	清代	《湛江文史资料》第 15 辑,第 128 页
雷州赤坎	闽浙会馆	嘉庆间	《湛江县文物志稿》,1986 年
南雄	福建会馆	清代	《南雄文史》第 2 辑,1985 年
韶州城内中大街平治巷口	福建会馆	清代	《韶关市区文物志》,1986 年
海口水口巷	福建会馆	道光十九年	小叶田淳著、张迅齐译《海南岛史》,第 252 页

资料来源:整理自王日根.明清闽商与会馆[Z]//第二届世界闽商大会研究论文选辑.北京:中华书局,2010.

随着莆田商人发展壮大,莆商的足迹越走越远,妈祖信仰在海内外的传播也越发广泛。明永乐皇帝在南京天妃宫隆重举行了妈祖御祭,郑和下西洋每次出航必然先拜祭妈祖,积极推动妈祖文化在海内外的传播。琉球也先后创建了两座妈祖行宫。明万历年间,台湾地区妈祖信仰普遍兴起。

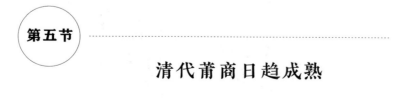

清代莆商日趋成熟

清代,莆田商贸发展经历了一个艰难曲折的过程。清初的战乱与海禁,导致莆田

嵩口天后宫(蔡靖摄)

嵩口兴安会馆(蔡靖摄)

经济一度萧条。随着社会稳定,莆田对外贸易和商贸经济再度兴起。鸦片战争后,外国商品大量涌入,促进了莆田商品经济的发展。莆田市场已具有相当规模,仅涵江、城厢、枫亭、荔城即有十六大行业。

清初迁界对莆田沿海为害甚剧。因明郑仍在闽粤沿海活动,清廷坚壁清野,将沿海三十里的房屋悉数毁坏,强迫人民迁入界内,使得郑氏无法获得所需要的人力物资。在这次残酷的迁界行动中,莆田损失了四十余万亩良田:"燔其舍宅,夷其坛宇,荒其土地,弃数百里膏腴之地,荡为瓯脱","房屋尽毁,足迹如扫"。人民流离失所,加上水旱、虎患、土匪劫掠,倭难后方百年的休养生息毁于一旦。《莆变纪事》曾极道迁界之痛:"壬寅之秋,截界令下。沿海子遗,逃亡流窜,遍野哀鸿,不可收拾。加之甲辰、乙巳,水旱为灾,百役并至。界内之民,死于力役,死于饥饿,死于征输,至有巷无居人,路无行迹者。而招安贼伙,又复加欺凌,土著残黎,又无一聊生矣。吾乡人民,真九死一生矣!"莆田人口锐减,对外贸易中断,更使得世家大族与其依附的土地脱钩。物质基础匮乏,加上文教氛围全然破坏,此时唯有投身工商业方能自救。就这样,莆田完成了由"文献名邦"到下海从商的转变,莆商在清代获得快速发展。

清政府规定,外国商品进口必须有指定的商行代理报关、验货纳税和销售商品,莆田境内代理商行迅速发展起来。输出产品主要是蔗糖、桂圆、土布、土烟、陶瓷等,输入产品有大米、棉布、药材等,鸦片战争后,鸦片、吗啡、煤油、火柴、棉纱、针织品也大量倾销莆田。莆田对外贸易呈现快速发展态势,通商的国家和地区日渐增多,包括琉球、日本、新加坡等。代理商阶层逐步形成,并发展成为著名商号。涵江是代理商最为集中的地方,较大的代理商行和船务代理行多达16家,包括源沣、义德、通美、瑞裕、大同和泉裕等。粮油行业迅速扩大,运输、印刷、邮局、汇兑、当铺、餐饮等众多新行业产生,行业巨头出现,行业垄断逐渐加剧;金融业发展壮大起来,典当、钱庄不断增多,汇兑业务开始兴起。服务业和经纪行业较为活跃。

清代,莆田商帮不断发展和壮大,形成了不同行业的商帮,如航运业的涵江海商、烟草业的仙游烟帮、干果业的梧塘桂圆帮等。东南亚各国的莆田商帮也人数众多,实力雄厚,对当地产生巨大影响。

关桑作为清代举人出身的儒商,在当时具有先发的优势。他和绝大多数莆商一样,以经营莆田特产为起点,从兴化府城、涵江逐渐扩展到福州、厦门两大通商口岸,进口洋商品,掌握洋油、肥皂等小商品经营权而发迹。他还把生意扩大到北方的京津与苏沪浙,并把泉州海关的进出口关税都承包下来,进口的洋货几乎都垄断在他的生意网络中。关桑在发达之后,投入重金,从陈氏家族购买了文峰前的旧府第,进行了一系列令人叹服的重修与重建,还在大度街、县巷开建了几十间店铺,经营品种丰富的生活必需品。

清康熙年间,城关徐年盛在仙游、泉州、天津、烟台等地加工、经营烟丝而发迹。道光年间,烟商陈天高在城关创办隆兴烟行,年产烟丝万余担,销往江南各省。清代中叶始,仙游人在福州、泉州、南安以及江浙一带几乎垄断烟草市场,形成"兴化烟帮",仅福州的几家兴化烟铺,月销售烟丝量达 30 多吨;仙游县内各集镇烟丝月销售量达 10 吨。商贾徐太同在泉州开设"太同烟铺",制作的"荔核"烟丝,销往台湾地区以及东南亚各地。

清代莆田境内的商铺、字号、商标等花样繁多,内涵丰富,体现出"文献名邦""海滨邹鲁"的深厚底蕴。很多商家名号寓意深刻,内容丰富,既体现了商家的经营理念,也寄托了商人发家致富的愿景,如义盛、鸿兴、富茂等。行业讯号颇具特色,流动商贩采用不同讯号来告知顾客,招揽生意,简单明了,实用有效,富有地方特色,成为莆田商业文化的一部分。

清代莆田商人进一步推动了妈祖文化的传承与发展。商业经济繁荣昌盛,对外经济交流不断扩大,信仰妈祖的信众越来越多,促进了妈祖文化的传播;清代朝廷为了维护和加强统治,也肯定和推崇妈祖信仰,使得妈祖在信仰、褒封、等级方面得到极大的重视和提升。莆田乃至福建境内开始出现兴建妈祖庙的热潮,清代福建境内共有 53 个县建立了妈祖庙。莆田会馆天后宫遍布全国各地,福建商帮或福建商人创建的天后宫多达 191 座,以沿海城市居多。天后宫成为莆田商人和莆田乡亲的凝聚纽带,也是莆田商人的社团活动场所。

清代,莆田商人社团不断涌现,莆商社会作用凸显出来。莆田商人社团主要以同乡会性质的同乡会馆,以及以商人为主体的会馆和行业协会为代表,如泉州的兴化会馆、福州的兴安会馆、温州的兴安会馆、平潮的莆阳会馆等。莆田商人积极参与社会救助活动,济困扶贫,捐款捐物,承担社会责任。随着会馆和行业协会的出现,莆田商人逐步发展成为重要的社会力量,在反抗苛捐杂税和不公平待遇方面,以崭新的姿态登上了政治舞台。

莆商会馆颇强调会员对会馆及其商帮的义务与责任,强调会首的"品行端方"与"办事公正廉明",强调建立良好的商业信誉,亦强调团体合作、信息交流与急公好义、共同发展。会馆倡导一种团体精神与协作精神,有利于商业活动中矛盾纠纷的协调和化解。会馆制定的规约往往亦旨在建立公平的商业秩序和良好的商业信誉。

莆商会馆在"团结商人,保全信义"的基础上,遇到"凡受国家法律有不完全之处,或贪婪官吏对于人民有苛酷之事件",皆力求为会员争得"保全生命财产,判断曲直之权利",有人说:"凡所以联乡情,敦友谊,求自治,谋公益者,皆不能不于会馆公所是赖。"

会馆多设置义冢,为客死他乡者解除了后顾之忧。会馆经常举行祀神、演戏、过节等活动,通过会众集资达到增强会众凝聚力的目的。会馆所体现的地域文化又实现了与当地文化的交流与互摄,如作为闽人乡土神的妈祖逐渐走出乡土神的局限,而成为全国通祀神,又如福建人的种烟植蔗培薯技术亦纷纷为当地所吸收,依凭于会馆的商人几乎成为地方文化的使者,遍布东南亚的福建商人会馆还多致力于教育,更为中华文化的弘扬做出贡献。[①]

上下杭早年是福州的商业中心和航运码头,是福州城市历史中轴线和"三山两塔一条街"历史风貌特色的重要组成部分,具有深厚的历史文化底蕴。它真实地记录了福州民族工商业、民主革命的发展历史,是城市发展的重要物质载体和见证,一直以来都是民俗、史学专家研究的重要地方。在当年的福州双杭街区,曾经活跃着大批来自五湖四海的商帮,其中最有实力的当推兴化帮,有人还把下杭路称为"兴化路"。例如,福州兴安会馆位于福州台江区双杭街道下杭路27号,原址现为台江区教师进修学校。原兴化府商帮所建,创于清代。占地面积3 000平方米,坐北朝南,纵贯上杭、下杭两条路。建筑形制特殊,前门面向下杭路,为红砖清水短墙,左右各开一个青石拱形仪门,中间短墙上部间隔镶有半米见宽的青石4块,分刻"兴安会馆"4个大字,下部为长方形横窗,青石为框,中植青石雕圆竹柱,十分别致。进门是一个大石埕,一对青石雌雄狮分蹲左右,高大威武,栩栩如生。大埕登石阶上正殿,面阔三间,进深七柱,抬梁加穿斗式木结构,双坡顶、藻井、斗拱、窗扇等雕刻精致,中祀天后妈祖。殿后又一石埕,过院墙进入后进院落,有厢房、仓库多间,所有人员及货物来往,均从上杭路后门进入。

第六节

民国时期莆商稳步前进

民国时期是中国内忧外患严重和社会大动荡时期,也是中国资本主义商品经济崛起的重要时期。随着外国商品大量涌入中国,对外贸易和交流不断扩大,莆田商贸逐渐繁荣起来。商业行业表现突出,在纱布业、南北京果行业、鱼牙业、餐饮业、糕饼业、中西医药业、侨汇业、金融业等十大行业尤其出色。随着机器轮船技术的出现,加上海上运输的便利性,莆田航运业出现空前的繁荣。进口商品以日本、美国、英国、德国、苏联、葡萄牙、印度、马来西亚和荷兰等国的货物居多,主要有化工、建材、轻工产

---

① 王日根.明清闽商与会馆[Z]//第二届世界闽商大会研究论文选辑.北京:中华书局,2010.

品和五金交电制品,也进口机械产品,如汽车、发电机等。出口产品以农产品和土特产为大宗,包括土布、花生、烟草、桂圆、茶叶等。外贸经营方式为进出口商品代理制,官员常以行政手段取得进出口垄断地位,官商结合现象十分严重。

据民国《莆田县志》载:"莆商号称巨擘者,豆饼商居第一位,桂圆商居第二位,布商居第三位,京果商居第四位,轮栈商居第五位。"其中桂圆是从古至今的莆田地方名产,清代即远销宁波、上海等地。涵江是清末福建四大名镇之一,系商业兴旺的天然良港,亦是著名侨乡,民国时被誉为"小上海"。其有四家桂圆商号,因创办者均为黄姓,而被称为"黄家门",经营额占涵江桂圆行总额的三分之二,形成了垄断。因信誉极佳,资本雄厚,"黄家门"下乡收购鲜桂圆可以赊欠一年以上,不需现金交付;且每年开盘时,优先唱价,每百斤开盘价都比其他商行高一元大洋,仍然受到顾客青睐。不仅如此,"黄家门"的代表人物黄纪云等还成立了实为地方行政机构的"涵江商会",应对官府、代收税捐、创办实业、调解地方纠纷,甚至组织民军对抗北洋军阀。黄纪云墓志铭记其事略如下:"吾莆俗多械斗,得以言排解,祸立见消。乡都祈雨遭陷,为列状上剖,诬乃得释。民智之未开也,建崇实学校为合郡倡;旱年之告歉也,运镇江船米拯莆民饥。他如镇前陡门、三江石路、兴安会馆,以及萩芦、延寿、达台、柯董诸桥梁,皆赖先生得集厥事。"俨然一太平绅士、慈善大家。

外地的莆商,在成为行业标杆的同时也投身公益事业。例如蔡友兰在福州经营鞭炮行起家,后兼营汽车运输业,曾任福州海运公帮理事长、省市商会会长等职,同时民族气节崇高,不顾自己战时汽车被征、生意亏损,严词拒绝日方重金收买授职。1943年,福州鼠疫肆虐,蔡友兰捐资1.6万元自昆明购得500瓶鼠疫血清,无偿供给各医院,同时通过商会募得8000元,资助市医师公会在南公园开办隔离医院。他还热心助教,在福州兴安会馆创立小学,并筹建莆田锦江中学;即便在福州沦陷、回到莆田避难时,仍不忘捐资筹建莆田中山中学。此外还捐赠双杭救火会一辆消防车。

同在福州的莆田巨商还有开办广芝林药行的徐建禧。广芝林恪守"信用第一,质量至上;药真价实,童叟无欺;选料精良,遵古炮制"的祖训,药真价实,服务周到,疫病流行期间通宵达旦服务,故广受患者好评。徐建禧先义后利,1935年起任双杭救火会理事长,救火会不仅承担消防工作,还常常施药、施粥、施棺,多行赈济,故一贯以德高望重之人为首。福州第二次被日军攻陷期间,徐建禧还率救火会"火兵"在南通镇抗击日军,阵亡十余人,爱国义举受海内外一致赞誉。

林心香,出生于19世纪70年代,平海镇山星村人。林心香作为管理者,深度参与莆田人下南洋运动。凭借着自己的聪明才智,和卫理公会莆田总堂的大力支持,林心香在短短十年时间内,拥有了一座数万亩的橡胶园、几家工厂、数十家店铺,成了名噪一时的侨领。

民国时期是莆田商帮发展壮大的重要时期,也是莆商发展史上较为辉煌的时期。由于出境限制放宽,大批莆田老百姓前往海外定居和经商,东南亚华侨华人剧增,海外莆田商帮迅速壮大,商人社团增多,活动愈加频繁,也形成了一股新的政治力量。海外莆商构成来源多元化,客头引荐出境,教会招聘出境,政治避难逃亡海外,国外公司招聘出境,亲朋好友引荐出境,或通过联姻出境,等等。很多侨民吃苦耐劳,头脑灵活,从雇工开始,从事洗衣店、餐馆、杂货铺等门槛低的服务业,逐步慢慢成长为资本雄厚的商人。海外莆商也呈现出爱国爱乡的大爱精神,积极支援抗战和经济建设,支援中国革命等。

民国时期,莆田多地发展成为繁华集镇,也出现了著名商号和商人,著名商号如茂隆梅记商行、双茂隆商行、通美豆饼行、同懋百货行等,著名商人如陈芹、林恩、陈济泉、周文开、徐启棋等。

第七节

新中国莆商奋发图强

中华人民共和国成立初期,国内经济社会发展曲折,也大大影响了莆田商帮的发展。随着改革开放,国家工商业政策转变,莆田商贸流通体制也进行了改革。国内经济快速发展,商路畅通,莆田商人纷纷外出经商创业,莆商队伍快速扩大,知名度逐年提高。莆商活跃在各行各业,尤其是在民营医院、木业木材、珠宝首饰、工艺美术、加油站、餐饮小吃、服装鞋服等行业颇有建树,独树一帜,在国内市场有着重要作用。如莆田东庄人办医院、忠门人贩木材、北高人开金店、东峤人做珠宝、华亭人卖桂圆、笏石人卖钢材、仙游人建加油站等等。现今的莆商在全国的市场中举足轻重,分布在各个行业,占有木材市场的近70%,民营医院市场的85%,油画商品出口市场的三分之一,民营加油站的50%以上,金银珠宝业的60%。新时代莆商正逐步实现从个体工商户走向规模化集团化,从低科技含量向高新技术企业发展,日益成为全国乃至全球具有重要影响力的商帮。

这一时期莆商的发展是本书重点内容,下文对此进行分章介绍。

第
三
章

莆商文化与莆商精神

　　回顾莆商发展的历史,无论是在古代,还是近现代以来,莆商都创造了一个个商业传奇。这辉煌商业历史的背后,都是以莆商所具备的独特精神作为引领和支撑。但在不同的历史发展阶段,莆商的精神不是一成不变的,而是始终在传承中创新,在审时度势中与时俱进。当前,在新时代背景下,莆商必然面临着新的挑战和机遇,只有在新时代中找准莆商精神的历史定位,才能引领中国经济腾飞,再创辉煌成就。

　　近年来有关部门总结莆商精神为"精""勤""俭""孝"等品格特点。莆商"精",精于根植市场、"无中生有"、求和求顺、创新求变;莆商"勤",勤于劳作不惧苦、不畏难、敢打拼;莆商"俭",俭以兴业、低调做事不张扬,俭以持家、节衣缩食不铺张,俭以养德、为人诚实守信;莆商"孝",忠孝于国,敬孝于祖,尽孝于亲,以不同方式报效桑梓。莆商这些品格特点,也是福建精神的生动凝练和集中体现。但"精""勤""俭""孝"仅仅表现为品格特点,通过对莆商千年辉煌成就的梳理与研究,我们认为新时代莆商精神应是:惟读惟耕、克己复礼、立德立功、行稳致远。惟读惟耕,崇尚科学教育、勤奋努力的精神,这与莆田重视教育传统一脉相承。未来没有科技含量与文化含量的企业都将退出市场,重视教育才能创立有科技含量与文化含量的企业。克己复礼,需要新一代莆商能够加强自身修养,超越自我。管理者的本质是自我管理,故加强自我修养对于传承企业非常重要。立德立功,需要弘扬一种重视职业道德、社会责任的精神,企业创造社会财富,不能用来挥霍,而应该对社会有贡献。行稳致远,需要树立一种科学决策精神、专业治理精神,只有这样才能避免企业陷入财务危机与经营风险。

历史上的莆仙文化和莆商精神

一、莆仙文化概况

自古以来莆仙以其独特的地理位置和人文文化,展现着种种神秘的色彩。透过历史的烟云,揭开神秘的面纱,便可发现莆仙文化的结构主体中,既有古闽文化的遗存,也有汉唐以降中原文化的传入,还有阿拉伯、波斯和西方文明的交融。于是,莆仙文化不断丰富,形成了鲜明的特色。

据考证,自唐末开发至今,莆田的文化历史总共才 1 300 多年,与具有悠久历史的中原文化相比,莆田文化的起步至少要落后 2 000 年,然而,自唐朝中叶以来,这方充满神奇色彩的土地上,文坛人才辈出,涌现出如黄滔、徐寅、蔡襄、郑樵、林光朝、刘克庄、黄仲昭、郑纪、柯维骐、林兆恩等一大批在福建、全国乃至世界上有影响力的文人。莆仙人的文章著述之所以能在中国文化史上占有一定的地位,最主要的原因即是这些作品的字里行间无不浸透着"求真"两字,也就是说,追求真理和追求科学,是千百年来莆仙仁人志士的最高追求。求真在商界也十分重要,传统莆商在很多方面体现了求真务实的精神。

与全国各地一样,莆田的地域文化也深受儒家文化的影响。自南朝郑露三兄弟入莆传授《诗》《书》后,儒家文化一直在莆田地域文化中占主导地位。然而,道教和佛教的文化也深深地影响着莆田人民。为此,莆田的文人学者一方面坚持儒家的仁爱、自强、诚信、和谐、互让、忠恕、格物致知、正心诚意、修身齐家治国平天下的思想,一方面也纷纷从不同角度吸取佛、道两家的精华,以丰富自己的理论。而佛教、道教也在以自己特有的宗教形式,向人们推行道德,强调积善消恶等一般民众所喜闻乐见的观念,因此佛、道的教化对于莆田民间社会的伦理道德秩序也产生了一定的作用,从而在民俗文化中表现出强有力的"向善"行为准则和以"向善"为中心的信仰支柱。由于以上种种原因,莆田这个文献名邦形成了两种独特的"向善"文化现象:一种是从宋代民间自然形成的特定民俗文化——妈祖文化;一种是明朝著名学者林兆恩所创立的"三教合一"理论。尽管这两种文化现象的表现形式有所不同,但其核心思想都是一致的,即"向善"。

自立邦之初,莆田就形成一种比他邑更为浓厚的重教兴学风气,从而奠定了莆仙文化特别繁荣发达的坚实基础。宋代是莆田重教兴学蔚然成风的时期。自北宋咸平初,莆田就形成了相当完善的官办学校、民间书堂、家塾义庄"三位一体"的教育体系,使莆田成为当时全国并不多见的一个重要教育中心,从而营造出莆田文献名邦又一道亮丽的文化风景线——科举奇观。

二、传统的莆商精神

区域群体的工商活动往往会与地域文化结合在一起,形成一种独特的区域工商文化传统。莆田文脉与商脉水乳交融,文化硕果浸润了莆田商帮的血脉,也孕育了"莆商精神"。莆田商人通过长期对主流儒家思想的借鉴和融合,总结出了富有智慧的经商理念,形成了具有特色的商帮文化和商业文明,如对自己要求"精益求精、诚信真善、义利并举",崇尚"业精于勤""诚信之德""真善为本"等。

具体来讲,莆田民间自古流传着"瘦店胜过肥田""田园万顷,不如薄艺在身"的谚语,这是与封建社会重农轻商相反的重商理念。正是在这种理念的影响下,莆田人经商风气一直较为浓厚,妇女甚至文人都参与经商。在长期的经商过程中,莆田人也有自己的生意经。如莆仙方言中"买卖算分,厮请不论",意思是买卖账要算清楚,分毫不爽,而请客时友谊为重,应慷慨大方;"无嫌无买",意思是买商品总要挑毛病以此压低价格,反映了莆商的精明;"卖市不卖货",意思是做买卖要靠把握市场的机遇,反映了莆商植根市场的敏锐嗅觉;"勤勤做,俭俭食""省食钱债轻,省颂(穿)衣裳新""发财是命,趁食(挣钱)着(应该)勤"反映了莆商勤俭务实、吃苦耐劳的人生信条;[①]"过桥念志,吃茄念蒂",意思是要饮水思源,这是莆田的重孝品质。莆田民间有"做十"(为父母祝寿)的习俗,礼仪十分隆重,这是莆田人孝敬父母的体现。历史上,莆田因尽孝于亲而被朝廷表彰建坊建祠的达几十人。这种孝道反映在莆商身上则是成事报效桑梓。

(一)吃苦耐劳,低调务实

古文化遗址表明,早在 5 000 多年前的新石器时代,莆田就有人类繁衍生息。[②]莆田民间至今还有"沉七洲,浮莆田"的说法,意指古代由于地壳升降运动,莆田陆地

---

① 王丽,傅慧芳.莆仙方言熟语及其独特的地域文化[J].重庆科技学院学报(社会科学版),2013(10):149-153.

② 谢如明.莆田发展简史[M].厦门:厦门大学出版社,2008.

从海底浮上来,而海南东南方七洲洋岛屿则下沉变海区。① 《莆田县志》道出了莆田地名的由来:"县多蒲艾,后以频有水患,故去水从莆。"宋林大鼐在《李长者传》描述:"闻莆田壶公洋三面濒海,潮汐往来,泻卤弥天。"可见当时莆田水患频繁,虫兽出没,先民们在恶劣的自然环境中,生存之艰难可想而知。越是在艰难困苦的条件中,越是练出先民的勇猛强悍之气,自古就有"狭多阻,闽越悍"之说。郭沫若《途次莆田》写到"围海作田三季熟",一语道出了先民们向海要田,征服大自然获取生存空间的开拓进取精神。正是这种恶劣的自然环境,造就了莆田人吃苦耐劳、顽强拼搏、勇于进取的精神,并代代相传。这是莆田历史文化发展的源头,也是莆商成长的历史渊源。

"没有莆田人吃不了的苦,没有莆田人办不成的事。"莆田人外出经商,最初原因是人穷找活路。早期华侨"下南洋",起初大多从事最底层的苦力活,如垦荒、开矿、种植、筑路、拉车、理发、擦皮鞋、修自行车等;改革开放之初外出,主要从事肩挑手提走街串巷叫卖、修蒸笼等作坊式手工业。他们草根创业,"有三更、没半夜",风餐露宿走遍全国。莆商成功的背后,是艰辛的打拼。北京福建企业总商会会长陈春玖说:"我19岁背井离乡,开始了走街串巷、学艺从商的生涯。几十年来,尝尽了人间的酸甜苦辣,虽然艰难但始终执着地坚持。"② 如今,他创办的北京通厦投资开发集团年度销售营业额达150亿元。北京聚仙堂董事长林友华,30多年前"北漂"蹲在立交桥下贩卖家乡的红木筷子。正是靠着这种吃苦耐劳的精神,他在北京获得了成功。莆商创业之初,一无资本、二无人脉,他们在外乡得以立足,靠的正是耐性和韧性。

创业时的吃苦耐劳在创业成功后得到了延续,莆商创业成功后,普遍低调务实。在中国的民营企业富豪中,福建富豪是个低调而神秘的群体,这其中当然也包括莆商。莆商不尚空谈,不喜张扬,他们看重的是实效。秀屿东庄是民营医疗镇,身家上亿的大有人在,却鲜有在媒体面前抛头露面者。

(二)精明善算,创新求变

尽管先民大量围海造田,但随着人口的繁衍及外迁人口的大量涌入,莆田人地矛盾越发突出。宋代石碑《兴化军祥应庙记》记载:"夫七闽诸郡,莆田最为濒海,地多咸卤,而可耕之地又皆高仰……"南宋理学家林光朝《艾轩集》载:"莆之郡二百年,虽以州名,其实一县也,原畛如绳,廛里如栉,十室五六,无田可耕。"③ 人地紧张,造成"岁歉无以输官,民则转徙流移矣"(林大鼐《李长者传》)。时至今日,莆田人多地少的情况依然没有改变,而且越来越严重了。自然条件的制约让莆田人更容易摆脱对土地

---

① 吴炎年.沉七洲无考,浮莆田有据[N].湄洲日报,2011-04-28(C3).
② 陈荣富.天下莆商竞风流[N].福建日报,2013-02-18(2).
③ (宋)林光朝.艾轩集[M].上海:上海古籍出版社,1985.

的依恋,背井离乡向外求生存、求发展成了他们更好的选择。白手起家让莆田人更懂得精明善算,创新求变,因此才会创造"无中生有"的神话。

莆田人在经商中以精明善算著称。他们有着敏锐的嗅觉,以独到的眼光发现隐藏的商机。即使是最难赚钱的行业,他们也能找到机会和空间。20世纪80年代大兴安岭特大森林火灾,国家还在为处理大量过火的木头发愁,莆商却看到了商机,买下木材,变废为宝,从中赚了大钱。三迪集团董事长郭加迪,只身在匈牙利布达佩斯打拼,逛商场时发现当地鞋价比国内贵十倍,马上发回电报开始倒鞋,创建郭氏(福建)鞋业有限公司,成为东欧华人社会的侨领。

20世纪80年代,莆田的禽苗已经全国闻名,莆商"上车是蛋,下车是鸡"被传为佳话。为了节省成本,他们独创"运胎蛋",把孵化了十几天却还未破壳的胎蛋提前装车运送至外地。途中控制温度,计算时间,抵达目的地时,这些禽苗正好破壳而出。正是靠着这种精明的创业精神,莆商创造出一个又一个商业奇迹。

莆商不安于现状,不满足于已取得的成就,在商潮中勇立潮头,大胆创新求变,争取新的辉煌。莆系民营医疗的发展史就是一部创新史。莆系民营医疗始于"游医",以在电线杆贴广告的形式从20世纪80年代起闯天下;20世纪90年代中后期,经过资金积累,一些有实力的"游医"开始承包公立医院的专科,并在全国各个城市迅速复制、扩张;进入21世纪,家族抱团、强强联合,莆系医疗产业从专科门诊向专科医院发展,再从专科医院迈向综合医院,经营范围也由单纯的经营医院向投资医疗器械、医疗物流等相关健康产业方向发展。莆田并无林木资源,却荣膺"中国木业之城"的称号,演绎了"无木生材"的神话。目前,全国各地从事木材行业的莆田人约16万,创办750多家木材贸易加工规模企业,在全国形成了庞大的木材销售网络,年创产值超百亿元。① 莆田也无医药世家,更无金、铁等矿产资源,却在这些领域创造出"无医生医、无金生金、无钢生钢"的商业奇迹,涌现出一批"医药大王""木材大王""珠宝大王""钢铁大王",可见莆商是"无中生有"的突出群体。

(三)合群团结,报效桑梓

汉以后,中原战争不断,闽越地区相对稳定,各个朝代都有中原人入境。西晋永嘉之乱后"八姓入闽",入莆的中原人大增。南朝陈光大二年(568年)设莆田县,正式为县级行政建制,意味着当地在编人口大大增加,这其中一大部分源自南迁中原移民。移民与当地人之间争夺生存空间,势必引起矛盾,从而也在客观上强化了宗族血缘关系,只有抱团才能更好地生存、发展。这种宗族血缘观念在外表现为重乡情、讲

---

① 陈荣富.天下莆商竞风流[N].福建日报,2013-02-18(2).

乡谊;同时,出门在外也让他们体会到单打独斗之不易,因此莆商更加抱团,在外视乡亲如亲人,在事业发展的同时不忘邻里乡亲。

莆商创业的一个显著特点是"相牵邀",他们注重地缘、血缘、亲缘,在一个地方、一个行业,只要有一个莆田人经营成功,乡亲们就会相互引荐、相互提携。一个行业、一种模式很快会在一个家族、一个村、一个镇里蔓延开来,并在全国各地扩张、布点,形成规模。姚为棋先生被尊为东南亚"脚车业始祖",1899 年在吉隆坡开办福隆兴脚车修理铺,此后引荐、提携大批兴化乡亲特别是江口镇的亲友前往,在 20 世纪 30 年代就在东南亚形成了福莆仙帮,江口镇也发展成为著名的侨乡。可见,莆商经营的行业带有明显的地域群体特点。

莆商在外,始终心怀故土。他们成功后,有的回乡投资兴业,助力家乡发展;有的慷慨解囊,捐资捐物,造福桑梓。20 世纪 80 年代起,陈江和、黄廷方、林德祥、李文正等著名莆籍侨领就"以侨引侨""以侨引外",带头在家乡兴办了浆纸、酒店、轮胎、火电等企业,吸引带动大批客商投资莆田。2003 年,莆田市委、市政府首倡"民资回归",吸引了大批莆籍民营企业家回乡发展。如 2006 年在沪 46 家莆商组团投资 18 亿元在秀屿区建设"木材加工进出口贸易一体化项目";莆田市泰扬工艺品有限公司董事长林志阳动员在上海、福州等地从事石雕工艺的 132 家企业进驻上塘珠宝城兴建中国上塘石雕园区等。回乡捐资兴办公益,修桥铺路,修建学校、医院也成为事业有成的莆商的新风气、新时尚。2013 年 3 月为筹建妈祖金身像,仅半个小时,参加座谈的莆商就踊跃认捐 6 316 万元;李文正先生捐巨资长期支持兴办莆田学院和其他学校;正荣集团欧宗荣先生多年来向社会公益项目投入 2.5 亿元;北京中奥联合投资发展有限公司董事长潘亚文共捐赠 1.5 亿元,积极参与抗震救灾、希望工程、扶贫基金、妈祖文化等公益活动,两次入围中华慈善奖等。

第二节

新时代莆商精神

党的十九大报告中,习近平总书记提出中国特色社会主义进入了新时代,这是中国发展新的历史方位。党的二十大报告则回顾总结了过去五年的工作和新时代十年的伟大变革,展示了中国共产党和中国人民坚定的必胜信念、强大的前进动力和昂扬的奋斗精神,彰显以团结奋斗创造新的历史伟业的自信和决心;科学谋划了未来五年乃至更长时期党和国家事业发展的目标任务和大政方针,擘画了以中国式现代化全面推进中华民族伟大复兴的宏伟蓝图,指引并激励全党全国各族人民不断夺取新征程上的新胜利。时间定格新的起点,中国翻开新的华章。

进入新时代这一重要历史阶段,意味着外部环境的诸多变化,莆商若要在新时代中勇立潮头,必然需要有一种新的莆商精神与之相适应。正如上文所说,新时代莆商精神应是:惟读惟耕、克己复礼、立德立功、行稳致远。惟读惟耕,崇尚科学教育、勤奋努力的精神,这与莆田重视教育传统一脉相承。未来没有科技含量与文化含量的企业都将退出市场,重视教育才能创立有科技含量与文化含量的企业。克己复礼,需要新一代莆商能够加强自身修养,超越自我。管理者的本质是自我管理,故加强自我修养对于传承企业非常重要。立德立功,需要弘扬一种重视职业道德、社会责任的精神,企业创造社会财富,不能用来挥霍,而应该对社会有贡献。行稳致远,需要树立一种科学决策精神、专业治理精神,只有这样才能避免企业陷入财务危机与经营风险。而对新时代莆商精神的提炼,关键要回答两个问题:第一,在新时代,企业家需要具备什么样的商业精神才能够让自己勇立潮头,在竞争中占领先机?第二,莆商是中国民营企业家的缩影,如果要引领这个时代的发展,需要具备什么样的精神?

一、新经济格局下弘扬企业公共精神

对于新经济的讨论和研究已经非常深入和广泛,不同的学者基于不同视角有不同的定义。但是,站在中国企业的视角来看,中国的新经济至少蕴含了两个较为显著的特征:一是经济全球化趋势的全面加深给企业带来的竞争挑战;二是互联网信息技术的迅猛发展给企业带来的变革压力。经济全球化要求莆商具备全球的视野来看待全球的问题,文化的差异、资源整合等要素都应当被考虑在商业创新之中。互联网、大数据、云计算、人工智能等技术的迅猛发展,极大地变革了现有的商业模式,颠覆了消费者的生活习惯,重塑了用户的价值理念。新技术日新月异,尤其是互联网技术和移动互联网的飞速发展,推动了大量的商业模式创新、企业产品创新。近年来涌现出一大批新概念,包括"新零售""新制造""新金融"等,都体现了企业在新时代背景下求新求变的发展思路,展现了互联网技术与传统产业深度融合的趋势。从另一个层面看,数字技术、信息技术又是驱动经济全球化趋势加深的一股革命性力量。它正在不断破除地域的限制,"海淘""全球购"等新经济现象的出现,越来越表明技术驱动下经济、社会形态重塑的强烈需求。

当前新产业、新业态、新型商业模式不断涌现,但新经济到底是什么,我们需要继续探讨。当下讨论新莆商精神,应该也是在新经济格局下对优秀商业精神的一种探索,如果无法准确把握新经济,就很难提炼出新商业精神。企业家是新经济中最为敏感和最有前瞻性的群体,在新经济格局下,需要什么样的企业家精神,莆商自身对此的思考尤其值得重视。莆田市工商联主席洪杰强调要从国家战略全局充分认识党的二十大的里程碑意义,从建市40周年的奋斗历程中进一步汲取智慧力量,聚焦市委提出的"一个总抓手、五篇文章、两大支撑、三大战略、四城辉映"工作部署,坚持俯下身子抓产业、一心一意谋发展,深入开展"深学争优、敢为争先、实干争效"行动,着力促进民营经济高质量发展和民营经济人士高素质成长,推进工商联各项工作提质增效,打造民营经济工作品牌,努力为莆田创建绿色高质量发展先行市汇聚莆商智慧和力量。长期关心家乡建设发展的李文正博士是印尼力宝集团的创始人和董事局主席,2023年回莆考察访问时强调教育是一个城市发展的未来,希望每一代莆田人都能关注家乡的教育,积极建设莆田、宣传莆田、发展莆田。

这些现象给我们一个很重要的启示,即在未来新经济中,企业家在初创时期强调对企业利润的追求,只有先有盈利,才能使企业在异常激烈的竞争中存活下去,但是随着企业的成长,仅仅以盈利作为企业的价值追求是远远不够的。事实上,在这些会议上许多大企业家的发言折射出其背后的价值关怀,而这些价值关怀是有别于一般中小企业的,他们更多地强调和关注企业的社会责任和公共精神。这是小企业成长为大企业之后的一种价值选择,同时也是小企业要成长为大企业所需要的一种精神引领和先决条件。当下强调的"公共精神""普惠精神""共享精神",其内核是与传统"义利并举"的莆商精神一脉相承的。"义利并举"的商业精神曾经携领莆商成就非凡的商业传奇,当下话语体系中的"公共精神""普惠精神""共享精神"也将引领莆商在未来的新经济中凸显优势和激发活力。

二、新政治格局下树立"亲""清"莆商精神

中国的政治与经济之间紧密相连,在研究中国经济问题的同时,不得不格外关注中国的政治导向。我们讨论中国的新经济,也就必须关注中国政治生态的新变化。党的十八大以来,中国政治发生了很大的变化,新政治就必然呼唤新的莆商精神,那么,这里就需要回答两个问题:新政治具有什么特征? 新政治格局下企业家与政府官员应该建立什么样的关系?

党的十八大以来,许多官员因经济腐败问题纷纷落马,对此,习近平总书记曾要求领导干部同非公有制经济人士的交往成为君子之交,做到"亲""清"两字。党的十九大报告也明确指出:"构建亲清新型政商关系,促进非公有制经济健康发展和非公有制经济人士健康成长。"这些论述奠定了新型政商关系的构建原则和方向。一方面,企业家需要与政府建立"亲近"的合作关系。在中国这个以公有制经济为主体的

国家,企业家如果要把企业做大,必须和政府保持良好的合作关系,因为中国以公有制为主体的经济制度决定政府掌握了大量的关键性资源。"亲近"还强调企业与政府的真诚交流。比如,随着新一轮的行政审批改革的深化,"减政放权""政府流程再造"等涉及商事的改革与民营企业的发展息息相关。如果要使改革切中要害,进一步释放改革红利,那么也少不了企业家与政府的真诚沟通。从这个意义上说,企业家与政府构建"亲近"的合作关系十分有必要。

另一方面,企业要真正永续发展,又必须和政府保持"清廉"关系。在强调政企合作的同时,也要把握友好关系的尺度,不能逾越法律的红线,坚守正派的经营方式,树立正确的义利观,避免行贿等腐败投机行为。

所以,在新政治中,企业家既需要加强与政府的合作关系,也要与政府保持清廉关系。习近平总书记提出的构建"亲""清"新型政商关系,我们可以理解为不只是针对政府官员的,也是针对企业家的。这也是新政治中探索新莆商精神需要把握的原则和认清的现实格局。

新时代是各领域处于重大变革的时期,莆商只有具备新的商业精神才能引领自身实现跨越式发展,才能在中国经济再次腾飞中扮演更为重要的角色。从莆商的发展历程可以发现,莆商精神的演变、升华和提炼始终需要结合经济、政治、社会的外部变化。只有这样,才能提炼出符合当前和未来发展趋势的新莆商精神,让莆商立于不败之地。

第
四
章

莆田工艺美术产业

　　莆田工艺历经了漫长的历史进程。从现存于仙游县博物馆、莆田市博物馆的多件新石器时代遗存的石刀、石锛来分析,莆田工艺萌芽于原始社会。境内现存的汉代遗物如东汾五帝庙的石狮,其工艺水平已十分高超。莆田工艺兴于两汉,盛于唐宋,誉于明清,辉煌于当代。工艺美术是莆田市第二大产业,历史悠久、技艺精湛、种类多样、产销两旺,在海内外享有盛誉,莆田已成为全国工艺美术重点产区。莆田工艺美术产品品种齐全,形成了木雕、古典工艺家具、玉雕、宗教雕塑、金银首饰、石雕(含寿山石雕)、油画框业、工艺编织、铜雕、漆器等十大门类,其中木雕、金银首饰、油画框业和古典工艺家具的产值、产量及出口额均居全国同业前列。

第一节

莆田工艺美术产业发展概况

　　工艺美术产业是莆田传统产业、富民产业、看家产业。莆田正以发展现代服务业为重要抓手,全面推动工艺美术产业与现代服务业深度融合,积极打造千亿产业集群和国际品牌。着力打造 10 个工艺美术产业园区,其中 AAAA 级旅游景区 2 个,省级现代服务业集聚示范区 4 个,带动质量检测、金融服务、电子商务、物流等现代服务业企业入驻。建设仙作工艺小镇、上塘银饰小镇、北高黄金珠宝小镇、仙游艺雕小镇等特色小镇,提升园区平台服务功能,带动旅游、创意、金融等行业发展。

　　近年来莆田着力传承历史文脉,紧扣时代脉搏,积极将地方文化资源优势转化为文化产业优势,形成莆田木雕、古典工艺家具、金银首饰、工艺油画、妈祖文化旅游等五大具有全国性影响力的文化产业品牌。在这五大文化产业品牌中,与工艺美术相关的就占有 4 项。其中,莆田木雕不仅在中国高端工艺品市场及收藏界极具品牌效应,在中低端的木雕工艺品市场占有率也较大;古典工艺家具高档产品占国内市场份额 70％以上。

古典工艺家具是莆田整个工艺美术产业的重中之重,有"仙作"之称,与木雕产业紧密关联。改革开放以来,莆田木雕第二代传承人方文桃、佘国平等一批大师级名人抓住机遇,创办木雕个体企业,并获得成功,从而吸引了一大批民间艺人纷纷重操旧业,先后走上办厂创业之路,促进了莆田木雕业快速发展。与此同时,一批外商、台商也到莆田创办木雕企业,使莆田成为台商在祖国大陆来料加工、设厂生产和设点贸易最多最集中的中心点。

回顾历史,莆田的建筑、砖瓦、石雕、木雕等自隋唐时期蓬勃发展,一直延续到近代,形成一组密切相关的产业共同体。以木雕为例,木雕兴于唐宋,盛于明清,光大于当代,其取材自荔枝、龙眼经济作物的荔枝木、龙眼木以及人工造林的黄杨木、樟木等在地木料,主要用于制作神像,庙宇、衙门、豪宅的装饰性木雕,木竹家具,工艺品等。

依据刘福铸主编的《莆田史话》和谢如明编著的《莆田发展简史》,唐初,莆田地区寺庙的建筑装饰、佛像、石构建筑等已有雕刻工艺的雏形。宋元时代,莆仙所雕刻的人物、花卉等题材的神像以及庙宇、衙门、豪宅等的装饰性木雕和以木竹为材料生产的围屏、栏杆、家具、木雕古玩、乐器、工艺品等,已相当精妙。相传,北宋时五度为相的仙游人蔡京鼓吹"丰亨豫大"之说,大兴土木,追求豪华富丽,召家乡工匠把宫廷器具与书画工艺有机结合,创作出木雕家具,首开莆田派木雕家具工艺之先河。宋代石雕技艺精湛,以圆雕、浮雕为主,所雕刻的神像、人物、动物、植物、花卉、云朵等栩栩如生,如修建于宋乾道元年(1165 年)的南山广化寺释迦文佛塔和更早百余年的广化寺《佛顶尊胜陀罗尼经咒》石幢等,而白沙澳柄桥、阔口熙宁桥上的石狮子以及盖尾石马桥头的石马等,则是古朴苍劲的北宋风格。莆田文峰宫收藏有南宋妈祖神像,秀屿嵩山陈靖姑祖庙收藏有南宋陈靖姑神像。

明代,莆田工匠发挥圆雕佛像、平雕建筑装饰等技艺,形成了造型简洁、明快清新的艺术风格。莆城明代大宗伯第的檐枋雕饰、御史大夫第的厅堂枋额雕饰等都是传世佳作。至今,在荔城、城厢、鲤城、涵江、黄石、榜头、枫亭、新县等地,还保存着大量明代艺人手工雕刻的神像、石狮子、石马、古代人物、柱础、屋架、横梁等住宅装饰,家具装饰,花鸟山水等作品,无不栩栩如生,精美细腻。秀屿区山亭乡莆禧天妃宫内的明代妈祖木雕软身像,不仅脸部表情好,而且脚上下左右可以活动,水平极高,至今保存完好。

清代莆田木雕进入了辉煌时期,其结构考究、装饰华美、繁复厚重。匾额、围屏、祭器等木雕工艺品遍及城乡宫庙。木雕从运用及装饰范围来分,可分为建筑雕刻、家具雕刻、陈设工艺品雕刻三大类;从表现形式来分,有镂空雕刻、浮雕、浅雕、立体圆雕等。雕刻题材广泛,有人物、山水、花卉、飞禽、鸟兽、回纹、八宝博古以及各种吉祥图案等,其中以人物为主的名人轶事、文学故事、戏曲唱本、宗教活动、民俗风情、民间传说和社会生活等题材,皆为上乘之作。乾隆年间,后洋艺人制作的一只贴金透雕花篮,被当作贡品晋献朝廷,现藏于北京故宫博物院。光绪年间,城内坊巷人廖熙巧妙地将传统书画融于民间艺雕之中,使木雕艺术达到很高境界,光绪皇帝亲笔题写"巧夺天工"匾牌褒奖他。1903年,他的雕件《关公》在巴拿马太平洋万国博览会上展出,获金奖。分散在民间的清代木雕更是不可计数,主要运用在庙宇、民居等建筑的檐条、横梁、栏板、窗扇等处,多宝格、太师椅等家具和銮驾、炉斗、供案等宗教用品上。石雕技艺也非常著名,精美作品遍布兴化大地及周边地区,还随着移民的脚步远播台湾地区,代表作是仙游文庙石雕龙柱、度尾南潮宫人物花柱、城东石坊等。城东石坊建于道光五年(1825年),前后历时30年始成,被誉为八闽石雕艺术最精美者。除石雕、木雕外,清代兴化府玉雕、牙雕、铜雕、竹雕、砖雕等也相当著名。

民国时期除石雕、木雕、砖雕进一步精致化外,工艺美术也进一步向漆器、彩扎花灯、纸扎艺术、剪纸、盆景制作、首饰打造、抽纱、刺绣、编织等多样化发展。中华人民共和国成立后经历了手工业的社会主义改造,改革开放后放开生产合作组织,个体创业积极性被激发了出来。改革开放迄今,莆田工艺美术产品主要是以明清时期的家具样式为样本进行仿制的红木家具,产品研发主要是针对古典纹样的改动和针对古典家具样式的小幅改动,整个行业基本是在生产中高端红木家具,而低端木材家具的设计和生产很少。

改革开放后我国国民经济状况得到明显的改善,经济实力得到极大增强,人们在物质生活质量不断提高的同时,精神生活上的需求越来越多,特别是对工艺品的需求越来越大。勇于开拓的莆田人民,用勤劳的双手把先人留下的丰厚文化遗产和传统的手工艺有机地结合起来,在市场的带动和政府的引导下,莆田工艺美术产业得到迅速发展,并从村里发展到了乡里,又从乡里发展到了城市,从手工作坊向发展到现代企业,再创了如木雕、古典工艺家具、金银首饰、工艺油画等众多传统文化与时代气息相融合的新辉煌。

近年来,莆田的工艺美术行业迅速发展,人才队伍阵容雄壮。至目前,莆田拥有国家级工艺美术大师9人;省级工艺美术大师、市级工艺美术大师、工艺美术师以上的专业职称人数众多。同时还有3人获得"大国工匠"的至高荣誉称号,6人获得国务院特殊津贴,7人被评为全国劳模或全国五一劳动奖章获得者,4人获得全国三八红旗手称号。在国家倡导"弘扬工匠精神·振兴传统工艺"的行动中,莆田的工艺美术大师们牢记使命,不忘初心,以饱满的激情、精湛的技艺、独具的匠意,创作出数以万计的工艺精品。大师们的艺术奉献擦亮了莆田工艺的金字招牌,让人们的生活更加美好,我们应该为之致敬。

莆田工艺美术产业的文化特点

一、莆田工艺美术产业历史悠久

从莆田出土的大量的新石器时代的石锛、石斧、石刀、石矛等实物,证明了莆田古老的闽越族先人们的工艺水平。在东圳水库库区周遭发掘出 3 000 多年以前的精美陶器,把莆田工艺美术史往前推进了近千年。夏商周时代的青铜器曾在仙游榜头一带地下被多次发掘,证实了莆田铸铜工艺已经达到一定的高度。西汉时期(前 202—8 年),汉武帝为了平定闽越王余善之叛,派楼船南征,余善败退莆仙,留下了仙游鸡子城、莆田庄边越王台等遗迹。此后,中原汉文化在此开启了历史新篇。

东晋时期,五胡之乱使中原板荡,中原大族纷纷避乱南迁。中产阶层迁徙到闽北石壁一带,盘缠耗尽,只得栖身那里,后来形成了客家族群。而那些望族大户凭恃财力,继续南移,最终到达闽中、闽南等较为安全的世外桃源之地。此后,莆仙文化得以快速发展。陈光大二年(586 年),莆田建立县治,成为一个政治文化中心,而县衙、城池的兴建,推进了莆田工艺的发展。

五代十国时期,群雄逐鹿中原,莆田仍为和平安祥的乐土。这时期,工艺美术被广泛运用于各个领域。据宝祐手抄版《仙溪志》记载:"僧清忠复授以雕番人二、雕孩儿二、雕凤二、雕鸡二,曰:以此拥护,必能远达。五代蜀天汉三年(917 年)敕赐紫衣归,建道场于龙华寺之东。"这个是目前查寻到的最早的关于莆仙木雕的确凿史料。

隋唐时期,佛教文化大量传入莆仙,寺庙林立。有史料记载可稽的隋唐时期寺庙就有凤山九座寺、游洋云顶寺、盖尾龙纪寺、仙游龙华寺、榜头天马寺、莆田凌云寺、江口囊山寺、涵江国欢寺等四十多座。至今依然存在的凤山九座寺石塔是隋唐石雕工艺的遗存。此前汉代道教入莆的建筑遗址只能从文献史料中查寻端倪,如汉代的九仙观、壶公凌云殿等。大唐盛世,升平既久,文化昌盛。当时莆田平原和仙游平原正在开发之中,游洋周边山区是人口聚集之地。唐代中叶,金鲤、史宾、郑积等题名金榜,位列公卿,被诗人称为"龙穿城下宰辅宅""七年三度状元来"。晚唐时,莆田因郑氏三兄弟"开莆来学",文化之风愈炽,人才辈出不穷。因高官名宦的府第园林建造和工艺奢侈品的流行,莆田工艺水平有了很大提升。唐代仙游进士郑良士在其诗篇中留下了"岭上茗茶因客煮,海南沉屑为君烧"的名句中,谈及莆仙工艺与海南沉香的关系。

北宋时期,宋太祖赖陈桥兵变以黄袍加身,为防武将篡位,便重用文人,尤其倚重南方的文人。于是出现了中国文化南移、莆田文化辉煌灿烂的奇观。宋代的科举制度造就了聪颖的莆人。两宋通过科举取士 115 427 人,莆仙籍人士占约 1.2%,其中官至宰辅的达 13 位,官居四品以上的达 300 多人。按宋代律令,凡在外籍为官者不得在任职之地买房购地,以期清廉。所以,莆人在外为官告老还乡时,必定在故乡建造府第,使莆田古建园林工艺匠师们更有用武之地。可惜,这些古建宋宅由于经历了战争等人为之祸,所剩寥寥无几,只有在大量的史籍记载中才能见到曾经的繁华。

两宋是推崇道教和儒学的时代。莆仙至今保存完好的三清殿、仙游文庙等都保留了宋代建筑风格。同时,佛教、民间信仰也十分盛行。这与莆仙历代高僧大德辈出很有关系。如唐代的妙应、本寂、无了、智广、瑞香、妙云,宋代的清忠、广济、了明、省澄、弥真、僧迦、文义、文偁等,都是开宗立派、禅境高深的大师,他们创建的无数丛林宝刹及其中的佛像佛艺使莆田工艺名扬四方。更重要的是,莆田民间信仰以德造神,从汉代以降,共封神 960 多人,如汉代的九仙、胡仙、陈仙,唐代的江妃、吴圣天妃、吴兴,宋代的陈靖姑、妈祖、钱四娘、李宏、冯智日、李富、陈瓒、陈文龙,明代的吴英、林龙江、卓真人、郑纪,清代的林兰友、林嵋、朱继祚、吴瑛等,凡是有功于莆、有德于世者,皆立为楷模,封为神灵,建庙立宇,四时奉祀。据统计,莆田市境内现存各种庙宇宫观达 3 000 多座,其工艺杰作蔚为壮观。

明代,莆田庞大的匠班队伍晋京,使莆田工艺走进宫廷,同时也使宫廷工艺反传于莆田民间。据明代黄仲昭编纂的《福建通志》之卷十六"方外"条记述:明,吴济川,德化人,隐居雪山金液洞养真,日唯饮水一盏。洪武戊申(1368 年)端坐而逝。明日,神往莆见塑匠,曰:我泉之德化金液洞徐友山也,请塑吾师真人像。弟先,吾亦随至。匠来,其徒问:谁相召?匠以其名告,众大惊异。经数十日,(济川)肌体柔润如生,所塑真身至今犹存,旱疫祷之立应。这则故事生动地记载了明代初莆田塑匠技艺之高超。这一尊由莆田大师塑制的吴真人神像至今犹存,诚为莆田神像工艺辉煌历史的一个有力见证。

清代至民国时期的莆田木雕已经发展成为一种独立的工艺美术,不再是手工业或者是建筑行业中的附属品。这个时期莆田木雕在构思上更为独特,匠师们雕刻出来的木雕工艺品层次分明,图案也更加生动,在装饰方面也更加华美繁复。莆田木雕传统工艺流程一般分为选材相木、勾轮廓线、凿粗坯、凿细坯、磨光等一系列步骤,每一步都需要全神贯注。莆田木雕具有强烈的民俗性,寿星、渔翁、弥勒、达摩、仕女、仙佛、武士,以及花卉、虫草、果盘和牛、马、虎、熊、狮、仙鹤、金鱼等是莆田民俗题材木雕中最常见的内容,工艺师在遵循传统技法的基础上,常常会巧思善凿,以不同的形式丰富传统的内容。

今天的莆田市与宋代的兴化军版图几乎重合,悠久的历史文化、神奇的人文创造、独特的莆仙方言,共同构成莆田市丰富的非物质文化遗产资源。截至当前,莆田市拥有 1 项人类非物质文化遗产项目——妈祖信俗,10 个国家级、63 个省级、330 个市级非物质文化遗产代表性项目名录;拥有 11 个国家级、92 个省级、611 个市级非物质文化遗产代表性传承人,非遗项目涉及民间文学、传统音乐、传统舞蹈、传统戏剧、传统体育、游艺与杂技、传统技艺、民俗等类别,展现出浓郁的地方传统文化魅力。工艺美术正是其中的一朵奇葩。莆田市已有 4 个工艺类项目被列入国家级非物质文化遗产代表性项目名录,分别是莆田木雕、留青竹刻、华昌金银错嵌、仙作古典家具。另有 22 个工艺类项目被列入福建省非物质文化遗产代表性项目名录;96 个工艺类项目被列为市级非物质文化遗产代表性项目名录。同时,有 3 人被列为国家级非遗代表性传承人,48 人被列为省级非遗代表性传承人,161 人被列为市级非遗代表性传承人。

二、莆田工艺美术产业艺术成就高

莆田木雕工艺精,向来以"精微透雕"著称,兴于唐宋,盛于明清,风格独特,自成流派。前文已有描述,在此主要介绍其他几种工艺美术产业。

(一)留青竹刻

竹刻,是我国的民间雕刻艺术,在西周时便已产生,距今已有 2 000 多年的历史。留青竹刻是在竹青层面上做薄地阳刻,是中国书画在竹皮上进行再创作的一门雕刻艺术。它的独特之处是书画和雕刻的结合,既有浮雕的造型,又有浅刻的刀痕,更不失书画的笔墨韵味和构图特点,因此留青竹刻被视为传统美术。它运用描、刻、挖、刮等技法,利用天然的一层薄似张纸而坚硬的竹皮(包括竹青、竹筠、竹底)的不同层次颜色表面,与竹肌不同的色差,以中国画的笔墨为基础,巧妙地在薄薄的一层竹皮上做文章,应用刀法创造出立体与平面的结合,注意刀法和绘画笔法理论的统一,表现笔墨、意蕴和刀味。作品历年越久,竹皮、竹肌的色差越大,层次越丰富,视觉趣味就越浓。明朝中期,竹刻成为一门独立的艺术,流传于福建的兴化等地。莆田竹木资源丰富,并且自古享有"文献名邦""海滨邹鲁"的美誉,人才辈出,冠于八闽,独特的地理环境和文化氛围为留青竹刻技艺的传承和发展奠定了基础。当时,竹刻工艺品作为文人墨客的把玩之物已十分流行。

清乾隆时,刘氏竹刻的创始人刘材成不慕其父刘朝松的为官之道,视其官场为墓场,喜尚民间艺术,回到家乡亲手组织乡亲创办竹木雕刻作坊。刘材成的竹雕为天然形态略加刮磨即成器,十分受欢迎。刘材成在《乙亥家训》中所说的"不仕不妄,技艺当家,立志成材,技为业勤,艺为业精"就是要让子孙后代谨记"当家之道""为人之本"。他希望自己的子孙能"拓宏基""有伟业""守业""敬业"。刘氏的竹雕、竹刻事业在刘材成的后裔7代180多年间,代代相传,世世发展。中间经历清代、民国到中华人民共和国成立后的时局变迁,深雕、浅浮雕和留青等技艺兴衰相间,改革开放以后,刘氏的竹刻技术,尤其是留青竹刻,有了更大的创新和飞跃,产业规模也越来越大。

竹雕艺术主要有深雕、圆雕、浅浮雕、落地阳文、陷地深刻、阴刻和留青技艺,刘氏竹雕艺术在原有的竹皮上去掉不要的竹青产生了特殊艺术效果的形式美,尽管在艺术上的表现图式、表现方法、表现意境和中国绘画在原有的空白纸张上染上墨色的形式美存在差异,但在审美的需求、审美的意味上都是相通的。

《考工记》载"天有时,地有气,材有美,工有巧,合此四者,然后可以为良",指出了天时、地气、材美、工巧是制造优良物品的四个要素。刘氏竹刻之道,正是遵循《考工记》所确立的原则,材必用三年之成材,必为隆冬入山采伐的,必取收置多年无燥裂之虞的竹材奏刀。奏刀之法、制器制度是一脉相随的。经过精心挑选加工的竹板为质材,经过工艺处理后,竹青层变成淡淡的米黄色,近似象牙,其底层的竹肌变成淡赭色。其次拟画稿,留青竹刻如果没有高水准的画稿基础,刻技再好也难出高档次的作品;反过来说,若画稿很好,刻者水平不高,同样难出精品。这与舞台艺术的剧本与演技一样,高水平的作品必须两者相结合。画稿后,才以刻刀为创作工具,将中国书画移植于竹板上,创作出具有留青、雕刻等视觉效果的中国画作品。刘氏留青竹刻刻画的形象限在竹青层,要在这浅薄如纸的层面上雕出深深浅浅的层次,并见到物体的质感,可见刻者的功力。刻者除了刀内功,更要刀外功。刀外功即为熟练的操刀术,刀内功就是刻者的艺术修养。留青竹刻经过刘氏几代人的努力,技法多样,不断丰富形式美,使艺术效果空前提升。作品大都是笔筒、搁臂、镇纸、折扇等。

(二)仙作古典家具

仙作汇集仙游木雕与仙作古典家具,产业历史悠久,早在唐宋时期就相当发达,传说曾五度拜相的蔡京被参奏弹劾返乡,在家乡九鲤湖祈梦时,九仙梦示其诗曰:"刻木铭心处,乘雷可升腾。"蔡京醒后亲自绘制草图,立即召集本地的能工巧匠,选用江南珍贵的千年黄杨木,将宫廷用具经典款式与家乡木雕工艺、书画艺术有机结合,制成罗汉床、屏风、案几等家具,并在其上精雕仕女图案后又反复打磨,献给宋徽宗。徽宗看后,龙颜大悦,反复触摸,爱不释手,不久便把蔡京调回京城,并于崇宁元年(1102

年)提升其为尚书右仆射(右相),翌年提升尚书左仆射(左相)兼门下侍郎。此后,蔡京醉心参与家具设计、制作,朝野深受其影响,争相仿效,不少仙游工匠被高薪诚聘为官宦富贵人家与寺庙制作家具,首开"仙作"木雕家具先河。北京故宫博物院收藏的宋代名画《听琴图》中,搁置古琴的琴桌就是蔡京呈上的"仙作"家具。

工匠行业由此成为仙游民间养家糊口的热门职业,传统技艺也由此代代相传,并不断推陈出新。明永乐年间郑和七次下西洋,运回大量的名贵红木,仙作家具的匠师们充分运用这些红木制作家具,成为开辟中国古典红木家具的先驱者之一。

仙游古典家具制作工艺靠不断吸收海内外先进工艺得到延续和发展。其核心技艺主要有六种,即选材工艺、榫卯工艺、雕刻工艺、镶嵌工艺、髹漆工艺、描绘工艺,六艺精妙结合。

仙作家具工艺与其他家具工艺不同之处,首先在于选材工艺。选材是一项至关重要的工艺。一个高明的选材师可以根据原木外形,判断其木材的纹理结构和选材取料方法。同一棵树,树的上部、中部、下部的材质不一样。树龄也有讲究,太老的容易空心,孔洞多;太小的没长成,木质不够硬朗。仙作古典家具选木讲究一木一器,同材相拼。所谓一木一器,就是制作家具时确保家具的每个部件为同一个木材上的木料;同材相拼是说若实在难以做到一木一器,则应力求树龄相同或相近。用于雕刻的部件表面不允许有开裂、死节、活节、腐朽、虫孔、变形等影响雕刻的瑕疵。仙作古典家具推崇色泽深沉、质地精密、纹理细腻的珍贵红木。选材要求无栗皮,色泽均匀,整体用料壮硕厚重、做工精细。所谓"红木",从一开始,就不是某一特定树种的家具,而是明清以来对稀有硬木优质家具的统称。20世纪80年代,我国主要根据密度等指标对红木进行规范分类,分为五属、八类、三十三种,其中五属是以树木学的属来命名的,即紫檀属、黄檀属、柿树属、崖豆属及铁刀木属,八类则是以木材的商品名来命名的,即紫檀木类、花梨木类、香枝木类、黑酸枝木类、红酸枝木类、鸡翅木类、乌木类、条纹乌木类。红木家具是由这五属八类木料的心材部分制作而成。"三分料,七分工",选材配料,是做好一件家具的关键。

榫卯工艺独创于东方。中国传统工艺匠师运用巧妙的构思创造出传奇般的榫卯结构。仙作古典家具大师通过榫卯结构进行多部位之间的联结,以燕尾榫、凹凸榫等28种榫卯和36种拼接方法,使仙作古典家具松紧有致、结构牢靠。每个木料结构上的榫头卯眼的形式、位置、数量,必须既符合家具的造型,又符合每个木料上的承受力。榫卯结构也决定了家具的结构以及衍生出来的线条。全凭榫卯就可以做到上下左右、粗细斜直的连接合理,面面俱到。其工艺之精确,达到严丝合缝,形成形、材、艺的高度统一。

成熟的雕刻工艺要求匠师腕力灵活,刀工熟练,拥有一定的绘画功底,运刀如用笔,在创作的过程中,一凿一铲,赋予红木新的生机和意韵。仙作古典家具充分运用仙游木雕传统技艺,以平雕、圆雕、镂雕、透雕、线雕、浮雕等技法,借鉴国画艺术创作手法,创作出以吉祥文化为特征的各式精美图案,使仙作古典家具充满文化韵味。雕艺图案来自生活、来自想象、来自故事等,取材丰富,形式多样,表达的寓意也丰富多彩,大都是表达人们对美好生活的追求与向往,祈福、纳祥、聚宝、健康长寿等。其主要雕艺图案有梅兰竹菊、春夏秋冬、太平有象、吉祥如意等 280 种。植物、花卉类型的雕刻图案往往是采用生活中的原型,通过谐音以及植物的生长特性和自身属性,来赋予寓意。花木草石脱离或拓展了原有的意义,而成为人格的象征隐喻,如牡丹花代表雍容华贵、高贵。动物纹饰的雕刻图案,也是采用动物名字的谐音,结合动物身上的某个部位的特点,如蝙蝠寓意有福气。神仙故事及历代名人趣事为题材的雕刻图案,最为有名的为八仙。

中国传统的镶嵌工艺,是将各种材料嵌入器物表面,拼接成人物山水、花草鱼虫、飞禽走兽等各色装饰图案。镶嵌工艺是仙作古典家具的重要装饰工艺,通常以金属、玉石、贝类、陶瓷、景泰蓝或其他材质进行镶嵌,以增强其华丽的艺术效果。仙游民间传统观念认为一件好的家具应具备五行要素,即金、木、水、火、土,所以家具镶嵌以金属添金,以贝类添水,以陶瓷添土、火。

"髹漆"是对大漆工艺的总称,髹是将大漆髹涂于器物表面,也说明了髹对于漆器工艺的重要。一件器物,如以木为胎,需要先以大漆与面粉调和作为粘合剂,将苎麻布裱于器物之上,反复不断多次直到平整。天然大漆与天然矿彩调和,可呈现多样的色彩表现。刮灰之后便可于器物之上层层髹饰,一件作品可能需要反复髹几十道甚至上百道漆,才可呈现饱满温润的触感。这种温润触感也是其他材质不可比拟的。

描绘工艺方面,莆田传统木雕长期受到绘画的影响,尊重材料的物性,并将材料的物质和塑造的形象提升到心灵的层次,既不执于心,也不偏于物,而是物我交融,象与意合,具有"行神合一"的倾向。木雕创作者更注意对人物神韵的表达,把"意境"或"神韵"当作是最高的艺术准则,在立意和构思上突出"应物象形",因材施艺。如作品《老者》,在创作上突出形体美的同时又着重体现了神韵美,让人感觉出作品整体造型自然完整又美观大方,具有内敛中见豪放、保守中见大气的审美气质。

目前,仙游全县有仙作生产企业 2 000 多家,从业人员超 20 万,开发有床、橱、柜、桌、椅、几、案、沙发等上百种产品,年产值 500 多亿元,雄踞全国高端市场 70% 以上的份额,可谓是中国古典家具市场的风向标和晴雨表。

(三)其他

工艺美术产业是榜头镇的特色产业,榜头镇已形成六雕(即木雕、竹雕、石雕、铜雕、骨雕、仿玉雕)、六编(即竹编、草编、藤编、芒编、塑编、棕编)3 000 多种系列产品。木雕、古典工艺家具产业迅猛发展,产品畅销世界各地,榜头镇现有各类工艺企业近2 000 家,从业人员逾 6 万。坝下古典工艺家具产业集聚区、宝泉工艺产业园和十里工艺长廊,正在发挥强劲的产业集聚功能,已初步形成了"以坝下工艺城为中心,仙榜路、濑榜路为走廊"的网状古典工艺集中区,进一步凸显了榜头镇作为"中国古典工艺家具之都"核心区的地位和带动效应。素以六编工艺品闻名海内外的溪尾村,不断更新工艺品种,挖掘技艺潜力,深受海外客商青睐。为发展"订单企业",榜头镇工商部门挂钩帮扶溪尾村发展六编企业。工商人员经常深入企业,传科技,送信息,帮技改,使该村六编工艺品源源不断漂洋过海,让越来越多的村民过上小康生活,产生了良好的规模效应。

榜头镇种植席草历史悠久,为了增加农民经济收入,镇政府鼓励席农继续发展传统特色产业。榜头镇的灵山、下明、东宫、新郑、岭下等村种植席草 1 000 多亩,可收刈席草 1 000 多吨,产值 200 多万元。为了增加席草产品附加值,榜头镇席农积极引进编织机,实现了机械化生产,自动草席编织机每小时可生产 4 张草席,提高功效数十倍。榜头镇集生产加工销售于一体,生产的草席销往浙江、广东等省内外市场。

三、莆田工艺美术产业品牌影响力大

莆田大力推动工艺美术产业发展,把工艺美术作为千亿产业和建设美丽莆田五大国际品牌之一来重点打造,制定工艺美术产业发展规划和专项行动。通过整合产业资源,加快建设"大工美之家""仙作供应链""金银谷互联网+"等特色行业平台。通过创建区域品牌,增强莆田工艺美术认可度。莆田先后荣获了"中国古典家具之都""中国木雕之城"等 10 多个称号,打造"仙作""上塘银饰"等集体品牌,并通过标准制定,提高业内话语权。

2006 年,莆田首个工艺美术产业集聚区——中国·莆田工艺美术城落成并投用。同年,中国(莆田)海峡工艺品博览会在这里举办,至 2022 年已成功举办 16 届。现有海峡两岸上千家工艺企业入驻,已成为全国规模最大的工艺品专业交易市场,全球最大的檀香木、沉香加工交易基地。

中国·莆田工艺美术城（蔡靖摄）

第三节

莆田工艺美术产业的竞争力分析

一、竞争优势

（一）人才的优势

拥有一支由高、中、初级人才组成的技术骨干队伍，技术力量雄厚。由于具备了雄厚的人才资源，及人才资源自身所携带的技术力量、创作水平这一比较优势，构成了在发展过程中独特的核心竞争力，这是全国乃至全球任何地方都无法替代的竞争优势，也是其他地方难以模仿、不易复制的。

（二）品牌的优势

莆田是中国荣获国家级区域品牌最多的城市。继 2003 年中国轻工业联合会授予"中国木雕之城"称号后，2006 年中国工艺美术协会授予"中国古典工艺家具之都"称号，2007 年中国珠宝玉石首饰行业协会授予"中国珠宝玉石首饰特色产业基地"称号，2008 年获中国工艺美术协会授予"中国银饰之乡"称号，2009 年获中国礼仪休闲用品工业协会授予"中国政务商务礼品产业基地"称号，等等。

(三)地理条件优越

莆田地处闽东南中部沿海地区,与台中市隔海相望。湄洲湾秀屿港是中国少有、世界不多的天然深水良港,荔港、涵港等 5 条疏港大道和向莆铁路、福厦铁路贯通境内,陆海交通便捷。尤其是位于福厦高速公路黄石出口处黄金地段的莆田工艺美术城这一集约性市场的建设,为莆田工艺美术行业的发展提供了市场窗口。

(四)产业集聚已具规模

现有的仙游坝下古典工艺家具产业集聚区,荔城迎宾路木雕产业集聚区,荔城黄石青石雕、玉雕产业集聚区,仙游度尾木雕产业集聚区,仙游东桥铜雕产业集聚区,秀屿上塘银饰产业集聚区,秀屿下郑草竹编产业集聚区已粗具规模,并已形成了海内外市场销售网络,产品远销日本、北美等 60 多个国家和地区。

(五)发展基础较为扎实

一是木雕企业数量和从业人员众多,雕功精湛,精细圆雕产能中国第一。二是全球最大的宗教(佛教为主)艺术用品生产基地。三是中国名贵古典工艺家具企业数、从业人员最多,也是产能最大的生产基地和批发中心。四是中国最大的银饰生产基地和交易中心。五是全球三大油画生产基地之一,有近 2 万人从事油画产业,实际上是产能最大的地区。

(六)党委和政府强有力的支持

各级党委和政府高度重视和大力扶持,为打造"莆田工艺甲天下"和实现千亿产值提供了可靠保障。莆田市委、市政府高度重视工艺美术产业的发展,把工艺美术产业放在了极为重要的位置,进行重点培育扶持,出台了许多优惠政策和转型升级的措施,并重点打造包括"艺博会"在内的一大批品牌,用品牌群的优势来推动整个产业的发展。"莆田工艺甲天下"已兼具"软实力"和"硬支撑"。

二、结构性力量

(一)内生条件

工艺美术产业的内生条件乃是始于隋唐的历史积累的、整体的有机共同体,是林木、石材资源禀赋与建筑、文玩、民间信仰的有机结合的生活方式整体性派生出来的一个面向,其生命力具有韧性,尽管在不同时期也经历过衰微,总能在环境适当时再次勃发。

(二)外部条件

一是生产积极性的解放,允许以个体企业为生产单元;二是承接外商、台商的木雕产业转移;三是国内经济高速发展产生的暴富阶层将红木资源日益稀缺的红木家具作为增值、炒作的商品,造成了过热的国内市场,从而也限制了多元发展。

三、不利因素

(一)产业集聚区和企业规模偏小

现已形成的产业集聚区规模仍很有限,与其他行业相比,业内上规模的企业数量偏少,弱、小、差的企业数量仍占全行业很大比例。

(二)产业化程度不高

莆田多数传统工艺美术企业和作坊仍然处于零星分散的粗放生产状态。适合机械化批量生产的工艺美术品种和适合一家一户手工批量生产的工艺美术品种的集聚化、规模化程度不够高;适合少量或限量生产的工艺美术品种材贵艺不精,有粗制滥造现象。还未形成按生产特性和艺术价值对不同工艺美术品种采用不同生产方式的产业化发展格局。

(三)品种单调,档次不高

现代原创的高艺术附加值的作品偏少。不少企业由于重复加工传统佛像作品,满足于在华人文化圈和市场圈内小打小闹,打入欧美主流市场的拳头产品不多。

(四)产业配套能力不强

生产终端产品的加工型企业居多,产业服务配套型企业少,如行业的产品研发、技术培训、市场营销、信息咨询等配套服务机构缺乏。

(五)市场存在无序竞争现象

企业之间为了争客户拉业务,竞相杀价时有发生;仿制他人获奖或畅销产品的现象仍有存在。市场的不正当竞争现象,使许多企业之间产生矛盾,造成同行关系不和谐,各行其是。

(六)技术工人队伍不稳定

莆田工艺美术行业的技师技工占从业人员总数的比重过小,与产业发展规模不相适应。技师技工紧缺,人员流动性大,用工不规范造成企业技术流失和著作权屡受侵犯。

(七)作品著作权保护难度大

行业缺乏创新产品的保护和激励机制,导致自主创新工作滞后;行业协会草拟的行业规约,缺乏政府相应法规的配套制约,对仿造盗版等问题难以做到令行禁止。

(八)部分传统绝艺濒临失传

木雕砚照(精微透雕)、精细牙雕、精细竹藤编织等全国有名的传统绝艺因老艺人逝世,且非应时俏货,缺乏传承人,濒临失传,亟须抢救性保护。

(九)传统工艺保护政策亟待制定

莆田市传统工艺美术保护规定和实施办法均未出台,传统工艺美术的一些门类还得不到相应力度的重视和保护。对一些传统知名品牌及其传承人的认证、宣传和保护,以及对已经评为国家级、省级工艺美术大师人员的奖励、带徒津贴、健保待遇等问题尚待解决。

第四节

莆田工艺美术产业的发展前景

一、鼓励大师创新

在新常态大众消费的环境下,消费者需求不断转变,对工艺美术产业与现代流行元素的结合有较高的期待。要鼓励大师创作现代题材作品,支持大师探索创新发展模式,拓宽消费市场,衍生产品线,加大市场占有率。

二、推进"产教融合"

推进工艺美术"产教融合",开展校企合作,推进工艺美术产业链、人才链、学科链有效对接,以"产学研创"融合互动的发展机制,助推工艺美术产业转型升级。目前,我国工艺美术行业与大学教育间仍存在边界,导致人才培养与社会需求对接不够,学术研究、创意研发与产业发展对接不够,需推进工艺美术"产教融合",构建人才培养高地和协同创新机制。促进人才培养、科研创新、学科专业建设与产业发展有机融合。以"产教融合"项目为载体,共建管理机构,共建精品课程,共建骨干队伍,共建实践基地,共建研究智库,加强工艺美术教学、科研与产业的贯通。同时推动协同育人,推进工艺美术大师"传帮带"工作,建设工艺美术人才培养高地。制定专门的工艺美术人才培养方案、教学计划与课程标准,着重培养传承传统、融入生活、精益求精的工匠精神。推动工艺美术企业与莆田海峡职业中专学校、湄洲湾职业技术学院、莆田学院工艺美术学院、福建师范大学工艺美术学院等合作,借助现有的大师资源,提升从业人员的专业素质和技艺创新。同时依托院校,开展"订单式合作",将院校内的工艺美术专业学生对接至城内龙头规模企业就业,并对照工艺企业创作需求设立专业招收学生,为工艺企业直接输送专业人才,实现产、学、研结合。

三、立足资源集聚优势,推动产业转型升级

当前工艺美术产品结构单一,不仅产品同质化严重,而且导致市场竞争力下降。新形势下的工艺美术产业发展,离不开对新的经济环境的把握、对新技术的应用以及对新的商业模式的探索与实践。因此,立足资源集聚优势,推动产业转型升级至关重要。根据市场新业态新环境,针对工艺城行业现状,引导城内商户进行产业结构优化,在重视雕刻技艺培育传承的同时,自主提升产品创新。将传统工艺美术产品转化为现代人喜欢的时尚文化产品,增强文化创意的融入,优化视觉形象,注重生活实用化。鼓励龙头企业注视品牌建设,加大品牌宣传力度,创建知名品牌,建立大型销售平台,带动产业链配套建设,小微企业在传统中思变求新,依托"互联网+"工艺,拓宽新渠道,把流量转化为"留量"。

四、搭建全产业链平台

组建莆田工艺美术运营公司,与北京 751、厦门建发集团等国有企业组建专业化

公司运营,经营权与所有权分离。以现有资产为核心,成立一个集工艺品交易、研发、设计、销售以及原材料交易平台于一体的大型公司,以产城融合为方向,以国内上市为目标进行运作,以商贸物流园区为依托,完善服务配套,提升土地价值,打造工艺美术全产业链平台,重新定位各展销区发展规划。

五、发展"直播＋平台"新经济业态

以"电商一直播＋多内容销售"为模式,基地三大部门(短视频中心、直播中心、信息化中心)同时挂牌启用,通过腾讯直播,整合抖音、快手等平台流量运营,短视频内容宣传由线下转线上直播运营,面向工艺美术城商户企业、网红、主播等提供主播培训、经纪业务、推广联营、供应链管理、品牌孵化等五个模块服务,以"特色产业＋直播"模式,助力莆田工艺美术产业老树发新芽。

六、打造莆田工艺品牌

打造莆田工艺区域品牌统一识别系统,进行品牌再造,整合打造一批驰名、著名、知名工艺品牌,囊括仙作、莆田木雕、上塘珠宝、北高黄金、油画等子品牌,同一主题统一推广、统一行动,形成合力。组建莆田工艺品牌营销联盟,创建文化旅游知名品牌示范区,会同有关部门成立工艺品牌发展专项资金,建设莆田品牌防伪溯源服务平台,设立莆田工艺名优名品推荐目录。

七、展会互动提升

首先是"迎进来"。莆田工艺美术城要持续"迎进来"的态势,不断提升带动工艺美术产业,继续办好中国(莆田)海峡工艺品博览会、"艺鼎杯"中国木雕现场创作大赛、中国传统宗教造像技艺大赛,并承接房车展、摄影书画展以及各大企业新品发布会及演出等室内外展会,实现多元化会展经济。艺博会已经成为莆田工艺美术产业的重要一环,激活带动了旅游业、服务业等产业链,成为莆田经济的重要组成部分。通过举办艺博会为海峡两岸及"一带一路"沿线国家工艺品生产企业和全国乃至全球各地工艺品买家卖家(经销商、爱好者、收藏者)搭建交易、展示、发布和收集信息的平台,同时进一步彰显莆田木雕名家精品、中国工艺美术大师匠心风采以及非遗文化传承魅力,提升莆田工艺美术城在行业的影响力,带动莆田市工艺美术产业发展。其次是"走出去"。充分发挥"莆田木雕"的品牌优势,开展"莆田工艺中国行"活动,组织城内李凤荣、林建军等多位国家级、省级工艺美术大师的"莆田木雕"进京展,让莆田木雕成为又一张名片,打造行业标准。组织商户参加深圳文博会、合肥文博会、杭州西博会、上海大师展、南昌工艺美术大师展、惠安雕刻展、福州家具展等行业内展会。组织城内大师抱团参加国外专业展会,借助华侨华人资源,拓展海上丝绸之路沿线国家市场,努力使莆田木雕文化走向国际化。

八、宣传精准推广

根据新市场定位,加大推广力度,在原有的媒体投放推广途径上,增加新媒体的自主推广,加大官方网站、官方微博、官方微信公众号的推广力度,利用莆田工艺美术同类市场的微信公众号等,进行整合传播,打造自媒体联盟,整合资源,科学推广,增强商户信心,以高精准推广带动工艺美术产业在行业内的影响力。

附件

部分莆田工艺美术大师介绍

方文桃,中国工艺美术大师,高级工艺美术大师,工艺美术专家。1942年出生,1962年毕业于福建工艺美术学校,一直从事工艺美术活动。1987年福建省授予"工艺美术(雕塑)专家"称号,1996年中国轻工总会授予"全国优秀工艺美术专业技术人员"称号,1999年世界艺术家协会、世界文化艺术研究中心授予"世界艺术大师"称号。擅长木、牙人物雕刻和寺院大型佛像雕塑。创作的雕刻作品多次参加全国、省工艺美术展览,有多件作品获奖和在有关刊物上刊登。同时出色完成四川省乌尤寺、伏虎寺、善觉寺,广东省南华寺、双峰寺,广西鹅翎寺,江西省净居寺,福建省广化寺、西禅寺、南少林寺、雪峰寺、性海寺、龟山寺等寺院佛像雕塑。1995年应马来西亚新山柔佛州中华公会邀请,赴马为马来西亚最大的华文中学宽柔中学敬塑一尊3米高的白水泥孔子像,受到好评,被摄影印为中学语文封面。为塑造台湾地区花莲东富禅寺、高雄元亨寺的大型脱胎彩绘、铜雕佛像而进行精心设计、制作,为海峡两岸文化交流和祖国统一做出贡献。峨眉山市大佛禅院的"四面千手观音"是方文桃的又一个杰作。高16米的千年乌木佛像雕塑的成功创作,为大佛禅院再添辉煌,方文桃大师也因而再次饮誉海内佛坛。

佘国平,中国工艺美术大师,高级工艺美术师,工艺美术专家。1950年出生于福建省莆田市涵江木雕世家,擅长木雕和寺院大型雕塑。他的《横刀立马》《醉眠芍药》

《神游》《力拔山气盖世》《海螺姑娘》《鹤之吻》《悠禅》等一批木雕作品在国家级、省级展览中获多项金奖。多年来,佘大师的木雕和佛像作品在我国港澳台地区以及东南亚、日本、美国等地影响很大,许多作品被当地艺术馆及收藏家收藏。出版《佘国平木雕艺术》专著。佘大师的木雕艺术为莆田雕塑在海内外赢得了声誉,为现代木雕艺术的振兴和崛起做出了积极贡献。

李凤荣,中国工艺美术大师,中国木雕艺术大师,非物质文化遗产"莆田传统木雕技艺"代表性传承人,高级工艺美术师。1963年出生,1995年创办个体经营的佳艺木雕厂(后改名善艺李氏工艺厂),木雕产品远销我国港澳台地区以及日本、马来西亚等地。2008年成立善艺李氏工艺有限公司,企业获得了"国家级非物质文化遗产保护研究基地""福建省非物质文化遗产培训基地""福建省版权保护重点企业""福建省著名商标""莆田市文化产业示范基地""莆田木雕李凤荣传习所"等称号。公司旗下的善艺臻品馆坐落于莆田工艺美术城,作为对外展示与交流的平台,占地面积3 000多平方米。李凤荣至今已获得20多项个人荣誉称号,其作品共荣获国家级、省级金奖50项(含特等奖、特等金奖)。部分代表作品被中国国家博物馆、中国工艺美术馆、中国木雕艺术馆、福建省工艺美术珍品馆、福建省民间艺术馆、上海世博中心馆、温州博物馆、南昌工学院博物馆等永久收藏。

黄福华,1968年出生,莆田仙游人,中国木雕艺术大师,仙作古典工艺家具制作技艺代表性传承人。曾荣获2007年全国轻工行业劳动模范、海西创业英才、莆田市十大杰出青年之一、2010年中国红木家具行业风云人物、第十六届福建省优秀企业家等荣誉称号。

郑春辉,从小喜爱绘画,自学成才。1985年从事木雕工作至今,在实践中积累了丰富的创作经验,技术全面。设计创作题材涵盖人物、花鸟、走兽、山水。尤其擅长山水田园类作品的创作,注重对木质肌理、色泽、形体的应用,山水作品意境幽远,充满诗情画意。作品《家园》获中国工艺美术"百花奖"金奖、"盛世天工"中国木雕艺术展金奖,并被中国国家博物馆收藏。用台湾地区的桧木、肖楠木创作的浮雕作品《故乡》《庆丰收》《月是故乡明》以及《万马奔腾》《百骏图》等深受台胞喜爱。作品《万里长城》受到原中央工艺美术学院院长李绵璐的高度评赞。作品《闽乡多锦绣》被福建省非遗博览苑收藏。培养了大量的木雕专业技术人才,为传统文化的传承,为莆田工艺美术的发展做出了积极的贡献。

第
五
章

莆田民营医疗健康产业

健康产业是一类与健康相关的产业体系，其中以健康服务业为主，其核心组成是健康管理服务产业或称健康管理产业。广义的健康管理服务产业是基于全程干预的健康理念，围绕健康管理手段与生物医学技术、信息化管理技术、大数据等的应用创新，在个性化健康检测评估、咨询服务、调理康复、保障促进、健康保险等领域实现的商业模式。

根据 2022 年国民经济和社会发展统计公报，截至 2022 年底，我国民营医院的数量已经达到 2.5 万所，远超公立医院的 1.2 万所，在各种医院总量中占比为 67%。从莆田健康产业发展的历程来看，从个体行医，到承包医院科室，到独立建设医院，到规模化经营，再到大健康产业阶段，40 年发展到年产值万亿元的大产业，需要我们以更专业的视角探讨民营医疗的前世今生与未来。莆田民营医院约占全国民营医院的 80%，对我国的医疗健康事业做出了巨大的贡献。

第一节

莆田民营医院发展概况

一、1982—1994 年个体行医阶段

位于湄洲湾畔，总面积 35 平方公里的东庄，之所以成为民营医疗的大摇篮，首先是因为这里出了个陈德良。一位民营医院老板赠给陈德良的诗这样写道："刀枪棍棒出名声，琴棋书画弄寸光。胸怀大志凌霄汉，身居小阁好望山。十万弟子闯天下，一代宗师数德良。"这首诗被裱好挂在陈德良自家的饭店里。1982 年国务院批准并颁发了卫生部《关于允许个体开业行医问题的请示报告》，这一政策的出台对于莆田民

营医院发展具有里程碑式的意义。陈德良在此后开始带徒弟到全国各地为人看病，其行医资格源于陈德良在一个函授班获得的结业证书——莆田爱国卫生学会许可证。凭借吃苦耐劳的精神和祖传的中药秘方，他们获得了第一桶金。1989年卫生部出台了《关于扩大医疗卫生服务有关问题的意见》，1992年下发了《关于深化卫生改革的几点意见》，尤其是1992年邓小平南方谈话和党的十四大确立建立社会主义市场经济体制之后，更多的莆田人走出去开始个体行医。1994年达到巅峰，北至佳木斯，南至海南岛，西至和田，足迹遍及全国。

二、1994—2000年承包医院科室阶段

1994年国务院颁布《医疗机构管理条例实施细则》，1997年党中央、国务院颁布《中共中央、国务院关于卫生改革与发展的决定》。这一时期，莆田民营医疗的开拓者以公司名义和医院签约，承包公立医院的一些边缘化科室并逐步发展，由于管理体制灵活、市场经营观念强、营销理念先进，发展十分迅速。

三、2000—2009年独立建设医院阶段

21世纪之后，莆田民营医院进入了一个快速发展时期。国务院先后印发实施了一系列鼓励社会办医的文件，如《关于深化医药卫生体制改革的意见》和《医药卫生体制改革近期重点实施方案（2009—2011年）》。在这样宽松的政策下，越来越多的社会资本开始选择投资医疗服务业，莆田民营医院分别向专科医院、综合医院和抱团发展型医院发展。2000年卫生部等八部委下发《关于城镇医药卫生体制改革指导意见的通知》，同年国家部委联合下发《关于城镇医疗机构分类管理的实施意见》等13个配套文件，规定政府的非营利性机构不得与其他组织合作营利性的"科室""病区""项目"。2004年，承包科室被卫生部列入严打之列。但是，鼓励民营医院的发展，放开了这一领域对于民间资本的限制。撤出公立医院后，莆田民营医院资本很快找到了第二条路：独立建设医院。

四、2009—2014年规模化经营阶段

2009年国务院出台《关于深化医药卫生体制改革的意见》以及新医改方案，提出"鼓励和引导社会资本发展医疗卫生事业"，其中包括参与公立医院改制重组。2010年国务院办公厅印发了《关于进一步鼓励和引导社会资本举办医疗机构意见的通

知》。2013年国发40号文件《国务院关于促进健康服务业发展的若干意见》出炉,在政策落地上较以往有大幅推进。莆田民营医院顺势转型,开始向品牌化、高端化、规模化发展。2013年11月,中国医疗健康产业发展策略联盟成立,14家创始成员企业中有11家来自莆田。同时迎来了鼎晖、建银、红杉等的注资,莆田民营医疗走向前台,发展多元化产业链,涉足土地、地产、传媒、金融、医药等,占据了我国民营医院的主导地位。

五、2014年至今大健康产业发展阶段

2014年国家卫计委、国家中医药管理局在《关于加快发展社会办医的若干意见》中,要求优先支持社会资本举办非营利性医疗机构,加快形成以非营利性机构为主体、营利性医疗机构为补充的社会办医体系。在此大背景下,莆田民营医疗进入大健康产业发展阶段。2017年国务院发布了《关于支持社会力量提供多层次多样化医疗服务的意见》,其中提出了"拓展多层次多样化服务……加快发展专业化服务……全面发展中医药服务……积极发展个性化就医服务。……积极探索诊疗、护理、康复、心理关怀等连续整合的服务,进一步提升就医体验,多方位满足患者身心健康需要"等要求。2017年莆田启动建设妈祖国际健康城,规划发展高端专科医院集聚区、养老养生度假休闲中心、药械生产交易中心、医疗健康总部经济区等,提出了打造中国医疗健康行业标杆的发展理念。

40年来,莆田民营医疗机构经历了从涣散无序、借牌寄生到规范经营之路。据统计,常年在外从事医疗投资的人员超过8万人,带动从业人员150多万,相关产业年产值近万亿元,年采购总额超过1 500亿元,涉及妇产、心胸、神经、眼科、肝胆、口腔、整形外科、美容、皮肤病、中医等专业。

第二节

莆田民营医院特征概述

一、管理体制灵活

相比公立医院的事业单位体制,莆田民营医院多为企业式管理,所有者和经营者

相分离,所有者只是负责医院的成立等重大决策,而经营者更像是医院的院长,总管具体事务。所有者拥有很多分布在全国的医院,每家医院都会聘用若干名管理者,这些管理者之间相互独立,只是负责自己的业务,往往有着很高的管理效率。从诊疗效率看,民营医院的效率相对比程序复杂的公办医院高得多,患者可以享受到更好的服务:公立医院的"三长一短"(挂号排队时间长、看病等候时间长、取药排队时间长,医生问诊时间短)问题,在民营医院这里几乎不存在。

二、规模较小

相比于大型公立医院,规模较小的莆田民营医院在面对危机时可以及时做出调整,受到的冲击也较小。据 2022 年国民经济和社会发展统计公报,我国公立医院诊疗人次为 25 亿人次,占总诊疗人次的 84%;民营医院诊疗人次为 4.8 亿人次,占总诊疗人次的 16%。数量众多的民营医院,约是公立医院的两倍,但诊疗人次仅占总数的 16%,可见规模较小是明显的特征。

三、行业整体集中于专科医疗

莆田民营医院中,只有极少数是综合性医院,更多的是专科医院。究其原因,主要是综合性医院对成立企业的要求高,而民营医院所拥有的资源较少,缺乏高精尖的科技设备和人才。莆田民营医院最早主要集中于皮肤科、妇科、男科、产科、整形外科、美容、中医等领域。随着时间的沉淀与资本的积累,莆田民营医院中已涌现出许多知名的医院,如厦门眼科中心、新安国际医院等。

其中,莆田人苏庆灿的厦门眼科中心是国家临床重点专科、国家三级甲等眼科医院,集医疗、教学、科研、防盲于一体,也是新加坡国家眼科中心的姐妹中心、国家博士后科研工作站、厦门大学附属医院等。中心年手术量 5 万多例,其中角膜移植、近视手术量均居国内前列。主要业务指标稳居福建第一、全国前茅,已成为国内眼科疑难杂症诊治中心,且在海内外享有盛誉,外籍患者占比 5%。2011 年中心荣获卫生部颁布的"2011 医院改革创新奖",2012 年荣膺卫生部颁发的"国家临床重点专科",2013年国家卫计委发布全国医疗机构白内障复明手术例数排名,跻身全国四强。2014 年在中国医院科技量值排名中稳居全国前十。2017 年,被国家卫计委和健康报社评为2016 年度改善医疗服务示范医院。目前,厦门眼科中心迈出集团化发展的步伐,已在福建、上海、山东、江苏、湖北、广东、安徽、贵州、重庆、北京、成都等多个省市开设50 多家医院,另有多家医院正在筹备中。

四、总体科研实力较弱

公立医院有政府的补贴和政策扶持，在高端医疗设备的引进和购买上，有着优于民营医院的补贴价格；在人才引进方面也明显比民营医院有优势。莆田民营医院的科研人才缺乏，资金大都投入营销环节，科研投入较少，因此总体科研实力较弱。

五、走向多元化发展的莆田健康产业

社会办医的健康、可持续发展，除了政策扶持和公平的竞争环境，更重要的是要建立健全法律法规体系，通过立法明确其职能和地位，引领和保障其健康发展。目前，国家已颁布的法律规定社会办医与公立医院在多方面享受同等待遇。在此背景下，深圳是第一个颁布有关社会办医法律的地方城市。《深圳经济特区社会办医促进条例》在为民营医院谋自主权、政策支持和地位平等等方面，细化了促进社会办医发展的有力措施。此外，需进一步细化规定，在严格医疗标准的前提下，引入竞争机制，鼓励公立医院与社会资本合作，从而扩大其资金供给，确保社会资本真正扎根医疗市场。2013年，《国务院关于促进健康服务业发展的若干意见》发布，提出：(1)加快形成多元办医格局；(2)鼓励企业、慈善机构、基金会、商业保险机构等以出资新建、参与改制、托管、公办民营等多种形式投资医疗服务业；(3)支持社会资本举办非营利性医疗机构，提供基本医疗卫生服务；(4)进一步放宽中外合资、合作办医条件，逐步扩大具备条件的境外资本设立独资医疗机构试点。

中国健康产业由六大基本产业群构成：第一，以医疗服务，药品、器械以及其他耗材产销、应用为主体的医疗产业。第二，以健康理疗、康复调理、生殖护理、美容化妆为主体的非(跨)医疗产业。第三，以保健食品、功能性饮品、健康用品产销为主体的传统保健品产业。第四，以个性化健康检测评估、咨询顾问、体育休闲、中介服务、保障促进和养生文化机构等为主体的健康管理产业。第五，以消杀产品、环保防疫、健康家居、有机农业为主体的新型健康产业。第六，以医药健康产品终端化为核心驱动而崛起的中转流通、专业物流配送为主体的新型健康产业。健康越来越受到国人的关注和重视，健康产业也极具投资潜力，如今它已成为我国经济产业中一大朝阳产业。美国著名经济学家保罗·皮尔泽（Paul Pilzer）在《财富第五波》中将健康产业称为继IT产业之后的全球"财富第五波"。

根据莆田市产业规划，莆田市健康产业发展格局是"一园一地五片区"，一园就是秀屿医疗健康产业园区；一地就是医学教育研究培训基地，位于城市北部囊山脚下的大学城园区莆田学院医学院校区；五片区是五个特色的养生养老片区，分别位于九鲤湖、南少林、龟山、大蚶山和湄洲岛生态文化旅游胜地。其发展目标是"立足福建，面向全国，辐射全球的区域性医疗健康产业示范市"。

莆田健康产业的新发展

莆田市实施健康产业战略以来，各级领导给予了极高关注，为莆田医疗健康产业发展营造了良好的社会舆论氛围。通过政府搭台与挖掘莆田民营医疗界领军企业及人物的正面形象，借助文宣推送，把握莆田民营医疗舆情的主动性，客观反映民营医疗的社会贡献，提升民营医疗的正面效应。可以举办"政企＋业界"地区年度论坛，邀请国内外专家学者参加，逐步提升影响力；利用各种媒介，重点介绍民营医院在前沿医术、管理、创新上的成就，扩大与公立医院在医术、设备、服务上的竞争；建立健康医疗慈善基金，厚植社会群众认同；在合适时机推出具有医匠精神的"莆系医疗"国际品牌，参与行业标准制定，扩大市场占有率。

莆田健康产业的新发展最主要体现在建设妈祖国际健康城上，以下对此做一介绍。

妈祖国际健康城选址于莆田忠门半岛，总规划面积约168平方公里。其中，核心区面积13平方公里，总投资约1 000亿元。总体空间布局为"一心（妈祖国际健康城）、两岛（忠门半岛、湄洲岛）、三区（妈祖国际健康城核心区、湄洲岛医旅区、秀屿区月塘拓展区）、四中心（两岸医疗合作交流中心、高端医院集聚中心、医学转化中心、民营医院改革与发展指导中心）"。城内交通体系完善，省道、国道、高速公路、铁路联通内外，与福厦台直线距离均为100公里。随着妈祖机场、台湾客轮码头等项目开工建设，出行条件将更加便捷。

发展定位：建成"中国第一康城 国际一流品牌"，打造国际一流专科医院集群、JCI标准全面认证的医疗高地、中国高端健康医疗第一镇、两岸健康医疗合作先行区、中国民营医院管理集团总部区、全产业链的现代健康医疗生态城、中国健康医疗综合服务第一品牌。

功能板块：按照"统一品牌、统一医技共享、统一人才培训、统一认证标准、统一信息平台、统一物业管理、统一后勤服务"运营模式，打造高端专科医院集群、医学技术转化中心、民营医院管理总部、医生集团集聚地、药械制造基地、医疗大数据中心、国际组织交流中心、会展贸易中心、人才培训基地、康养福地等全产业链生态圈。

妈祖国际健康城的独特优势主要有：

1.近台优势

莆田与台湾岛隔海相望，距台中港直线距离 72 海里。自古以来，莆田湄洲湾港与台中港、高雄港贸易往来频繁，是闽中两岸海上贸易的重要通道。通过深化两岸医疗合作，可承接台湾地区大健康产业就近转移。

2.妈祖文化优势

妈祖文化影响深远，全世界拥有妈祖宫庙万余座，信众 3 亿多人，每年有近 600 万名信众从五湖四海来莆朝拜妈祖，其中台湾地区香客近 100 万人次。妈祖"立德、行善、大爱"的精神和"采药行医治疾患"的伟大情怀，影响了一代又一代莆田人民。

3.禅武养生文化优势

莆田自古山明水秀，传说是九鲤仙修道炼丹之地，故市内有仙游之县名。自古以来，儒道释文化在莆田交汇融合，明代著名理学家林兆恩开创了"三一教"教派。莆田寺庙林立。南山广化寺被列为三座全国样板寺庙之首，也是全国最大佛经流通基地，成功举办第五届世界佛教论坛。南少林寺作为南派禅武养生文化代表享誉海内外。

妈祖国际健康城的重点发展产业主要有：

1.高端专科医院

突出高端化、个性化、差异化、国际化的定位，引进国内外前沿医疗技术，为高端人群提供精细化的医疗服务，规划建设一流水平的专科医院，集中医学检验、医学影像、血液供应等配套设施，形成园区集聚规模，建成中国南部高端医疗中心。

2.养老养生旅游保健

以妈祖国际健康城为中心，对接远程会诊，引入先进的基因检测体检、传统中医理疗等。依托九鲤湖道家养生、南少林禅武养生、龟山禅茶养生、大蚶山山海养生、湄洲岛朝圣旅游、海岛日光浴资源，引进与医疗产业相配套的高端体检、养老养生、休闲旅游等产业。

3.高端药品器械生产

引进医疗装备企业和医疗药品耗材生产企业，建立全国性的医药、耗材、器械交易中心和研发生产基地，积极发展医药交易和物流。中国医药集团已在莆田投资布局医院、医药物流、医药加工等产业。

4.高端医疗团队

探索高端医疗团队资本、技术入股，实施梧桐人才计划，建设"梧桐小镇"，打造全国知名医疗专家休假目的地。

5.交易展览运营

通过福建莆田健康产业投资贸易洽谈会平台,引进会展运营专业团队,定期举办医疗器械展览展销会、健康产业投资项目洽谈会、医疗健康产业高峰论坛、医疗人才招聘会、大健康产业项目招商等活动,打造沟通合作桥梁,壮大发展会展经济。

6.医学研发教育培训

加快发展莆田学院医学院,建设医疗人才培养培训基地。与国内外知名医学院校合作办学,为专科医院"订单式"培养医疗人才,培养与国际接轨的高层次医、护、管理和医疗器械产业人才。

莆田金银首饰产业

　　莆田民间的金雕工艺俗称"打金"。工艺起源于莆田民间婚嫁时必定要用的金戒指、金手镯、金项链和金发簪。这种源于民俗的工艺促进了莆田金雕行业的不断发展,从金雕工艺还延伸出白银、珠宝、玉石、翡翠等工艺。

　　秀屿区上塘珠宝城总规划面积 3.15 平方公里,核心区面积 1.49 平方公里,计划总投资达 20 亿元,现拥有福建省著名商标 12 个、福建省名牌产品 12 个、百花奖获奖作品 30 件、国家专利 600 余项,汇聚七度银匠世家、金师傅珠宝、银好银饰、老银号等一批享誉全国的珠宝品牌,以及黄飞达、林伟国、林志扬、许元潘等一批国家级工艺美术大师等名人。

　　莆田本土现有黄金珠宝企业 1 000 多家,从事珠宝首饰产业人员达 15 万余人,开设终端金店 3 万多家,年销售额 3 000 多亿元,市场占有量大(其中占全国经营销售加盟店 50%,批发店 60%,生产厂家的 10%)。本土已注册 172 个黄金珠宝品牌商标,涌现出华昌、六六福、鸳鸯金楼等知名品牌。

第一节

莆田金银首饰产业发展概况

一、打金阶段

　　北高"打金人"有两个代表性人物,一是张阿罕,另一个是叶仙芳。1902 年,15 岁的张阿罕便只身奔赴香港讨教金镶玉的手艺。而叶仙芳,1926 年生于北高埕头,自幼聪慧,酷爱知识、手艺。1958 年,他就开始刻苦研学金银工艺。早期很多打银打金工具就是出自他的一双巧手,他堪称一代工艺师。艺成之后,叶仙芳开始外出谋生。

他挑着担到处补锅、灌铜瓢、打银，足迹遍布莆田的灵川、忠门、东庄、江口等地。1965年起，他开始为本村镇乡民提供银饰加工服务，同时陆续带了几个家境贫寒的小徒弟。1970年，叶仙芳复出江湖，带着徒弟一路南下到达广东，走街串巷，收取民间散银碎金打造成首饰，很快就成了村里最早的万元户。

看到叶仙芳凭借打金打银发了财，村里人纷纷拜他为师，一直古道热肠的叶仙芳来者不拒，倾囊相授；还免费带学徒，尤其是对出身困难家庭的学徒，不仅不收学费，甚至还倒贴盘缠，送学徒价值不菲的自制打金工具，给每人300元出门打金的路费。10多年下来，叶仙芳带出了大几百名的徒弟。由于手艺精湛，惠人无私，大家尊称他为"老仙风"。

叶仙芳的徒弟们陆续外出，深入全国各地，队伍不断壮大。在这种"传帮带"的裂变式增长中，越来越多的人掌握了打金技艺，更多北高人开始了游商生涯。一把小锤子，一个铁墩子，一把小天平秤，北高打金匠背上家当，沿街揽活。他们白天分头扫村扫街，晚上集中休息。当时，每个村庄设置一个加工点，一般不出半个月，就可以把周边男女老少的金银首饰都打一遍。经过千辛万苦的闯荡和磨炼，金匠们的技艺日益精湛，加工风格日益多样，这些"打金人"成为后来莆田珠宝首饰业的开创者。20世纪80年代后期，一些发展较快、具备经商头脑的游商开始有了固定的据点，在街头租了门面，专门承接各种金银加工业务。不经意间，夫妻店、兄弟店、家庭店，甚至家族店，如雨后春笋般冒了出来。一时间，满城尽是"打金铺"，许多北高人就是这样初步完成资本原始积累的。

二、自营门店阶段

2002年10月30日，中国的黄金零售业务开始对个人经营者开放。一些理念先进、资金雄厚的莆田人承包了部分金店，迅速占据了中国黄金珠宝终端零售市场的核心渠道和发展先机。目前，在全国近6万家珠宝零售终端店面中，跟莆田人有关的店面有2万多家。尤其是北高的美兰村，已经是全民皆商，拥有2000户人家的村子在全国开的珠宝店总共竟超过2000家。

莆田人开店很少会受到资金的限制，倘若一个人资金不足，往往会选择多人合伙开店。这种聚合家族内部资源合伙开店的模式，由于内部信息沟通及时，交流效率更高，同时在产品和经营模式上可以快速复制，效果事半功倍。

三、规模化品牌化阶段

随着不断发展，莆田金银首饰产业进入规模化品牌化阶段。北高镇先后涌现出了鸳鸯金楼、荟萃楼、龙凤珠宝、六六福、六桂福、华昌珠宝、爱恋珠宝等近 200 种莆商优秀品牌。近年来,莆田先后获得"中国珠宝玉石首饰特色产业基地""中国银饰之乡""中国银饰城""中国黄金珠宝首饰之乡"4 块金银首饰产业的"国字号"招牌。

第十三届中国(莆田)海峡工艺品博览会上,秀屿上塘银饰小镇特色主题馆亮相会展,成为艺博会人气馆。如今,上塘和深圳、义乌为全国三大银饰交易市场,其产品涵盖银饰、金镶玉、寿山石雕等 5 大系列 3 万多款。2022 年,园区工业产值超 60 亿元,实现限上商贸交易额近 50 亿元。据统计,上塘金银珠宝城日销售白银饰品 6 吨,规上工业产值近 70 亿元,已成为全国第二大银饰珠宝批发交易中心、全省最大金银珠宝批发集散地。

黄金珠宝产业园是北高黄金珠宝小镇的承载核心,于 2015 年正式动工,占地面积 3.2 平方公里,建成后与相邻的秀屿区东峤镇上塘银饰小镇优势互补、协调发展,共同携手助推莆田"金银谷"崛起。巢已筑,迎凤来。莆田市主动出击,市主要领导多次前往全国各地招商,把莆籍黄金珠宝商团"引回家"。

莆田将立足黄金珠宝小镇,努力建设成为高端品牌集聚、时尚文化浓厚、研发创新强劲、商业模式独特、产业生态完善、生态环境优美的全球金银珠宝第一镇,打造中国珠宝行业的新地标。

第二节

莆田金银首饰工艺的艺术成就

金雕全称为黄金制模雕刻工艺,指在金饰作品上面刻出图形、纹饰等。从出土的商周青铜器、金银器上的一些錾刻文、镶嵌和金银错等文物可知,这种工艺至今已有数千年的发展历史。根据汉代海昏侯古墓中出土的大量精美的金雕工艺品可知,我国汉代金雕工艺就十分发达。唐代尤其是高宗到玄宗时期,金雕工艺达到极致。金雕工艺在清代形成了细腻繁杂的特征。中华人民共和国成立后,民间金饰的大量需求推动了传统金雕工艺的进一步发展。

莆田金雕的核心技艺包括制模、铸型、打片、雕花、抛光等一系列工艺,共有 19 道工序。其操作过程复杂,技术难度较高,对于操作人员要求较高,既要有绘画、雕塑的基础,又要掌握高超的钳工、锻工、钣金、铸造、焊接等技术,还要有非常高的艺术鉴赏力。没有经过系统的传授和长期的学习钻研是无法很好地掌握这门技艺的,加上历史上錾刻工艺的传承多是在小手工作坊中通过师傅带徒弟、口传心授、手把手教的形式,从未见有此种工艺的系统教材和专著,又没有统一的组织管理和有计划的人才培养,因而很难形成一支稳定的专业队伍,其兴衰也很容易受社会变迁的影响。至今能够全面而熟练掌握这门技艺的人日渐减少,为使传统工艺不至失传,应及时加以保护。

传自北高冲沁张阿罕一脉的"金镶玉"工艺也得到发扬传承。与"金镶玉"类似的工艺是"玉镶金"。两者相同点在于都是用黄金和美玉作为材料,寓意"金玉良缘",呈现奢华高贵的品质。采用包镶、爪镶、勾镶、槽镶等传统工艺,使黄金与美玉牢固地吻合,形成一件件造型美观、雍贵豪华的工艺品。"金镶玉"的黄金镶嵌的表面积超过美玉的表面积,其制作工艺充分利用了古代铸造技术,包括范铸法、分铸法、镶铸法、失蜡法等,制范材料有石范、泥范、陶范、铁范,铸造型范结构有单面范、双面范、复合范、替铸范等;而"玉镶金"是指在玉件上镶嵌黄金造型艺术,将美玉与黄金造型完美结合起来,其特征是玉件的表面积大于黄金构件的表面积。"金镶玉""玉镶金"传统技艺复杂精细,特别是构件焊接要求牢固可靠,工艺难度较大。冲沁张氏珠宝世家现已发展为莆田华昌首饰公司,保留了金玉镶嵌特色工艺。

莆田民间素有加工金银的传统,明嘉靖三十五年(1556年)就有被朝廷工部认定载籍的金银工匠。福建地区出产了众多明风卓越、清风精致繁复的银制品,尤以高浮雕、烧蓝彩著称。清早期高浮雕手镯及人物大锁、烧蓝彩人物花卉银簪及压襟等,都是老银收藏的顶级藏品。福建银工手艺以家族作坊代代相传为主,史料记载的银楼多集中在福州、泉州、厦门、漳州等地,例如福州华珍、福州祥镇、泉州玉楼春、厦门宝成、漳州宝源等。然而,在清代、民国时期,闽中(莆田庄边、新县山区一带)、闽北(三明尤溪、沙县山区一带)、闽东(宁德山区一带)地区成了家庭首饰作坊的集中地,制作了无数艺术水准远在银楼制品之上的金银饰品,特别是莆田的烧蓝彩、高浮雕可谓傲视全国同业。当今老银收藏爱好者都以收藏烧蓝彩、高浮雕银饰为荣。

第三节
莆田金银首饰产业存在问题和未来发展战略

一、存在问题

第一,产品同质化严重,库存压力较大。莆田金银首饰企业多起源于家庭手工作坊或个体商铺,整体企业生产规模较小,发展水平较低。对于珠宝产品高端材质、设计等方面的研发投入占比很低,外形、设计、工艺等方面非常相似,消费升级趋势下难以满足消费者的个性化需求,不适应现有高端化定制化的发展趋势。

第二,珠宝加工生产企业转型少,承接批发零售多。随着金银首饰产业发展,市场对金银珠宝产品需求等次的不断提高,很大一部分金银珠宝经营者在发展过程中逐渐降低在自行加工研发生产方面的投入,转而直接承接批发零售业务,使现有金银首饰产业中仅有极少数企业实现从粗放型加工转向集约化管理、专业化生产。

第三,企业大多加盟现有知名品牌,在打造自主品牌方面建树较少。莆田金银首饰行业的零售营销网点遍布全国各地,因其长期从事金银首饰产业的经营优势,逐渐获得国内外众多知名金银珠宝品牌的认可,成功获得品牌加盟经营权。品牌承接加盟经营的快速收益使莆田金银珠宝经营者鲜有打造自主品牌。

第四,企业资金压力较大,触"网"转型难度大。珠宝行业的资金周转期长,流转速度慢,日常运营需要大量资金维持,加之整体经济运行"遇冷",中小黄金珠宝企业很容易陷入资金链短缺困难。年轻消费群体的崛起,迫使珠宝消费完成由投资消费、仪式消费向轻奢消费、快速消费的转变,但传统珠宝产业链在货品流转、精准管理、信息传达、反向定制等方面均存在不足,因此开拓网络销售渠道相对于莆田其他传统行业更为困难。[①]

二、未来发展战略

第一,打造中国金银珠宝第一镇。把产业发展的各种要素聚合起来,进行融合发展,打通线上线下渠道。当前,莆田籍黄金珠宝企业家在全国线下有 2 万多家门店,但比较分散,没有打造成为产业集群。这也是目前我国金银珠宝产业的发展现状:大的龙头企业、民族品牌企业及具有国际竞争力的优势企业不多,竞争力不强。在高质量发展阶段,我们要通过新的发展模式来推动整个产业的转型升级。可以构建一个全国最大的、专业性强的产业平台。平台经济是当前推动经济发展的一个重要载体,一方面,积极参与国家权威机构建设的一些官方平台,比如与中国珠宝玉石首饰行业协会合作;另一方面,打造一个全行业的有权威性、专业性的产业小镇平台,吸引行业龙头珠宝企业参与,把 2 万多家门店、众多的莆籍金银珠宝企业家联合起来。在这个平台上,创新业态、创新模式、细化分工,解决现在产业的痛点,如供应链问题、品牌问题、仓储物流问题。在线下打造产业链集群,实现跨界融合,使产业生态达到优良、环

① 陈荔舒.莆田市金银珠宝产业发展的现状及建议[J].纳税,2018(9).

境优美。产业链集群包括加工、制造、设计、研发、销售、会展,跨界融合指的是将旅游、购物、休闲、度假、影视融合在一起,构建一个在全国有影响力的、大家向往的中国金银珠宝第一镇。

第二,政府要量身打造相应的支持措施,成立领导小组,成立专门的管委会,出台专门的政策,筹措专门的产业基金,建设产业园。特别是对于产学研一体的金银谷小镇,政府要将之作为重点的项目培育,为产业发展量身定做一系列政策。

第三,莆日市与海上丝绸之路沿线国家有很多天然的联系,这些国家有许多莆田籍的华侨华人,也有许多莆田的企业家在海外经商。在"引进来"方面,启动"海丝"金银珠宝时尚周,吸引大家来莆田展示产品和进行贸易。在"走出去"方面,利用中国加工制造优势、网络渠道的优势及文化优势,寻求与外界的多方面合作,积极在海上丝绸之路沿线国家布局。

附件

上塘珠宝城

上塘珠宝城,位于福建省莆田市秀屿区东峤镇上塘,是近年来秀屿区委、区政府倾力打造的园区之一,是一个重点发展金银、玉石等珠宝首饰产品的开发和生产,集妈祖文化、商业旅游、购物展示、博览和弘扬珠宝文化艺术于一体的"产、学、研、展、销"专业园区,致力于成为辐射全国的珠宝首饰研发加工贸易产业基地。按照"一心(商业中心)、四龙头(金银首饰、宝石加工、石雕加工、玉雕加工)"规划,整合了上塘、武盛、后温等工艺生产集中区,做强做优做大金银珠宝产业,经过几年的建设已粗具规模。

20世纪90年代初,上塘人开始从长乐、福州等地购进首饰模具,向全国各地推销,随后又从外地购进原料,转向金银玉器饰品加工和销售。此后,上塘金银珠宝首饰行业实现了由小变大的发展。全村6 500人口中就有3 000多人投身该行业,其中有1 500多人专门从事产品推销,足迹遍及全国各个省(自治区、直辖市),另有1 500多人从事首饰珠宝生产加工,在家乡投资兴业,带动各地同行云集上塘。本地拥有一批专业采购队伍,原材料可从全国各地发至上塘。经过多年艰辛创业,目前从业人员大都有稳定的产品销售渠道。仅在广西梧州国际珠宝城内从事珠宝经营生意的莆田人就占总数的30%,且大部分是上塘人。

10多年的发展使上塘村及其周边地区逐步形成了一支庞大的产业大军,他们已积累了雄厚的资本和丰富的经验,掌握了精致的生产技术和丰富的营销手段。上塘已经在雕刻艺术和首饰、珠宝上创造出自己的特色,并日渐形成闻名全国的上塘银饰一条街。随着行业的不断规范和壮大,上塘珠宝城也就应运而生。2002年,上塘村在330亩废转的盐田上尝试建设工业加工区,实施"民资回归"工程,集中力量发展金银珠宝首饰加工贸易业,倾力构筑发展平台,推动特色产业蓬勃发展。

上塘珠宝城累计投资2亿多元,完成建筑面积10多万平方米,共有200多家首饰、珠宝加工户和批发商入驻兴业,产品销路和市场占有率不断扩大,涉及金、银、铜、玉、宝石、寿山石雕等10多个种类3 000多个品种,带动了首饰盒、加工工具及模具等的开发、生产、批发、零售。日均交易黄金、白金15公斤以上;白银6吨以上;首饰珠宝产品250万元以上。上塘珠宝城成为福建省最大的金银珠宝集散地,也是国内重要的金银珠宝首饰产业基地之一。

为提升区域品牌形象,上塘珠宝城永远将"信"字放在第一位,严把质量关、价格关,以诚信争取机会,留住客户。当地企业家注重行业互助和自律,成立了莆田市金银珠宝首饰行业协会(商会),并注册成立了民营担保有限公司——莆田市启航担保有限公司,为广大生产企业和经营业主提供全方位的服务。金银珠宝首饰行业协会与工商部门联合,共同打造"诚信一条街",以维护上塘珠宝城的良好声誉。200多家同业协会会员一致签名,加强行业自律,全力以赴规范市场,诚信经营,积极配合工商部门打击不法商贩,保证产品质量,吸引全国各地客商云集上塘。

经过几年来的企业品牌建设和规范经营,上塘珠宝城逐步形成"精、细、全"的产业特色,现企业拥有核心产品上千种,至2022年拥有国家专利产品600余项,拥有福建著名商标12个,福建省名牌12个,百花奖获奖30件。产品技术研发能力在同行业中处于领先地位。产业集聚效应凸显,邻近埭头镇、北高镇以及东峤镇其他村的众多珠宝饰品厂、寿山石雕家庭作坊企业都被吸引过来,形成以银饰为主的研制、生产、批发中心,向规模化、专业化发展。利用上塘及周边地区数万人设在全国各地的销售点,构建庞大的销售网络,在全国及东南亚形成产销一体化的产业链,使上塘成为名副其实的"中国银饰之乡"。

第七章

莆商品牌

第一节
莆商品牌发展概况

一、品牌概述

(一)品牌的定义和特征

现代营销学之父科特勒(Philip Kotler)在《市场营销学》中对品牌这样定义:品牌是销售者向购买者长期提供的一组特定的特点、利益和服务。从广义上看,品牌是具有经济价值的无形资产,用抽象化的、特有的、能识别的心智概念来表现其差异性,从而在人们的意识当中占据一定位置的综合反映,所以这也体现了品牌建设具有长期性。从狭义上看,品牌是一种拥有对内对外两面性的"标准"或"规则",是通过对理念、行为、视觉、听觉四方面进行标准化、规则化,使之具备特有性、价值性、长期性、认知性的一种识别系统总称。而城市品牌则是一个城市生态形象、文化形象、经济形象、政府形象的客观展示,对其评价有利于城市竞争力的提升和人民生活质量的提高。据国家统计局、国家信息中心和有关部委数据,中国城市报社、人民日报文化传媒等单位按照《品牌评价 城市》国家标准,对全国地级市(省会城市除外)进行标准化处理,计算出城市品牌综合影响力指数,并公布了百强榜单。2021年,中国百强品牌城市榜单中莆田排名第68位。

品牌具有以下几个特征。第一,品牌具有排他专有性。品牌是用以识别生产或销售者的产品或服务的。品牌拥有者经过法律程序的认定,享有品牌的专有权,有权要求其他企业或个人不能仿冒和伪造。第二,品牌是企业的无形资源。品牌拥有者可以利用品牌的市场开拓力和形象扩张力不断获利。这种价值并不能像物质资产那样用实物的形式表述,但它能使企业的无形资产迅速增大,并且可以作为商品在市场上进行交易。第三,品牌转化具有一定的风险及不确定性。品牌创立后,在其成长的过程中,由于市场的不断变化,需求的不断提高,企业的品牌资本可能壮大,也可能缩小,甚至某一品牌在竞争中会退出市场。品牌的成长由此存在一定风险,对其评估也存在难度。企业的产品质量出现意外,服务不过关,或者品牌资本盲目扩张,运作不佳,这些都会给企业品牌的维护带来难度,为企业品牌效益的评估增加了不确定性。第四,品牌具有表象性。品牌是企业的无形资产,不具有独立的实体,不占有空间,但它最原始的目的就是让人们通过一个比较容易记忆的形式来记住某一产品或企业,因此品牌必须有物质载体,需要通过一系列的物质载体来表现自己,使品牌形象化。品牌的直接载体主要是文字、图案和符号,间接载体主要有产品的质量、产品服务、知名度、美誉度、市场占有率。没有物质载体,品牌就无法表现出来,更不可能达到品牌的整体传播效果。第五,品牌具有扩张性。品牌具有识别功能,代表一种产品、一个企业,企业可以利用这一优点展示品牌对市场的开拓能力,还可以帮助企业利用品牌资本进行扩张。第六,品牌以顾客为中心。强势品牌之所以具有较高价值,是因为它不仅有较高的知名度,更重要的是品牌与消费者建立了深度关系,即能让消费者体验到它所代表的利益。一旦消费者将品牌与其能得到的有形和无形利益紧密联系在一起,那么消费者就会主动购买,对品牌忠诚,而且愿意为此支付较高的价格。因此,品牌价值是体现在品牌与消费者的关系之中。第七,品牌是企业竞争的重要工具。对于消费者来说,企业的核心竞争力就是可感知的实实在在的利益,而品牌竞争力就是这种利益的最佳表现形式,而且品牌竞争力与强势企业核心竞争力的特征具有高度的同一性。

(二)品牌的种类

1.根据品牌知名度的辐射区域划分,可以分为地区品牌、国内品牌、国际品牌。地区品牌是指在一个较小的区域之内生产销售的品牌,例如地区性生产销售的特色品牌。这些产品辐射范围不大,主要是受产品特性、地理条件及某些文化特性影响。国内品牌是指国内知名度较高,产品辐射全国,在全国销售的品牌;国际品牌是指在国际市场上知名度、美誉度较高,产品辐射全球的品牌。

2.根据品牌产品生产经营的不同环节划分,可以分为制造商品牌和经销商品牌。制造商品牌是指制造商为自己生产制造的产品设计的品牌。经销商品牌是经销商根据自身的需求,凭借对市场的了解,结合企业发展需要创立的品牌。

3.根据品牌来源划分,可以分为自有品牌、外来品牌和嫁接品牌。自有品牌是企业依据自身需要创立的。外来品牌是指企业通过特许经营、兼并、收购或其他形式而取得的品牌。嫁接品牌主要指通过合资、合作方式形成的带有双方特征的新品牌。

(三)品牌的作用

1.品牌——产品或企业核心价值的体现

企业不仅要将商品销售给目标消费者或用户,还要进行不断地宣传,使消费者或用户通过使用对商品产生好感,形成品牌忠诚,从而使消费者或用户达到重复购买的效果。消费者或用户通过对品牌产品的使用,感到满意,就会围绕品牌形成消费经验,存贮在记忆中,为将来的消费决策提供依据。一些企业更为自己的品牌树立了良好的形象,赋予了美好的情感,或代表了一定的文化,使品牌及品牌产品在消费者或用户心目中形成了美好的记忆。

2.品牌——识别商品的分辨器

品牌的建立是由于竞争的需要,用来识别某个销售者的产品或服务的。品牌设计应具有独特性,有鲜明的个性特征,代表该企业的特点。每种品牌代表了不同的产品特性、不同的文化背景、不同的设计理念、不同的心理目标,消费者或用户便可根据自身的需要进行选择。

3.品牌——质量和信誉的保证

树品牌、创名牌是企业在市场竞争的条件下逐渐形成的共识,人们希望通过品牌更好地区别产品、企业,形成品牌追随和扩展市场。品牌是企业产品质量和信誉的保证。

4.品牌——企业的"摇钱树"

品牌常附有文化、情感内涵,所以品牌给产品增加了附加值。同时,消费者或用户对品牌有一定的信任度、追随度,企业可以为品牌制定相对较高的价格,获得较高的利润。知名品牌在这一方面表现最为突出。

(四)品牌设计

要了解品牌设计首先要清楚品牌设计的要素及要素的选择标准。品牌设计要素由品牌名称、品牌标志、域名、形象代表、广告标语和广告曲与包装组成。其要素的选择标准有可记忆、可转换、可适应、可保护、有意义、可爱等。品牌设计要求:一是造型美观,构思新颖,因为这样的品牌不仅能够给人一种美的享受,而且能使顾客产生信任感;二是要能表现出企业或产品特色;三是其设计元素要追求简单明显。品牌所使用的文字、图案、符号都不应该冗长、繁复,应力求简洁,给人以集中的印象;符合传统文化,为公众喜闻乐见。设计品牌名称和标志要特别注意各地区、各民族的风俗习惯、心理特征,尊重当地传统文化,切勿触犯禁忌,尤其是涉外商品的品牌设计更要注意。

(五)品牌资产

所谓品牌资产,是指与品牌名称和标志息息相关,能够为企业和顾客增添产品价值或服务价值的资产,由品牌感知质量、品牌认知程度与品牌知名度、品牌联想、品牌满意度和品牌忠诚度等组成。其中品牌忠诚度、品牌知名度和品牌联想是最主要的三个维度。

1.品牌忠诚度

品牌忠诚度是衡量顾客是否忠于该品牌的一个重要指标。品牌忠诚度越高,顾客转用其他竞争对手的产品的可能性就会越低。顾客群的忠诚度是品牌资产的核心要素,如果顾客购买产品时只考虑功能、价格、便捷性,对品牌的名称却不以为意,那么意味着该品牌毫无资产可言——因为它随时都可以被同类产品代替。但是,如果竞争对手的产品在功能、价格、便捷性上更胜一筹,顾客却仍然坚持选择某品牌,那么可见它的品牌资产有多么"诱人"。品牌忠诚度具体有两个方面的价值。一方面,它能帮企业减少营销成本。比如许多新品牌上市的时候,因为缺乏足够的名气,不得不降价促销博取眼球,而资深的品牌压根没有这样的顾虑,许多忠诚度颇高的老顾客还经常自发为品牌站台,用现在的流行语来说就是"自来水"。另一方面,它还能使企业更有话语权。比如,你在超市里买洗衣液时,会发现一些名牌产品往往在更显眼的货架摆放,因为超市的工作人员知道如果不这么做,有些特别挑品牌的顾客会直接转向其他超市购买。

2.品牌知名度

品牌知名度是指使顾客在大量的同类品牌中一眼认出或者想起的能力。一方面,知名的品牌给了顾客一种熟悉感,而熟悉感往往意味着安全感。另一方面,品牌知名度和一个企业实力基本是正相关的关系。即使顾客不了解品牌背后的企业运转情况,但他们在面对一个知名品牌的时候,会出于本能而推测出这个企业实力雄厚,因为它能用大量的广告支撑起自己的品牌。

3.品牌联想

品牌联想是做出购买决定和品牌忠诚度的基础,它可以帮助品牌实现差异化。比如一提到"小米",人们会立即想起雷军。

二、莆商著名品牌

(一)著名产业品牌

1.木材产业

北京木材市场,近乎百分百为莆田人垄断,全国各主要木材集散地或口岸几乎也都是莆田人为主导。莆田人做木材在全国是出了名的,从20世纪80年代初,莆田人便挑着木蒸笼闯荡东北做起木材生意,从单干发展到合伙经营,足迹遍布北京、上海、济南、南京、武汉、昆明等地,立志要把木材生意做遍全国。"莆田帮"也在全国木材行业中声名鹊起。

2.珠宝产业

全国从事金银珠宝行业的莆田人超过15万人;莆田人在全国各地经营的珠宝门店超过全国数量的三分之一;在前十大珠宝品牌的加盟体系中,近70%的加盟店面由莆商掌控;而在中国年近6 000亿元的珠宝零售"盘子"里,莆田人占据了三分之一的份额;加上在生产批发环节的2 000亿元的年产值,莆田人每年合计创造的珠宝产值达4 000亿元。在我国的珠宝首饰业里有这么一个说法,在全国经营珠宝首饰的10个人中有9个是福建人,而其中8个是莆田人,而当中6个是北高人。这一说法虽然有点儿夸张,但莆田从事珠宝首饰业的人数之多,也由此可见一斑,典型的主要来自东桥上塘、北高等地。

3.民营加油站产业

据不完全统计,目前全国共有加油站约10万座,其中莆田民营加油站超过3万座,年产值达数千亿元。虽然莆田民营加油站规模庞大,但力量比较分散,且单体经营规模偏小,营销也没有明显优势。如何让莆田的民营加油站实现聚合抱团,把莆田在全国油品行业的优势转化为产业优势,助推地方经济发展,成为近几年当地政府一直关心和推动的一件事。莆田市决定,以市政府牵头,采取"产业互联网"创新经营模式,政府搭台、品牌背书、集聚资源,在莆籍民营油站的产业基础上,整合国内民营加油站,共同搭建"智慧能源"平台。

4.鞋服产业

莆田做仿鞋要从20世纪80年代初说起。因为靠近台湾地区,莆田成为台资制鞋及名牌代工企业迁驻内地的登陆点,为耐克、阿迪达斯等国际品牌鞋代工。到了20世纪90年代中期,因为订单有限,加工利润又低,市场上低廉的原料和人工成本催生了莆田高仿鞋。2020年,中国大陆生产了135亿双鞋,其中就有12.6亿双来自莆田,遍布全市的 4 200 家鞋业企业养活了 50 万人口。

2021 年 7 月 20 日,河南遭遇特大水灾。莆田跑鞋 One Mix"玩觅"品牌,捐赠 1 000 万元物资为河南加油。急人民之所急,7 月 22—26 号,莆田市特别捐助高科技防水小黑鞋,让人们在洪水中保护好双脚,给抢险救援多一道防护,给河南人民送去了温暖。

5.民营医院产业

据不完全统计,从医院数量来看,2018 年底莆田籍全国民营医院共有 9 330 所,占全国民营医院的 46%;从床位数量来看,总量增加到 762 644 张;从专科分类来看,2018 年前 5 位分别是妇产科、肛肠胃科、眼口耳鼻喉科、骨科和医疗整形科;从主要业务指标来看,门诊量增加到 2.24 亿,住院量增加到 1 629 万人次,手术量增加到 181 万人次;从总收入来看,增加到 3 976 亿元。可见,近年来全国莆田籍民营医院在以上各个指标上均有所增长,医院等级总体明显提升,莆田籍民营医院仍然是我国民营医院的主力军。

(二)著名企业品牌

三棵树:创立于 2002 年,始终关注人类美好生活和家居健康,致力于打造内外墙涂料、防水、保温、地坪、辅材、施工"六位一体"的绿色建材一站式集成系统,打造以高品质涂料为主和家居新材料为辅、基辅材全配套、健康、色彩、品位、服务一体的美好生活解决方案。2016 年登陆上海证券交易所在 A 股主板上市,2019 年跻身胡润中国民营企业 500 强榜单,2020 年跻身全球涂料上市公司市值排行榜 10 强,成为北京 2022 年冬奥会和冬残奥会官方涂料独家供应商。总部位于福建莆田,在上海、广州、北京成立中心,并在福建、四川、河南、天津、安徽、河北、广东、湖北、江苏等设有及在建 13 个生产基地,现已成为全资及控股 29 家公司的企业集团。现有员工 10 000 多名,在全球拥有 10 000 多家合作伙伴。最成功的案例就是三棵树独具特色的"道法自然"生态文化和被誉为"醉美企业"的生态园区,每年吸引数万人前来参观、学习和交流。

才子服饰股份有限公司:由蔡宗美先生创建于 1983 年,坐落于福建莆田,拥有创意园和智造园两大生产基地,8 大工厂,41 条服装专业生产线,是一家集研发、设计、生产、销售于一体的综合性服装公司。产品涉及衬衫、西服、夹克、T 恤、毛衫、西裤、休闲裤等系列,年生产能力 1 000 多万件(套),在全国各省(自治区、直辖市)拥有 2 000 多家专卖店。

福建三福古典家具公司:创办于 1996 年,是黄氏三兄弟的强强联合。三福公司的变革成长可以说是仙游木雕产业演变发展的一个缩影。从家庭作坊式,到小企业,到粗具规模,进而升级为福建省品牌企业,荣获福建省名牌产品称号,三福走过了与大多数企业同样的探索之路。如今,三福古典家具公司具备了集设计、生产、销售和服务于一体的自主经营能力,拥有上万多平方米的生产基地和近千平方米的产品展厅,产品远销日本、韩国以及东南亚的多个国家和地区。三福生产的家具由经验丰富的设计师精心设计,工艺精干的能工巧匠精雕细刻,具有传统的意蕴品位和独特的审美价值。在黄氏三兄弟不断的努力创造下,三福已成为中国古典工艺家具的龙头企业及中国古典家具行业的一颗明珠,是福建省规模最大的古典家具生产企业之一。2007年,黄福华又荣获全国轻工行业劳动模范荣誉称号。

华昌珠宝有限公司:成立于1998年,总部位于海西经济区滨海新城莆田,占地面积约7万平方米。公司拥有7个中心:产品研发中心、生产加工中心、仓储物流中心、人力资源中心、市场营销中心、品牌管理中心、后勤保障中心;6家工厂:镶嵌厂、特种厂、玉厂、K金厂、模具厂和金银错厂;在北京、上海、深圳、广州、福州、郑州等地共设有6家分公司;在福建各地以及北京、上海、深圳等地设有20多家直营店,是一家集研发、生产、批发、零售、仓储、物流于一体的珠宝首饰集团化企业。

欧亚乳业有限公司:成立于2003年,是集牛奶养殖、鲜奶收购、乳品开发、加工和销售于一体的现代乳品企业,被评为农业产业化国家重点龙头企业、高新技术企业、创新型企业、云南省著名商标、中国驰名商标。目前公司正在加快生态牧场、奶牛新区的建设,配置优质奶源基地,实施品牌战略,全力打造高原特色优质品牌。

莆田德基电子有限公司:一开始是一家生产单一计算器产品的公司,创建于莆田江口镇五星村。产品款式新颖,质量可靠,投放市场后深受客户青睐,订单不断,企业获得了良好的发展机遇。现在,德基公司已是我国电子行业的骨干企业之一,也是世界上中、低档计算器的主要生产厂家。公司的德信牌、卡迪奥牌计算器以及电子钟表、万年历、游戏机、验钞机的日产量达20多万台,产品远销亚洲、非洲、欧洲及南、北美洲,年产值达2亿多元,安排就业3 000多人。2001年4月又注册成立德荣电子有限公司,总投资4 800万美元,生产STN型液晶显示器和电子产品及配件,开发大屏幕点阵型、宽视角、宽温型的液晶显示器产品。

宜美电子:一开始是一家专注从事钟表业的公司,于2001年成立,由莆田人陈祖元担任董事长。这家企业从传统钟表转型到智能手表,引领钟表业的"腕上革命",让运动手表从"中国制造"走向"中国智造"。企业成立10多年来,立足于运动表、可穿戴智能与云服务平台,致力于在数字经济浪潮中通过整合数字资产,利用"硬件+软件+服务"的业务模式,服务于更多的数字应用场景。作为转型升级的典范,宜美电子2012年底从钟表产业向可穿戴智能物联网产业转型,瞄准运动、健康方向创办的自主品牌"EZON宜准",在国内率先研发移动数据平台智能腕表。深耕可穿戴智能运动产品,短短数年时间,宜准已成功推出登山、城市路跑、越野跑、健步、户外休闲五大系列 40 多款产品,先后获得国家知识产权局中国外观设计专利大赛"最佳时尚设计奖"、中国设计红星奖等奖项。

福建莆田佳通纸制品有限公司:创办于 1994 年,位于全国著名侨乡——莆田市涵江区江口镇内,现有员工 300 多人,占地面积 10 万平方米,注册资本 1 200 万美元,总投资 3 600 万美元。专业生产及销售卫生巾、纸尿裤、面巾纸等纸类系列产品。公司立足于高起点,成就高品位。曾多次从意大利、日本进口和在国内采购先进的全自动化电脑控制的纸品生产设备,从美国、法国等进口优质绒毛浆,并结合佳通集团在国外生产卫生用品 30 多年的丰富经验,以先进的技术、精湛的工艺和科学的管理,生产的产品深受国内外客户的青睐。产品质量稳定,现已出口到澳大利亚、印尼、韩国、巴布亚新几内亚等 30 多个国家,公司已形成具有良好信誉及广泛影响力的品牌。

福建佳通轮胎有限公司:位于莆田市秀屿区笏石。工程于 1996 年 8 月 8 日破土动工,12 月 18 日主厂房正式奠基,占地面积 82 公顷,一期投资 1.8 亿美元(当时折合人民币大约 15 亿元)。历经 3 年建设,1999 年 10 月 1 日,佳通轮胎厂生产第一条轮胎,现日产 3 万多条汽车胎,产品销往北美、欧洲、大洋洲、中东及东南亚等 80 多个国家和地区。佳通轮胎厂是莆田市最大的外商投资企业之一,它的投产使秀屿区成为轮胎生产基地。

三、莆商品牌发展瓶颈

当下的经济时代其实就是品牌时代,谁占领了品牌高地谁便是胜利者。一开始,莆田提出了建设电子城的口号,并从江口侨乡的电子产品加工起步,一批电子企业应运而生。可是,因电子产业无法随科技升级而升级,下游低端电子产品羁绊着品牌打造之路,最终难成大业,只留下一段过往的故事。没隔几年,涵江区实施"重振小上海雄风"计划,雄心勃勃,气度非凡,从抗战时期涵江成为南方商品集散地的历史启示中,推出了打造小商品城的蓝图,而且有过很好的发展态势,在全国处于引领地位。可惜,因种种原因,发展缓慢,而渐渐落败于浙江义乌小商品品牌,徒留遗憾。时隔不久,由于雪津啤酒、贝克啤酒等企业落地莆田,这里又提出了打造啤酒城的口号。也有过"莆田啤酒醉天下"的感觉,甚至外地的映雪等啤酒品牌也从莆田而生,但曾几何时,贝克衰落了,雪津易主了,莆田啤酒城盛名之下,其实难副了。接着,莆田又提出了打造鞋城的口号,一批国有和集体所有制企业先声夺人,在当时的确颇具影响。可是,因品牌建设滞后,人才外流,最终是"雷响莆田,雨下泉州",泉州、晋江借助莆田的人才,成就了安踏等大品牌、大企业。

到了 20 世纪 90 年代,莆田又率先提出了建设工艺城的口号,海峡工艺城拔地而起,工艺产业集聚而生,势头凶猛,令人刮目相看。但因缺乏大品牌、集团化运作,格局小,资金缺,平台差,至今处于老牛拉破车的状况,而周边的惠安石雕、东阳木雕后来居上。据调查,惠安石雕产业飞跃主要因素是莆田 300 多家石雕企业的入驻,其石雕品牌的形成依仗莆田石雕大师们的创作实力。这种现象可谓"根在莆田,花开惠安"。近年来,古典家具城、上塘珠宝城、北高黄金首饰城、国际油画城、仙游古玩城等工艺园区迅猛发展,既有成功的经验,又有惨痛的教训。珠宝企业有华昌、六桂福,家具企业有三福、贡品轩、永盛、黄辉世家、坝下明珠、飞鸿、凯丰里、华闽华居、四君子等品牌企业,但是整体品牌形象远远不够,在大浪淘沙般的市场中,显得实力不足。

以珠宝产业为例,品牌效应还存在以下的问题:

1.缺乏大品牌。20 世纪 90 年代初,恰逢珠宝行业快速扩张及发展的好时机,莆田珠宝商以家族为单位,以"传帮带"的形式带动周围亲朋一起进入珠宝市场,并快速占据了半壁江山。这种家族聚合开店模式让莆田珠宝商成长为零售终端的猎手。但是,莆商珠宝店虽然覆盖全国大半省市,珠宝品牌数量也不少,却没有一个全国性的知名大品牌,大部分珠宝品牌只算得上是区域品牌,在全国的影响力有限,这是莆商不得不面对的一个难题。

2.缺乏大企业。莆田珠宝企业大多是由家族聚合开店模式发展起来的,在优胜劣汰的发展过程中,一些逐渐扩大的珠宝企业也面临着新的困惑和问题。企业越来越大,业务量不断增加,员工也越来越多,不惜重金聘请专家高手坐镇,有很多优秀的人才聚集于此,但始终没有形成现代化的企业制度。这些人才相对来说个人能力见长,但缺少企业化的管理、治理和运作能力。忽略了人力资源系统的架构,导致在成长的过程当中遇到了人才瓶颈。根本性的原因在于莆田珠宝商是商人,而非企业家,商人和企业家的区别在于,商人是用做生意的方式去经营企业,而企业家是愿意为这个行业承担更多的责任的。相对来说,第一代以打金起家的莆田珠宝商对企业家精神的认知不够,领导者远见及魄力不足,无形之中给企业的发展增加了障碍,自然难以发展成为大企业。

3.缺乏大市场。莆田珠宝商缺乏全国性的战略思维,大部分企业只能够解决眼前的问题,更多地关注如何竞争,与谁竞争。这种猎手特质也注定了他们擅长短、频、快的作战手段,在战略层面,诸如未来零售珠宝的品牌发展、零售消费趋势等问题,莆田珠宝商思考得少。因此,在这种全国性战略思维缺失的情况下,对市场的认知仅限于局部,缺乏大市场思维。而基于对变化和未来的判断的大市场思维的缺失,使得企业失去了原有的主动的行业地位,而陷入了区域市场的争池略地,忽略了大市场的培育、规划、推动,最后在小市场里面打转。随着整个产业、行业的转型升级,外部环境产生不利变化时,缺失大市场思维的莆田珠宝企业将面临越来越艰难的发展境遇。

在莆商品牌孕育中,地方政府有着自身独特的优势。一是组织优势。地方政府是一个区域的宏观管理者,可以利用经济、行政、法律手段等从宏观全局上驾驭和调控经济活动。二是公正优势。政府是公共产品和公共服务的提供者,不受个人利益的局限,而从区域整体利益出发整合区域资源,优化区域资源配置。三是信息优势。地方政府是上情下达的枢纽,能够从宏观上把握经济信息和发展动向,为莆商提供信息支持。具体表现在四个方面。第一是为莆商品牌准确定位。品牌孕育是一个动态过程,包含创建、维护、发展、延伸等过程。在准确定位后,地方政府还要持续提供优质的公共服务,形成品牌发展的全服务机制。第二是建立完善的莆商品牌文化理论体系,深度融合莆商品牌与莆商地域文化,提升莆商品牌品位等,构建莆商品牌的文化传播机制。第三是引导和支持莆商由个体企业向产业抱团转型、由家族式管理向现代企业管理转型、由贴牌向自主品牌转型、由重商贸向商贸与实业并重转型,将企业做强做优做大。第四是提供公共服务,加强莆商品牌的维护和管理。

第二节

莆 商 品 牌 影 响 力

一、新时代莆商品牌影响力

当前莆田正在极力扶持打造"莆田鞋"品牌,推进鞋产业转型升级。在鞋业生产流程不成问题、产能完全可以保证的情况下,扶持工作的着力点宜多放在鞋业品牌的引导、宣传、升级和知识产权的维权保护方面。2021年8月5日,莆田市与京东集团战略合作框架协议签订暨"莆田鞋"集体商标授权系列签约仪式在莆田举行。活动借助互联网企业优势资源,深度融入电商、抖音直播等新业态,进一步开拓莆田鞋业细分领域市场,打响"莆田鞋"集体商标。本次活动是莆田深化政企联动的一项重大举措,旨在发挥莆田区位优势和产业优势,有效嫁接京东资源,在智能城市、现代物流、产业数字化、金融科技、中小企业服务、公共区域品牌打造等方面形成全面合作,有力助推莆田大力实施"双轮"驱动,全方位推进高质量发展超越。根据市工信局与京东零售集团签订的中小企业服务"满天星计划"协议,双方将秉承"拓销路、降成本、优服务"的理念,鼓励中小企业上线京东相关平台,结合莆田产业带特点,助力莆田中小企业开拓线上市场。

"莆田鞋"集体商标是市政府倾力打造的鞋类区域公共品牌。为深入推动该集体商标的创建工作,在此次签约仪式上揭牌的市国投集团名品品牌管理有限公司,将作为"莆田鞋"集体商标独家运营的授权主体,负责莆田区域公共品牌的日常运营管理、质量提升、宣传推广等。该企业本次与京东京喜等公司签约后,将抱团莆田自主品牌鞋企在京东京喜开设"莆田鞋"线上旗舰店,在中建电商、中铁物贸、中海物业网络平台开设"莆田工装鞋"销售专区,并开通"莆田鞋"抖音直播号等,深入挖掘新业态、新零售潜力,拓宽销售渠道,持续做强做优做大"莆田鞋"品牌。此外,双驰实业股份有限公司、青春之家(福建)体育用品有限公司、福建集途科技有限公司、莆田永生鞋业有限公司等 14 家企业获得了"莆田鞋"集体商标第二批(运动休闲鞋)授权。

所谓好的品牌是指顾客认为"对自己有帮助的""和自己关系好的""品德好的"品牌。传统上,品牌的基础是给客户提供好的产品(产品可以帮助顾客解决问题),提供及时的服务(服务更多的是对顾客的关怀),而能够做到这两点的品牌一般就是大品牌、好品牌了。在今天,人们对品牌的评价中,更加注重"品德好"。这一点从近年来企业热心公益和慈善活动就可以看出。顾客的需求中包含了对企业社会责任的期待,且日渐加强。对于品牌建设来说,产品是物质,物质是基础,企业必须提供质量好的产品;服务是情感,情感是关怀,是高一层次的需求;而"社会责任"是和顾客进行精神层面的沟通,是更高层次的需求。

公益和慈善活动是社会责任的外在表现。企业社会责任在顾客层面的传递,最方便的方式就是通过公益活动或者慈善活动来体现。在这方面,跨国企业已经有了多年的实践,很多经验的确值得我们学习和借鉴。人人互联时代,本质上就是一个共有价值观的时代。这一点,对于企业品牌建设来说,意味着必须更多地和顾客进行精神层面的沟通。顾客需要更有责任感和价值观的品牌,更需要有和自己共同价值观的品牌。品牌的社会效益方面,做得比较杰出的如黄多福先生。他是仙游人,河南闽兴建设有限公司董事长,"万企帮万村——莆商在行动"公益项目的领头者,帮扶仙游县龙华镇金溪村发展。其社会效益、企业效益可谓双赢,特别是品牌的正面影响力大增,是企业帮扶和品牌宣传的成功范例。

但无论是放眼国家品牌还是莆商品牌,都有品牌核心价值多变的问题。其主要原因有:一、不了解稳定至上的意义。品牌管理是一门博大精深的学问,真正科学透彻地理解长期维护核心价值不变之重要性的企业家,少之又少。最好办法就是培养大批专业品牌管理人才,并且不断地创造机会向企业界传播这一原则。二、频繁换广告公司。广告要定期更换,因为长时间不换广告,消费者会感到厌倦,品牌会给人陈旧、呆板、不时尚、档次降低的感觉,会伤害品牌。但更换广告不等同于频繁换广告公司,这一点也是中国企业的大通病,一换就换出了大问题:新的广告公司能否吃透原来广告公司对品牌的战略规划?即使有能力吃透,有的公司也会否定原先公司的策划方案,才能体现自己技高一筹,导致核心价值常常改变。三、策划人员标新立异的情结。很多策划人、广告人以标新立异和不断超越为荣,似乎隔一段时间不出新创意就会压不住客户。这种创新精神非常可贵,但常常一出新创意就把核心价值给改了。四、高估广告传播的效果。其实,要让消费者知晓并牢牢记住品牌核心价值是十分困难的。只有保持核心价值的稳定,才有可能在消费者心中留下一个清晰的品牌印记。五、缺少体制与人才保证。由于绝大部分中国企业都没有专门的品牌管理机构与人才,往往由销售总监、广告经理代替品牌管理的职责,而销售总监会以年度销售目标的实现为主要目标,广告经理易沉溺于具体广告创意、促销策划的创新与执行等战术工作,从而忽略了品牌战略的贯彻。

二、莆商品牌影响力提升对策

新时代商业的重心出现了转移,由之前的"产品"转移到"人群"。经营"产品"是向所有人提供所有的商品;而经营"人群"是向固定的人群提供最合适的产品。未来社会"人以群分"的特征将越来越明显,如果去满足所有人的要求,成本必定会居高不下;只有去满足一个或者某一个特定人群的需求,才是最符合时代需求的。因此,未来最值钱的不是产品,不是资源,而是"消费者数据"(即用户信息等)。同时商业的权力也发生了转移,从"生产方"转移到"消费方"。简单来说,掌握大量消费数据就能掌握主动权。因此,未来的企业必须提升自己的品牌影响力,打造自己的IP。

比产品高一个维度的是品牌,比品牌高一个维度的是文化,因此,做产品要有品牌思维,做品牌要有文化思维。商业的"暴利时代"虽然过去了,但是"厚利时代"到来了,这个厚利的载体就是品牌,就是文化。其实"人"也好,"产品"也好,"IP"也好,都是文化的产物。未来的品牌需要满足两个条件:第一是对垂直产业链的整合,即对上下游有控制作用,这需要品牌强势到一定程度才可以,否则依然是被别人掌控。第二是对消费者的聚合和引领,品牌必须在大众或者某一特定人群中产生号召力,要能引领大家的思潮,要有明确的价值观。

第三节

打造莆田电商品牌

莆田市作为全国发展电子商务最早的城市之一,2014年获批创建国家电子商务示范城市,2019年获批创建福建省平台经济示范区,2020年获批设立跨境电子商务综合试验区,电商经济发展方兴未艾。目前莆田市已发展成产业集聚、模式多样、行业融合、人才荟萃的综合型电子商务城市,电商发展涵盖第三方平台网络销售、行业垂直电商平台、跨境电商、直播电商、农村电商等领域。全市电商行业呈专业园区集聚发展态势,已形成跨境电商生态园、京东数字经济产业园、安福电商城、联发电商城、百盛跨境电商中心、步康电商产业园、艺雕智慧产业园、上塘珠宝城等多个电商集聚区。玩觅、走索、易佰达、方家铺子等自主品牌网络销售额持续增长,葫芦派、众鞋联、智慧能源、物泊物流等一批行业垂直平台不断做强做优做大,有力促进了我市电商发展。

一、直播电商大有可为

2021年,莆田市直播电商协会成立,为莆田市直播经济的发展注入生机活力,在赋能全市特色产业发展上主动作为,推动"莆田质造""莆田智造"做强做优做大,提升市场竞争力和品牌影响力;直播电商行业的企业家借助这一新兴的商业模式不断创新突破,拓展多元经营,进一步提升产品影响力与竞争力,共同为莆田市直播电商行业持续健康发展做出新的更大贡献。为牢牢把握直播经济发展的重要时机,莆田市还大力实施直播新业态发展"662工程",即围绕"直播＋特色产业""直播＋招商""直播＋跨境""直播＋乡村""直播＋文旅""直播＋商贸"6大重点领域和"打造直播示范基地、引进专业直播机构、培育直播相关人才、对接主流直播平台、开展直播主题活动、发展直播行业协会"6项重点工作,着力在全市范围内打造20个以上直播新业态基地,培育200家以上直播机构,将莆田打造成全国著名的直播新业态示范城市。

莆田电商资源丰厚,产品对接、生产、销售等电商产业链整合能力强,拥有适配电商平台的优秀电商品牌和品牌供应链,鞋服、珠宝、红木文玩、食品等产业具备比较优势,加之莆商遍布全国,直播电商优势得天独厚。相关人士指出,接下来,莆田市直播电商应在三个方面着力。第一,直播电商助力传统企业发展。针对莆田鞋服、食品加工等传统产业,引导主播下沉与制造商对接,促进传统企业与电商产业的接轨互动,积极构建线上线下一体化营销体系,形成集聚效应,拓展国内、国外市场。第二,直播电商助力实现就业稳定。要做一场好的直播,涉及助播、选品、脚本策划、运营、场控等多种新就业岗位。第三,直播电商助力产业转型融合。快手平台已在仙游落地快手红木直播基地,一度陷入低谷的莆田市红木产业正借力数字化转型升级寻求新的发展动力。红木、鞋服乃至生鲜农产品等线上销售,将拉动深加工、仓储、运输、流通等相关产业融合发展,可以预见,伴随着直播电商的发展,产业融合将越来越紧密。目前,市直播电商协会正牵头联合快手平台打造莆田综合产业带直播基地,完善供应链、物流、资金、主播等直播电商的重要环节,引导更多的供应商进入,加强平台对商家的培训指导,在政府职能部门的支持和指导下,打造一个全省乃至全国最大的快手直播基地。

电商直播成功应具备四要素:人设适宜和风格匹配的主播、拥有忠实的用户、拥有商家高效的供应链和过硬的产品、合理的剧本。目前莆田市乃至全国直播电商行业发展存在三大瓶颈:主播人才匮乏、供应链条短板、自律他律不足。

二、大力培养主播人才

电商从业人员偏年轻态,这个行业人才少,跳槽多,留不住人才。首先,电商直播是新兴行业,人才储备少,即便是电商发达的城市,电商主播人才也不算多。其次,电商主播工作较特殊,工作时间不固定,按照平台的规律,每天24小时都有人直播,很考验体力和耐力,除了快速做出业绩者可以稳定外,业绩不稳定的主播流失快,流动性也高。政府应多渠道组织培训,培育本土电商直播企业成长,培养本土优秀直播主播。同时,加强校企合作,实践和教科书相结合,将主播当作一个职业技能推广到社会上去。直播电商培训,目前主要是针对一些特定的对象,真正需要电商直播创业的人受训的不多,建议相关部门多举办电商直播方面的培训,让更多的人享受到新时代新兴行业崛起带来的红利。电商主播的招募是个难点,对于外地优秀主播的引进,地方可学习高技能人才引进的思路,比如提供优惠住房、减轻个税等。电商主播是一种非常特殊的新兴工作业态,随着电商内容的升级,电商主播的从业需求将会不断放大,尤其是结合莆田市特色产业,专业园区内电商企业的培育和孵化值得重点扶持。

三、补齐供应链条短板

炎炎夏日,正是莆田荔枝集中上市之际,与龙眼、枇杷、文旦柚一样,即便在直播间里风生水起,但因冷库储藏、冷链配送等物流配套跟不上,以四大名果为代表的莆田农产品难以突破流通瓶颈。走访中,受访对象普遍认为,一方面,与福州、泉州等周边城市相比,莆田市快递价格偏高,导致电商外流、异地建仓甚至生产线外移等。莆田是全省设区市中少数没有快递园区的城市之一,突出表现在邮政快递企业没有长期固定的分拨仓储场所。主要原因有很多方面,比如莆田小电商居多,且多各自为营,与快递企业合作分散,无法以规模来争取快递企业总部政策支持,无法以规模换效益。另一方面,以信息化、自动化为基础的仓配一体化、智慧仓储、云仓储等现代化服务水平亟待提高。目前莆田仓配一体化仍处在初级水平,快递企业为电商提供的服务仍停留在运输和提供仓库的低端水平,无法做到以效率换效益。在当前电子商务进入竞争白热化的阶段,线下配送的短板往往制约线上销售,也制约着快递业的发展。有关人士认为,电商和快递企业应该同步规划、同步发展。线上销售的电商企业和线下配送的快递物流企业是一个硬币的两面,二者相辅相成,只有均衡发展,才能保障电商健康发展。可喜的是,市邮政管理部门正积极引导快递物流企业出台优惠政策让利于民。2022 年,全年完成邮政业务总量 33.05 亿元,增长 14.9%;完成电信业务总量(按 2021 年不变单价计算)37.37 亿元,增长 21.3%。邮政业全年完成邮政函件业务 58.82 万件,包裹业务 6.03 万件,快递业务量 2.54 亿件,快递业务收入 23.05 亿元。为推动四大名果走出去,邮政、顺丰、德邦物流等企业主动服务乡村振兴,四大名果销售寄递每年较快 增长,不断健全的农村快递网络为打赢脱贫攻坚战和乡村振兴发挥了积极作用。物泊科技、智慧 U 站等一批产业互联网平台苗壮成长;抖音红木直播产业带基地、工艺美术城腾讯直播基地等一批项目落地运营,在莆田形成一批电商总部经济集聚区。莆田电子商务涵盖跨境电商、农村电商、社交电商、网络直播等多个领域。全市年网络销售额超过 500 万元的限上电商企业有 600 多家,实现年销售额 230 多亿元。

四、提升行业自律他律能力

与数字经济下许多市场与社会创新一样,网络直播营销在新模式、新业态的创新过程中出现了许多问题,如资格资质、产品质量、内容违规、数据安全等,这些都给直播电商的监管、治理带来了严峻挑战,也在法律层面提出了新问题。莆田市直播电商协会的成立,引导企业共同努力营造诚信规范的直播电商发展环境。直播电商健康、可持续发展,必须建立在遵守法律、公平竞争、诚信守规、保护各主体权益基础之上。当前,网络直播乱象凸显了现有网络直播立法不健全,网络直播法律法规未发挥相应的约束作用。建议对现有的网络直播法律法规、行业规范进一步修订,在规范管理方面,在平台设立相应门槛的同时,可立法明确建立主播实名认证制度、黑名单制度,对多次违规、违法的主播予以一定期限的市场禁入处罚,使广大主播自觉遵守直播行业相关法律法规、行为规范;在消费者维权方面,主要针对直播平台的经营者与主播责任划分、消费者遇到产品售后问题产生纠纷、购买和赠送虚拟物品等,如何适用法律、消费者如何维权等问题进行明确、详细规定。将对直播电商的监管与市场支持体系建设共同纳入国家、城市和区域营商环境打造工作,通过补齐法律制度短板,完善信用评价机制,提升行业自律能力,提高市场人才培养成效,引导消费者监督等,突破主播人才匮乏、供应链条短板、自律他律不足三大发展瓶颈,建立一个品质优良的网络直播营销市场,服务国家经济和社会发展大战略,让"直播+电商"为助推新时代莆田经济实现转型升级和健康发展不断注入活力和动力。

第八章

莆商公益事业

莆商在外,始终心怀故土,挂念故乡经济与社会发展,并以力所能及的力量支持故乡的发展。广大莆商积极回乡投资兴业,支持社会福利事业建设,集资办学,济困扶贫,有力地促进了莆田公益事业发展,为莆田经济社会发展做出了不朽的贡献。

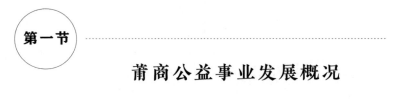

第一节

莆商公益事业发展概况

一、莆商积极投身社会公益事业

在古汉语中,"慈善"一词起源很早,然而其原意并不是指一种行为,更不是一种事业,而只是形容人的性情慈祥、宽厚,之后慢慢地演变成奉献爱心与援助,扶弱济贫之意。现代公益事业发端于古代社会中的慈善活动。公益,从字面的意思来看是指公众的利益,实质应该是社会财富的再次分配。公益活动是指一定的组织或个人向社会捐赠财物、时间、精力和知识等活动,内容包括社区服务、环境保护、知识传播、公共福利、帮助他人、社会援助、文化艺术活动和国际合作等。

现代的公益事业也称慈善事业,它在广义上指以卫生、救济、教育为主的群众福利事业,也专指为特定对象谋利益的社会事业。2016 年颁布的《中华人民共和国公益事业捐赠法》中所称的公益事业是指非营利的下列事项:(一)救助灾害、救济贫困、扶助残疾人等困难的社会群体和个人的活动;(二)教育、科学、文化、卫生、体育事业;(三)环境保护、社会公共设施建设;(四)促进社会发展和进步的其他社会公共和福利事业。公益事业主要有五大特点:一是外在性。属于公益事业的部门和企业及其活动一般处在直接生产过程、个别经营活动和居民的日常生活之外,独立存在、并行运转,并构成相对独立的系统。二是社会性。大部分公益事业主要依靠社会投资和建设,资金依靠国家财政解决,投资主要表现为社会效益和环境效益。三是共享性。公益事业的服务是为许多单位和居民共享的。四是无形性。公益事业所提供的产品大多是无形的服务,而不是有形的物质产品。五是福利性。公益事业所提供的产品带有很大成分的社会服务和社会福利性质。从公益事项与主要特征看,现代公益事业已不是一种个人行为,而是指在公共事业范畴下直接或间接为社会活动和居民生活提供支持、援助、服务的社会性活动,是国家公共事业建设的有力补充,确切地讲就是一种有组织、有规模的行为。随着社会的不断发展,公益事业也被赋予了越来越多的内容,向着越来越宽的方向发展。莆商公益事业只是区域性公益事业的组成部分之一。

莆商对于公益事业始终满怀热情,积极为家乡的经济与社会发展做贡献。许多莆商致力于莆田的助学育才、扶贫济困、关心弱势群体等多项社会服务,有力地促进了莆田公益事业发展。尤其改革开放以来,一批批兴化儿女传承优良的莆商传统,在不同的领域奋斗打拼、苦干实干,取得了一系列辉煌的成就。莆商作为闽商的一支劲旅,富有"勤勉奋斗、顺势有为、爱拼会赢、思报故国"的莆商精神,积极弘扬"立德、行善、大爱"的妈祖精神,团结兴会、抱团发展,致力于服务政府、服务社会、服务企业。

二、1949 年前莆商公益事业发展

(一)古代莆商的公益事业活动

从历史上看,在唐代之前,莆田境内大多数小商小贩,在农忙时为农,农闲时为商,具有农民和手工业者的双重身份。唐代之后,莆商发展较快。宋代是莆商队伍发展壮大的重要时期。一方面,由于朝廷鼓励商业发展,众多农民、手工业者及地主豪绅加入经商行列,促进了商人队伍的扩大;另一方面,宋代兴化境内人口剧增,人多地少矛盾凸显,不少百姓为了生存而弃农经商。在此全民经商的历史大背景下,兴化商人逐渐发展成为一个重要的社会团体。宋代妈祖信仰在海内外广泛传播与妈祖庙修建都有兴化商人的功劳。

元代是兴化商人发展的一个重要时期。由于兴化商业经济出现了再度繁荣,从商人数日益增多,商人队伍不断壮大;商人队伍结构也有新的变化,由于众多士人学子加入经商行列,商人文化素质有了较大提高,同时商贸活动空间开始从境内向境外转移,从国内向国外发展,同时行业集聚加速,部分商人完成了原始资本积累,成为古代莆商的代表人物。

　　进入明代之后，兴化百姓开始大批外出经商，足迹遍布全国各地和海外各国，出现"无兴不成镇""无莆不成市"的局面。兴化商人的历史地位和社会作用日益凸显出来。一是兴化商人具有爱国爱乡之心和人道主义精神。北宋时期，就有盐商陈应功举兵平叛的历史记载。南宋时期，又有莆田豪绅李富出资募兵三千人，北上抗金之壮举。明朝嘉靖三十七年至四十二年间（1558—1563年），倭寇侵犯兴化境内达九次之多，杀死百姓不计其数。兴化豪绅林兆恩先后七次出卖私人财产，筹资雇人收埋死难者，避免了战后瘟疫的大面积蔓延。许多商人在这时期伸出援助之手，出钱出力，抵抗倭寇，守土有责，赈灾济困，帮助百姓重建家园。二是兴化商人自觉承担社会责任意识加强。在社会救济方面，慷慨解囊，每逢天灾人祸，兴化商人便捐款捐物、设站施粥，救助难民。据《仙游县志》记载，明代"官府设常平仓、义仓，民间设社仓等仓储设施，以官粮或官、民捐储存，遇灾害饥荒则施行赈济，地方上热心慈善事业人士还自行设摊施粥"。① 在教育方面，明代兴化境内教育昌盛，书堂、书院林立，遍布城乡，这与兴化商人热心教育是分不开的。据《莆田县志》记载："明正德年间，郡人御史姚鸣凤、进士冯文涛，在家设塾，以经术教里中子弟。其后，官绅商贾多延师于家设学塾，境内私塾始兴。"明万历年间（1573—1620年），朝廷诏毁天下民间书院学馆，因而书堂、学馆多废为祠，或改为私塾。② 兴化商人成为地方教育经费的主要提供者，兴办私塾，促进了兴化教育的再度中兴，"文献名邦"再次走向辉煌。同时随着商业的不断发展和商人队伍的日渐壮大，以兴化商人和士人为核心并具有商会性质的会馆开始成立。明永乐皇帝定都北京后，每三年举行一次科举会试，兴化商人成立会馆，为赴京会试的同乡举子提供免费或廉价的栖身之处；同时商人们通过会馆开展联谊活动，商议同乡公益事业，分摊税赋杂捐，处理商务纠纷，以及兴办社会公益事业等。当与其他商帮发生矛盾时，通常也通过会馆来协调，解决争端，化解矛盾，会馆发挥了其他社会组织不可替代的作用。

　　清代，兴化境内多次掀起迁徙国外的移民热潮，促进海外兴化商帮的崛起。海外兴化商帮既是妈祖文化的积极传播者，还是海外妈祖宫庙的创建者。在国内，兴化商业空前繁荣，商人队伍庞大，不少兴化商人富裕之后，积极参与社会救助活动，能够积极承担社会责任，铺桥修路、创办学校、兴修宫庙祠堂、捐款捐物等。海外兴化商人对家乡公益事业建设也十分热心。清朝末期，多灾多难，百姓生活贫困，海外兴化商人慷慨解囊，救济家乡人民。此一时期，有不少商人已经完成了原始资本积累，成为身家巨富的早期资本家。兴化商人富裕之后，在公益上范围扩大，捐助力度更大。如仙游著名商人徐万宝父子俩共同捐巨资创办了仙游金石中学，该学

① 仙游县地方志编纂委员会.仙游县志[M].北京：方志出版社，1995：761.
② 莆田市地方志编纂委员会.莆田市志[M].北京：方志出版社，2001：2014.

校至今仍在使用;还有仙游大烟商陈天高,先后捐建了赖溪桥、双坑桥和金凤桥等多座桥梁。

(二)民国时期莆商的公益事业活动

民国时期,莆田逐渐形成了具有地方特色的纱布业、南北京果业、鱼牙行、餐饮业、制鞋业等十大商业行业。莆仙两县商贸繁荣,经济交流不断扩大,不少暴富起来的莆商成为福建商界的领军人物,特别是海外莆商,经过长年的打拼,成为侨居国的商界巨头。莆商人数日益增多,迅速发展成为一支颇具影响力的政治力量,并在政治、经济、文化和社会各项事业中发挥了巨大作用。这一时期多灾多难,许多兴化商人挺身而出,保家卫国,自觉承担社会责任,表现出莆田商人高度的社会责任感和历史使命感。由于地方政府财政困难,莆仙两县教育经费严重不足,海外华侨慷慨解囊,支持家乡教育事业,此外对家乡卫生事业也给予全力支持。民国中后期,一些事业有成的莆籍侨商陆续回乡投资创办实业,将海外先进经营模式和管理经验带回家乡,推动了家乡经济发展。

抗战全面爆发后,在强烈的民族精神感召下,海外莆商纷纷成立各种抗日团体,开展抗日救亡活动,全力支援祖国抗战。特别是商会组织和行业公会等商人社团组织,在反对苛捐杂税、支援抗日战争、支持中国革命和反对内战等方面,发挥了积极的作用。莆仙两县商会组织分别于 1908 年、1911 年成立,在稳定民心、维持社会秩序等方面,起到积极的作用。抗战期间,不少莆商对公益事业非常热心,创办医院、倡办学校等,代表人物有陈芹、杨明建、陈耀如、蔡友兰和戴启燕等著名商人。

三、1949 年后莆商公益事业活动

1949 年后,国家出台了一系列保护华侨和鼓励侨汇的政策,广大海外华侨捐钱捐物,慷慨解囊,除了捐资办学和支持家乡医疗卫生事业外,也大力支持其他公益事业建设,如铺路筑桥、扶贫帮困、水电工程、修建祠堂寺庙和侨联大厦等。20 世纪60—70 年代期间,由于受"左倾"思想影响,对"什么是社会主义"和"怎么建设社会主义"缺乏正确的认识,误以为个体工商户随时随地都有"复辟资本主义"的危险,导致这个时期中国工商经济一度萧条,商人队伍大幅萎缩。尤其是"文化大革命"期间,广大商人遭受严重打击,经商积极性大挫,影响了中国经济社会的全面发展。侨商支持家乡公益事业的活动也一度中断。改革开放后,国家落实侨务政策,海外侨胞支援家乡公益事业更加踊跃,广大华侨积极回乡投资兴业,创办各种经济实体,支持各项社会福利事业建设,促进莆田经济社会发展。

特别是 1983 年 9 月莆田建市后,建立以国营商业为主导,多种经济形式、多种渠道并存的开放式商业流通体制,为个体工商户发展创造了良好环境。莆田市充分发挥沿海地理、交通优势,私营工商业开始蓬勃发展,商人队伍不断壮大,私营经济进入了鼎盛时期。一部分莆田人纷纷奔赴全国各地以及国外谋取发展,经过长期打拼,许多莆田商人发展成为身家巨富的民营企业家。从 20 世纪 90 年代起,海外侨胞对家乡公益事业建设的捐资数额不断增大,捐赠项目不断增加,包括修桥铺路,建设文化宫、青少年宫、妇幼中心、老年人活动中心、寺庙、公园、医院及创办大中小学等,为家乡教育、卫生、文化、基础设施等各项公益事业发展做出巨大贡献。著名的有新加坡远东集团主席、地产商黄廷方,新加坡最大的私营船主和私人石油贸易商林恩强,印度尼西亚力宝集团主席、银行家李文正,印度尼西亚纸浆大王、棕榈大王陈江和等。

21 世纪初,约有 50 万莆商活跃在全国各地,大多事业有成,拥有雄厚的资本。一大批莆商陆续回乡投资创业,通过项目带动、民资回归和企业增资扩产,积极参与家乡公益事业,对莆田经济社会发展产生了积极的影响。新的奋斗目标、新的历史责任对党和国家各项工作提出了许多新要求,也对莆田市新时代的慈善工作、慈善事业和慈善组织提出了更多的希望。

新时代慈善工作的主题、新时代慈善事业发展的方向、新时代慈善组织的使命,就是要坚持中国共产党的领导,同党和政府的力量、同企业和市场的力量、同其他社会力量一道,为实现"两个一百年"奋斗目标、实现中华民族伟大复兴的中国梦而努力奋斗。

随着市场经济的发展,涌现出越来越多富有社会责任感,积极投身公益事业的莆商。近年来,在莆田市委、市政府的坚强领导下,在社会各界爱心企业和爱心人士的支持下,公益事业稳步发展。市工商联和慈善组织广泛宣传动员,海内外莆商弘扬慈善文化,积极抓好资金募集,大力开展实施"精准扶贫——莆商在行动"和"防控疫情——莆商在行动"等活动,打造阳光慈善,努力在扶贫济困、保障和改善民生、促进社会和谐以及服务社会经济发展上发挥新的更大作用。

第二节

莆商的慈善捐助

习近平总书记 2020 年 7 月 21 日在企业家座谈会上指出:"社会是企业家施展才华的舞台。只有真诚回报社会、切实履行社会责任的企业家,才能真正得到社会认可,才是符合时代要求的企业家。"改革开放 40 多年来,我国民营企业发展迅猛、资金存量和业务开展都呈现出年年攀升的态势,民营企业在我国的社会主义市场经济中发挥着越来越大的作用。伴随着民营经济的发展,越来越多的莆商加入公益慈善事业中,在追求利润最大化的同时,也为社会和市场提供更多的服务,通过公益慈善进行"社会财富的第三次分配",积极履行企业社会责任,成为莆田市公益慈善实践的主体力量。

一、莆商慈善捐助的文化基因

古往今来,勤劳智慧的兴化儿女,怀揣开拓创业的梦想,走遍全国乃至世界,在各行各业取得骄人业绩,书写了"无兴不成镇""无莆不成市"的莆商传奇。他们秉承"谋事无中生有,做事脚踏实地,成事报效桑梓"的精髓,具有"精""勤""俭""孝"的品格特点。

莆商有着深厚的孝道文化基因,遵循"百善孝为先"的古训。这是莆商优良的传统美德,因为孝才爱家爱乡,他们忠孝于国、敬孝于祖、尽孝于亲,不论事业做得多大,不论脚步走得多远,始终保持着回家建房、回家娶亲、回家兴业的习俗,根在哪儿心就在哪儿。他们在事业有成之后乐于捐资办学,兴办公益事业,演绎一个个"成事报效桑梓"的佳话,树立了莆商良好的形象和口碑。

莆田是全国著名侨乡之一,旅居海外的华侨华人中不乏海外侨领、商界翘楚。他们源出一脉,花开各地,与侨居国人民一起胼手胝足,开发和建设出美丽的家园,赢得了其他民族的充分尊重与认可。代代侨贤,以家门为圆心,理想为半径,驰骋万里,收获大千。翻开莆籍侨胞、海外乡亲的奋斗史,那些自强不息的人生传奇,可歌可泣的赤子之心,读之令人深深感动。"悠悠天宇旷,切切故乡情。"莆田今天的成就,离不开以陈江和、黄廷方、林德祥、李文正等为代表的一大批莆籍侨胞的心血,他们把古老的乡愁种在异国的土地上,用莆田人的开创精神和商业智慧,写成一部部最坚韧、最豪气、最华彩的传奇,来报效桑梓。越来越多的莆商在事业成功之后,不忘回报社会,回报家乡,纷纷加入扶弱济贫、助学、救灾等社会慈善事业中去。

同时,莆商对公益事业的热心来源于妈祖的文化传承。做慈善是一种社会责任,也是莆商群体基于对"立德、行善、大爱"的妈祖精神的共同信仰,除了个人以身作则,还须将自己的善心对外扩展,化为群体共同追求的目标。莆商根在妈祖故乡,秉承着对妈祖的敬仰之心,带着对社会的责任感和对同胞的关心同情,加入慈善事业当中,无形中也更好地传播了妈祖精神,推进和谐社会建设。只有心怀大爱,莆商才能做得更强,走得更远。商会慈善活动将朝着多方位、多行业、多层次深入发展,以实际行动,弘扬新时代文明实践新风尚。

二、莆商社会团体对慈善捐助的组织性作用

网络本质上是将个人、阶层、组织、集团等以一定方式联结起来的社会关系,也是相对稳定的人与人之间的相互关系的模式。因此,以地缘乡谊为纽带的莆田商会本身就构成一种社会网络,其中频繁进行慈善活动的个人或者团体,社会关系、活动都有不同程度的扩展。如北京通厦投资开发集团董事长陈春玖在闽籍企业家中起到了很好的带头示范作用,广大在京闽商纷纷热心公益,扶危助困,慷慨解囊。2010年11月,陈春玖牵头发起成立北京京华公益事业基金会,成为北京市第一家由商会组织发起成立的公募基金会,为会员企业家搭建献爱心公益平台,努力倡导会员企业履行社会责任,积极投身公益慈善的光彩事业。在奉献社会的同时,也极大地拓宽了社会关系网络,实现了个人价值和社会价值的统一。

各地商会积极搭台,当好联络员,多渠道、多方式宣传家乡的风土人情、发展成绩、发展优势,同时牵线搭桥,带动更多的企业来莆投资兴业,引荐更多的项目来莆签约,与家乡人民一道,携手全方位推动莆田高质量发展超越。

莆商的发展得到了国家和地方政府的表扬与鼓励,莆商的慈善事业亦是如此。为了弘扬慈善文化,促进慈善事业健康发展,规范慈善活动,保障慈善活动当事人的合法权益,根据《中华人民共和国公益事业捐赠法》等的规定,福建省民营企业发展大会2021年6月22日在福州召开,会上宣读了《中共福建省委福建省人民政府关于表彰福建省优秀民营企业家和优秀民营企业的决定》《中共福建省委关于表彰福建省民营企业党建工作先进单位的决定》,良好的政策氛围推进了慈善事业的发展。

三、莆商慈善捐助的主要领域

新时代莆商慈善捐助覆盖多个领域,主要涉及自然灾害、公共卫生、扶贫济困、环境保护、公共基础建设及其他等。

(一)灾害救助

灾害救助是莆商慈善捐助中最为常见的内容,主要包括对地震、洪灾等灾害的赈济。

1.抗震救灾

各地地震灾害牵动着妈祖故乡人民的心。比如:2008年5月12日四川汶川发生里氏8.0级大地震,造成69 227人遇难、17 923人失踪、374 643人不同程度受伤,

受灾人口达 4 625.6 万人。2010 年 4 月 14 日青海省玉树发生 7.1 级地震,造成 2 698 人遇难。2013 年 4 月 20 日四川雅安发生 7.0 级地震,造成 196 人死亡,21 人失踪,11 470 人受伤。

相关捐赠有:印尼莆籍侨胞陈江和在汶川地震先后捐赠 1 500 万元,青海省玉树地震捐赠 2 000 万元,四川雅安地震捐赠 2 000 万元;正荣集团在汶川地震、玉树地震中捐款数额都是 300 余万元,雅安地震时,正荣公益基金会设立"雅安专项救灾基金";巨岸集团陈文豹在汶川地震中除了捐款 1 000 多万元,还主动承担起福建省援建的白马中学灾后重建项目;汶川地震后,北京莆商陈春玖积极发动会员企业捐款,累计捐资 600 多万元;辽宁莆商在汶川和玉树等历次抗震救灾中,累计共捐款 500 多万元;天津市莆田商会在雅安地震捐款 200 余万;华港公司带领员工也向汶川和玉树地震各捐款 200 余万元;三棵树涂料有限公司捐款 100 多万元,用于汶川地震灾后百姓重建家园;北京美之为美传播有限公司创办人郑国辉向汶川地震捐款 100 多万元;雅安地震发生后,由莆商在雅安创办的一些民营医院第一时间行动起来,组织医疗队参与到抗震救灾中去。震灾发生之后,都能看到海内外莆商筹募善款、购运粮食、施救灾贫的身影,充分体现了广大莆商团结一致、扶危济困、勇于承担社会责任的奉献精神。

2.洪灾捐赠

1998 年 8 月,长江流域发生特大洪灾,华港公司彭炳华捐赠大米 4 吨、塑料编织袋 15 万个。1999 年、2000 年,莆田新度镇、华亭镇等地发生水灾,华港公司也捐赠 10 万元和 10 吨优质大米。

2021 年,河南省周口市西华县发生洪灾。青春之家体育用品有限公司了解到西华县鞋服物资较为紧缺,有的抢险救灾一线人员的双脚长期浸泡在水中。该公司在 5 天内急速保质生产,筹备了一批透气防水的黑鞋、卫衣、T 恤、裤子等物资,总价值约 1 000 万元,分 4 批次驰援西华县,彰显了莆田鞋企的爱心。

(二)公共卫生

2003 年"非典"在中国肆虐,印尼侨胞陈江和捐款 3 000 万元,是海外华人捐款最多的一位;北京通达恒运王子龙与弟弟向北京市防治"非典"领导小组捐资 50 万元。

2020 年初,一场突如其来的新型冠状病毒疫情牵动了全国人民的心。莆田市工商业联合会根据莆田市委、市政府统一部署,整合资源,迅速行动,积极发布疫情防控倡议书,引导遍布天下的莆田商会、莆田籍企业家要树立大局意识,履行社会责任,全面开展捐资捐物,为打赢这次疫情防控阻击战奉献天下莆商的力量。相关捐赠有:三棵树捐助 1 000 万元,并由福建省光彩事业促进会转交武汉相关部门,用于支援武汉抗击疫情工作;正荣集团也积极响应开展行动,众志成城,共抗疫情,通过正荣公益基金会设立 1 000 万元的专项基金,又向莆田市红十字会捐款 200 万元,助力莆田市打赢疫情防控阻击战;莆田健康产业总会向莆田捐赠现金 500 万元、物资 500 万元;深圳市莆田商会创始会长、六桂福集团董事长翁国强表示,在抗击疫情面前,莆商要发扬妈祖大爱精神和莆商奉献情怀,用实际行动承担应尽的社会责任,捐赠物资款项共计 500 余万元。在莆田市委、市政府的领导和市委统战部的指导下,市工商联在全市率先启动"防控疫情——莆商在行动"。广大莆商和商会组织积极响应,迅速行动起来,主动担当作为,积极捐款捐物,统筹做好疫情防控和复工复产工作,为打赢疫情防控阻击战做出了积极贡献。

(三)扶贫济困、扶残敬老等

北京莆田企业商会自 1998 年成立以来,逐渐发展成为 10 多万名在京莆商凝聚乡情、共谋发展的优质平台。商会拥有 3 000 多家会员企业,涉及木材、建材、地产、医疗、石油、珠宝、食品、通信、教育互联网等 20 多个行业,已形成市县(区)商会联动和行业商会相互融合的大商会组织网络体系。北京莆商在家乡开展各项社会公益慈善事业,已累计捐赠超过 6 亿元。2015 年 6 月以来,北京莆田企业商会就将精准扶贫作为公益慈善方面的重点工作,撑起"扶贫伞",对接帮扶了莆田市 20 个贫困村,争当回报家乡"领头雁",以实际行动帮助家乡父老乡亲脱贫致富,实现与家乡共美。为龙华镇金沙村捐款 50 万元,建立了光伏发电项目,这是一个比较好的"造血"项目,每年为贫困户创收近 2 万元,实际受益群众达 300 多人。从 2016 年开始,村财就达到了 85 000 元,之后由政府资金扶持投资薏米合作社、蔬菜店、餐饮店多个项目,2020年村财达到 30 万元左右,村民的生活有了很大的改善。

武汉市莆田商会带领会员主动履行社会责任。这些年来,不论是精准扶贫,还是扶危济困、社区共建,都有他们活跃的身影,已经带动会员累计捐款捐物达数千万元,充分体现了致富思源、回报社会的企业家胸怀。被全国工商联评为"抗击新冠肺炎疫情先进商会",还被授予"江汉区抗疫先进集体"和"感动江汉"人物荣誉称号。

宁波市莆田商会于 2018 年 5 月 22 日与西苑乡仙山村签订村企结对帮扶协议书后,领导班子成员立即开会研究主动对接。6 月 6 日,邀请仙山村"两委"和产业项目小组到宁波市莆田商会开展对接交流座谈。6 月 7 日,商会领导班子成员主动深入仙山村走访调研,提出产业扶贫、就业帮扶、捐赠帮扶的方案:一是对接精准扶贫项目,立足农业产业化,如食用菌基地建设,扩大仙山村当地香菇种植规模,宁波莆商负责资金投入,收益分红帮扶贫困户;二是竹笋销售框架协议,建立合作社,走"农户+公司+市场"土特产品营销路子,增加农民收入;三是助学扶贫,对考入大学的贫困户学生,每人每年予以 8 000 元的补助。

泉州市莆田商会成立于2013年12月14日,是由在泉州地区的莆田籍企业单位的法人和民营企业家自愿组成的,并经泉州市民政局登记注册的联合性、地方性、非营利性的社团组织。现有会员企业近500家,主要从事金融投资、环保材料、健康医疗、鞋材鞋机、建筑装饰、纺织服装、面料辅料、农业食品、金银珠宝、红木家具、超市物流等众多行业,一些企业已发展成为泉州乃至全省行业的领军企业。泉州市莆田商会设立慈善基金会,多年来在捐资办学、扶贫济困、精准扶贫、新农村建设等方面累计捐赠超千万元,得到社会各界人士的好评。

莆田市慈善总会携手海内外莆商走进夕阳红慈善幸福院举办公益活动。2019年1月27日,在新春佳节到来之际,由莆田市慈善总会主办、莆田市关爱协会承办的"壶兰乡情 妈祖善缘——莆田市慈善总会2019年元旦春节情暖万家慈善公益行活动"在莆田市夕阳红慈善幸福院举行。海外侨商向夕阳红慈善幸福院捐赠了6.6万元的物资,向该院老人直接发放现金红包2万元。莆田市餐饮烹饪行业协会、莆田市海峡茶业交流协会、莆田市广告行业协会、莆田市荔城区食品药品行业协会、莆田市花卉行业协会、石狮市莆田商会等10多个商会、协会也到场捐赠了价值8万元的爱心物资,助力本次活动的成功举办。活动后,与会海外侨商和院方、志愿者组织召开座谈会,就海外养老经验的借鉴运用、公益服务的长效机制和文化力量的多元融合等话题,展开深入交流。

2016年10月18日,正荣集团设立1亿元的精准扶贫基金,并与福建省光彩事业促进会签订每年500万元定向捐赠福建省精准扶贫项目的协议。

2017年1月31日,在荔城区北高镇经济社会发展促进会年会上,北高莆商踊跃捐款,共筹集爱心基金1 000多万元。

2017年2月2日,三棵树涂料股份有限公司董事长洪杰以个人名义向莆田市金森慈善基金会捐赠1 000万元。

2017年5月4日,北高"打金鼻祖"叶仙芳捐资100万元用于扶贫济困,等等。

(四)环境保护、公共基础建设等

莆商"保护环境,为客户创造价值,实现利民、利国、利业"的经营理念与中华环境保护基金会的宗旨相契合。莆商一直致力于推动可持续发展,有效保护环境,实现生产与环境、发展与资源、企业与社区的和谐统一,为绿色生态保护建设贡献自己的力量。

2013年,中国社会福利基金会绿色建材基金揭牌典礼在京举行。这是由北京莆田企业商会会长陈建煌携手莆籍企业家郑清东、陈清山、郑国荣、陈国锋等5位莆商发起并倡导的,经民政部、中国社会福利基金会批准注册成立的我国首个绿色建材基金。

2015年,在北京奥林匹克森林公园,由莆籍企业家逾九成的北京市木业商会发起主题为"同铸中国梦 共建诚信林"的环保公益活动,首次采用会员企业众筹的形式运作,它是对莆商创新参与公益活动的一次积极探索。北京市木业商会诚信林启动仪式是木业商会带领会员企业关注环保、支持环保、承诺诚信、坚守诚信的一个新的节点,希望以此号召所有首都木业同人,从自身企业做起,建立起全行业的诚信体系网络。

2016年9月7—9日,三棵树携手腾讯公益、阿拉善SEE生态协会,开展"99公益日·一亿棵梭梭"的募捐活动。

2017年11月20日,陈江和基金会环境保护公益项目捐赠仪式在京举行。为发展环保事业,促进生态文明建设,陈江和基金会向中华环境保护基金会捐赠1 000万元,用于资助开展环保扶贫、相关行业环保技术规范研究和实施、和谐社区共建、环境保护宣传教育等方面的公益活动。

2021年6月20日,由深圳市莆田商会主办的"一捡美"环保公益活动正式启动。该活动旨在增强会员的环保观念,树立和提高环保意识。在林国春会长的带领下,商会积极响应深圳市政府"坚持绿色发展,打造宜居港城,建设美丽深圳,创建美丽中国的示范区"的号召,支持环保、参与环保,并且发动会员加入环保队伍,自觉增强环保意识,爱护环境,主动养成不乱丢垃圾的好习惯,以实际行动守护环境,集众人之力共建美丽深圳。

新时代海内外莆商在家乡公共基础建设方面也卓有成效,最主要的便是修桥铺路、建筑雨亭、修筑堤围等。比如北高珠宝商陈智敬为了回报社会,积极参与各种社会公益活动,尤其在2003年以来,他拿出大笔资金在北高镇修桥铺路、建广场,尽力改善家乡人民的生产生活条件。在他的影响下,身边很多人也纷纷加入公益慈善的行列,用他们的实际行动传递着爱与善。

2013年12月,在荔城区北高镇竹庄村与美兰村,一段长5.1公里、连接两村的村道正繁忙施工,将建成双向四车道、16米宽的水泥路,中间还有1.5米宽的绿化带。在现场,一些老人高兴地说,原来的这段村道坑坑洼洼,宽不到4米,这次能得到改善,多亏了在外创业乡亲的捐资,以后村民出入就方便了。目前,2个村已有259位在外莆商捐资共近2 000万元用于修筑村道。

涵江区江口镇李玉火是兴源建筑装潢公司董事长,多年以来,他情系乡亲,热心慈善公益事业,为家乡的发展尽心尽力,做出了巨大的贡献。他不仅捐资办学、关爱老人,还积极投入家乡的建设中去,捐资300多万元改造了兴兰桥,并修建了兴兰公园;捐资30多万元用于西来寺旅游景区的建设;每年捐资10多万元用于东岳观设施的修缮维护。他的善举举不胜举,几年来,一共捐赠善款近千万元,得知家乡的空巢老人人数不断增加,而现有的养老设施无法满足需求时,李玉火毅然决定投资1亿元,在家乡建设一家高标准公益性养老院——兴岚养老院。

(五)其他福利事业

1.捐铸全球最大黄金妈祖像

这尊黄金妈祖像为全球最大最重的,总造价1亿686万元。2007年第九届湄洲妈祖文化旅游节上,铸像工程正式启动,并向海内外妈祖信众发出"捐铸妈祖金像,永享平安吉祥"倡议书,在社会上产生强烈的反响。此次旅游节期间,海内外各界人士共捐金像专款1 200多万元。2013年3月9日,湄洲妈祖祖庙董事会一行专程赴北京筹集妈祖金像建设资金,在北京莆商陈春玖、林建平、洪杰、潘亚文等知名企业家的带头下,短短半个小时内筹措专款6 316万元,其中捐资500万元以上的有10人。黄金妈祖像的铸造,为妈祖文化增添新内涵,为国家级旅游度假区建设增添新景观,将作为世界性的文化精品、两岸共同的文化结晶和湄洲妈祖祖庙的镇庙之宝,长期供八方来客观瞻。

2.捐建莆田市博物馆

2014年1月8日下午,深圳市观澜湖酒店会议厅,乡情融融,乡音切切,莆籍企业家座谈会在这里举行。短短半个小时,参加座谈的莆商就为市博物馆新馆建设捐资5 000万元。莆商闯荡四方,做事脚踏实地,成事回报桑梓,博物馆将设莆商陈列馆,让莆商精神世代传下去。

3.捐赠体育事业

2002年,正荣集团捐资100万元建设莆田体育中心;2010年向在莆田举行的福建省第十四届运动会捐赠200万元。

四、新时代莆商慈善捐助的特征

(一)注重新生代的作用

2020年9月,莆田市政府发出"莆商回乡之旅邀请函",邀请在外莆商回莆相聚,看家乡新貌、叙乡情乡谊、谋合心合力、话发展愿景。福州市莆田商会积极响应,首家组团回乡考察,收获满满,经历难忘。时隔2个月,商会再次开启回乡之旅,自发组织新生代青年人回乡。了解家乡才能热爱家乡,投资家乡才能建设家乡。青年人是商会的新兴力量,在异地工作生活,对家乡疏于了解,组织他们常回家看看很有必要。新一代民营企业家继承发扬老一代企业家创业精神和听党话、跟党走的光荣传统,更加奋发有为；珍视自身社会形象，践行社会主义核心价值观，弘扬企业家精神，做爱国敬业、守法经营、创业创新、回报社会的典范；增强创新能力和核心竞争力，推动形成更多世界一流企业。

（二）村企共建、精准扶贫

2016 年，"精准扶贫——莆商在行动"活动在莆田市启动。"村企共建"机制是以民营企业为帮扶方，以建档立卡的贫困户为对象，以签约结对、村企共建为主要形式，组织动员民营企业家帮扶贫困村。为了切实落实全省"百企帮百村"精准扶贫行动，市统战部、工商联认真制订帮扶工作实施方案，突出精准施策，建立统一标准的精准扶贫工作台账，详细记载扶贫对象的家庭基本情况、发生困难原因、企业扶贫进度等，进一步细化帮扶方案，找准帮扶措施，通过"一企（会）帮一村""一企（会）帮多村""多企（会）帮一村"等结对帮扶的形式，积极引导组织商会、企业与贫困村、老区村对接，结合企业（商会）自身实际，拓宽思路，创新产业扶贫、商贸扶贫、就业扶贫、捐赠扶贫、智力扶贫等方式，多渠道帮助贫困村群众增加收入。从"把脉问诊"到"开出药方"，从"输血救济"到"造血发展"，编织一张横向到位、纵向到底的精准扶贫网，汇聚莆商力量，引导企业和商会积极履行社会责任，推动了 115 家企业、54 家商会组织分别结对帮扶 88 个贫困村、60 个老区村。据统计，自 2016 年至 2021 年 3 月，参与结对帮扶的企业和商会落实帮扶资金 6 763 万元，落实产业帮扶项目 89 个，落实公益帮扶项目 266 个，实现村企对接率和覆盖率 100％，超额完成帮扶任务，为莆田市打赢脱贫攻坚战做出了积极贡献。

（三）移风易俗

莆田市秀屿区东庄镇是莆商主要来源地之一，全镇三分之二的人口在外经商，过去每逢春节，攀比之风盛行。近几年，莆田市大力开展移风易俗活动，东庄镇的节日风气也焕然一新。东庄镇几乎每个村都有了慈善基金会，基金会每年春节都举行走访慰问活动，给因病返贫的家庭、经济困难的学生等送去关爱，也为村庄建设添砖加瓦。家风建设是一个热门话题，莆商代代传承公益理念，既是对报效桑梓、乐善好施等家庭古训的传承，也形成了爱心接力传递的新家风。从一个家族到一个村、一个镇，公益理念不断普及，正体现了好家风对好民风、好社风的积极带动作用。攀比是沿海农村长期存在的文化痼疾，比豪宅、比豪车、比聘金、比气派……不一而足。如今，这种"攀比"变成了比捐款、比贡献、比公益，变成了你追我赶、踊跃捐助的正能量，不仅是莆商个人和家族，而且每个村庄都有了为公益事业"比学赶超"的劲头。

第三节

莿商的捐资办学

一、莿商捐资办学的优良传统与时代特征

莿商有着悠久的捐资办学传统,新时代莿商亦同先辈们一样,积极从事捐资办学活动。与老一辈莿商相比,新时代莿商既传承了传统的莿商精神,又呈现出鲜明的时代特征。

(一)莿商捐资办学的优良传统

莿商传承着捐资办学的优良传统。他们长年漂泊在外,饱受文化根基浅薄之苦,不希望家乡子弟再重复他们过去的老路,因此回乡捐资办学,以图改变家乡落后的面貌。这种优良传统薪火相传,有着持久的活力,对新时代莿商有着深厚的影响。

早在 20 世纪 40 年代,海外华侨程文铸就开始在家乡捐资办学,设立助学金。20 世纪 60 年代,海外华侨捐资办学进入了中华人民共和国成立后的第一高潮,这一时期华侨捐资数额增加,独资创办的华侨学校开始增多。改革开放后,各级政府贯彻落实侨务政策,海外莿商掀起了第二次捐资办学的高潮。因为他们与祖籍地有着浓厚的血缘、人缘、地缘关系,与家乡人民有着深厚的感情,所以大多首选在祖籍地捐资办学,希望家乡教育发展,为家乡培养人才,从而促进家乡各项事业的进步。如李王十二妹母子斥巨资建设莿田华侨中学,并不断完善教学设施,该校被列为福建省重点中学。此外,莿田锦江华侨中学、涵江石庭华侨职业学校、莿田华侨师范、莿田六中等学校陆续建设。在广大海外侨商的大力资助下,莿田市境内中小学校数量大增,秀屿区、城厢区、仙游县各区的中小学办学条件得到改善,促进城乡教育的均衡发展。

值得一提的是莿田学院的建设。1989—1995 年许国雄家族几代人接力捐资近千万元,兴建莿田学院"雄馨图书馆""雄馨教学楼""光琼教学楼",设立"许理胜教育基金会"。印尼侨商李文正于 1993 年捐赠 RS/6000 电脑设备、语音实验室和 6 000 多册图书;每年捐助师资队伍建设,大力培养一流的高素质师资队伍;从 2002 年起,聘请海外资深教授来校执教,并承担其全部工资,捐资支持教学设施建设,并捐建 10 500 平方米的"文正教学楼"和 16 976 平方米的"李文正国际学术交流中心"。印尼

侨商陈江和捐资 1 000 万元建设"金荣楼"。新加坡侨商黄日昌多次给予支持,如1996—2001 年间,他先后捐赠 230 万元用于学校开发高科技项目;2002 年,他又无偿转让凤凰山公园南侧的 55 亩地,折合 990 万元,用于莆田学院建设教授村;同时,他还捐资设立了"莆田学院日昌奖学金",奖励学习成绩优秀的学生;2013 年 5 月,他再次出资,在莆田学院设立北楼博士基金项目,资助相关学科专业的博士生,以提高莆田学院师资队伍整体素质和水平,加快高层次人才培养与引进,推进学校内涵发展;2014 年 6 月他又来校察看,了解他捐建的项目进展,让继承事业的后辈继续关心帮助莆田学院的发展。其他侨商和社会各界向莆田学院捐赠金额数以亿计,其中海外侨商捐赠占 80%以上,海内外莆商捐资办学的义举,大大改善了莆田学院的办学条件,体现了莆商爱国爱乡的桑梓之情。

改革开放以来,中国经济蓬勃发展,为国内莆商经商创业提供契机,他们奔赴海内外,足迹遍布世界各地。经过 40 多年的努力打拼,大部分莆商事业有成,创办了一大批具有影响力的大型企业和跨国公司,成为著名商人和知名企业家。他们也积极回报社会,并坚持回馈家乡。每年春节期间,都会有不少在外发展的莆商回乡慷慨出资,通过各种形式捐资办学,支持家乡教育事业的发展。他们或是捐资建学,或是设立教学基金,推动莆田教育事业发展,培养了一批又一批品学兼优的优秀人才。如2013 年 11 月 10 日,仙游一中校友、莆田武夷房地产开发有限公司董事长林建平,分别捐资 3 600 多万元、2 300 万元建设建筑面积 8 600 多平方米的仙游一中林德临大楼、建筑面积 6 200 多平方米的初中教学楼。自 2007 年以来,林建平为母校捐资超过 6 000 万元。2016 年 10 月 3 日,莆田一中 110 周年校庆,旷远集团董事长王子林向母校莆田一中捐赠 110 万元。

同时,地方政府部门不断创新工作方式,积极促进与莆商在捐资办学方面的广泛联系和交流,进一步推动莆商捐资办学的步伐。如 2016 年教师节来临之际,上海市莆田商会爱心基金会助力莆田教育事业发展,承诺捐款 100 万元,其中 30 万元作为莆田市壶兰教育基金会的专项基金。这个基金会是由凯天集团董事长梁智勇提议创立,上海众多莆籍企业家共同捐资成立的。自成立以来,基金会始终秉承妈祖故乡人"立德、行善、大爱"的精神,积极开展济困扶贫、捐资助学等活动。身兼基金会理事长的梁智勇先生,以身作则,低调践行公益事业及社会责任,积极推动下一代教育事业的发展。

2020 年 9 月 9 日上午,在第三十六个教师节到来之际,莆田市举行庆祝教师节活动,表彰一批先进集体和先进个人,北京莆田企业商会获得表彰,执行会长吴美先代表商会出席并接受表彰。为了兴教助学,造福桑梓,支持教育强市建设,莆田市于2016 年成立了莆田市壶兰教育基金会,北京莆田企业商会积极响应发出捐款倡议,会长黄文盛带头捐款,终身荣誉会长陈春玖,监事长林玉明,理事长张志勇,党总支书记朱瑞荣,执行会长郑国辉、丁明、吴美先、傅占鹉、陈庆林、张俊武,常务副会长李文明等爱心会员企业家共向莆田市壶兰教育基金会认捐 2 000 万元,位居全市单位捐款金额数量第一。

(二)莆商捐资办学的时代特征

新时代,海内外莆商的捐资办学向教育的深度发展,他们更注重捐资办学的实效和长效。首先,他们比以往更加关注捐助学校的教育质量。捐资办学,注重方法,注重效果,授人以渔,既"输血"又"造血"。其次,更加注重教育的合理布局。在捐资项目上,由单一化向多元化方向发展,更注意进行教学配套设施的建设。从捐建学校单个工程项目到捐建整所学校,从捐建校舍到捐建现代化教学设备和校办产业,从捐赠教学设施到师生的生活设施,从配置常规的教学设备到引进电化教学仪器,从一次性捐资办学到设立教育基金永久性支持教育的发展,项目众多,形式多样。

新时代,莆商捐资办学突破乡土观念。海外乡亲与祖籍地有血缘、地缘和人缘关系,他们尽管身处异乡,但心系故园,所以在改革开放初期,家乡故土成为捐资办学的首选地。但在当今许多华侨华人心目中,"家乡"的概念已不再专属某省某县某乡了,而是逐渐扩大为某省甚至整个中国。因此,新时代,海外乡亲与侨乡专属关系发生改变,他们捐资办学逐渐突破乡土观念,由祖籍地扩展到非祖籍地。

2002—2003 年,印尼著名实业家李文正先后捐资 1 000 万元,注入厦门大学医学院基金,厦门大学也将医学院实验楼命名为文正楼;2004 年,捐建东南大学图书馆,目前这是华东地区高校中最大的图书馆单体建筑,建筑面积 9.35 万平方米,纸质藏书量为 392 万余册,每天能满足 15 000 名读者的借阅需求;2016 年初,捐建清华大学图书馆"李文正馆"(图书馆北馆),建筑面积 15 000 平方米,可藏书 60 余万册,提供800 余个阅读座席。

2004 年,陈江和捐款 1 000 万元,用于改善中国中西部地区的教育设施;2006年,捐赠 3 000 万元,专项用于小白鹭艺术中心项目工程建设;2010 年 5 月,向山东省日照市捐赠 3 000 万元,用于日照市图书馆项目工程建设;2016 年 3 月 25 日,陈江和基金会在博鳌与中国华文教育基金会签署捐赠协议,捐赠 1 亿元;2020 年,陈江和基金会又出资 2 000 万元在华侨大学设立了陈江和"一带一路"人才发展基金。

2016 年,由在京莆商王子华创办的北京京奥港集团向中央财经大学教育基金会龙马公益基金捐款 300 万元,用于定向支持"龙马学者奖"的评审和发放。

2020 年,莆田三棵树涂料股份有限公司董事长兼总裁洪杰向厦门大学捐赠 2 000万元,支持厦门大学教育事业。

莆田的欧宗荣家族以 1.1 亿元捐赠额在"2021 胡润慈善榜"排名第二十六位,其中主要是以集团名义捐赠福建省福州市教育基金会 7 680 万元。

2021 年,莆田的苏庆灿以个人名义将 1 亿元捐给厦门大学。多年来,他在大力发展实业的同时,心系教育,长期关心支持母校的建设发展,多次以各种形式回母校捐资办学,此前在厦大 98 周年校庆也捐资数千万元。

2021 年厦大百年校庆,姚明织带、姚明集团董事长、厦门大学厦门校友会会长、莆田人姚明向厦门大学再次捐赠 2 000 万元。

二、莆商捐资办学的作用

莆商捐资办学促进了教育事业的发展。莆田自古人才辈出,文化积淀丰厚,尊师重教之风盛行。莆商先后捐资建设了全市各区的幼儿园、小学、中学、中职和莆田学院等多个项目,无疑大大促进了莆田地区教育事业的发展,教育的发展将提高本地教学质量,培养出更多优秀的学生,这些学生将深受莆商捐资办学的影响并传承这种优良品质。而且对在全社会树立和倡导社会主义核心价值观,弘扬团结互勉、关爱他人、扶贫济困、乐善好施的良好氛围,形成和谐的人际关系,起到积极的促进作用。

广大莆商的捐资办学,对莆田市、福建省甚至国家的教育事业都做出了巨大贡献。一方面,极大地弥补了莆田市特殊历史时期对教育投入的不足,为国家培养了大批杰出人才,有力地推动了祖国教育事业的发展。另一方面,广大莆商积极踊跃捐资办学,在客观上也促进了地方政府对教育事业的投入,促进了社会捐资兴学的深入发展。

国内莆商与
莆田商会

　　随着国内经济快速发展,商路畅通,莆田商人纷纷外出经商创业,从此莆商队伍快速增长,知名度也逐年提高。莆商活跃在各行各业,尤其是在民营医院、木材建材、珠宝首饰、工艺美术、加油站、食品加工、服装鞋服产业、电子信息等行业,颇有建树,独树一帜,在国内市场发挥着重要的作用。而随着莆商队伍的发展壮大,全国各地莆田商会组织应运而生,产生了很大的影响力,特别是在兴办公益事业、支持家乡经济建设等方面,发挥了重要作用。本章着重对国内莆商杰出人物与莆田商会等做简单的介绍,全方位梳理国内莆商的发展概况。

第一节

国内莆商杰出人物

一、内地(大陆)著名莆商

(一)中国涂料行业领军人物洪杰

　　洪杰,出生于 1967 年 10 月,福建莆田城厢区人,三棵树涂料股份有限公司董事长、总裁。第十二、十三届全国人大代表,全国工商联第十二届执行委员会常委、中国涂料工业协会副会长、福建省工商联副主席、莆田市工商联(总商会)主席(会长)、莆田市高层次人才交流协会会长。2021 年 2 月 25 日,党中央、国务院决定,授予洪杰"全国脱贫攻坚先进个人"称号。

20 世纪 90 年代初,邓小平视察南方之后,全国形成了一股全民经商热潮。当时在莆田市物资局化工建材公司工作的洪杰毅然辞职下海,于 1994 年创办了自己的第一家企业。"当时辞职也没给自己留后路。既然选择了,就不要留念想,想回来,就说明决心不够大。""印象非常深。我是 1994 年 4 月 15 日拿到的第一张营业执照。"回忆起自己的创业历程,洪杰分享了很多。

创业初期洪杰很自信,觉得到处都充满生机。首次创业的他,第一年就赚了几十万元;但好景不长,1997 年,亚洲发生金融危机,他一下子经历了从富翁到"负翁"的人生波折。"即使经历了失败,这也是一笔财富,我一直觉得这段经历对我来说非常好。"

等到中国经济开始复苏,洪杰再次抓住机遇,创办了莆田三江化学工业有限公司,从事胶黏剂的生产与销售,开始了人生的第二次创业。2002 年,洪杰经过一番市场调查之后,决定进军涂料行业,这年"三棵树"诞生了。作为企业家,除了有敏锐的商业意识外,洪杰还执着于尊重自然万物,追求为人类创造美好生活。在创办三棵树之初,洪杰十分重视企业文化建设,三棵树生态企业文化图书《道法自然》印刷了几十万册,影响很多人;他还将天、地、人和谐统一的"道法自然"理念融入企业管理和生态工业园的规划建设,始终怀抱着对大自然的敬畏之情。集团在全国布局 13 大生产基地(含在建),员工人数 10 000 多人,公司于 2016 年在上交所 A 股主板上市。在他的主持与推动下,三棵树莆田生态工业园保留了上百年的原生态景观,鸟声、机器声和谐共鸣,被誉为"醉美企业",并于 2018 年获评"国家绿色工厂"。经过 10 多年的艰苦奋斗,2021 年三棵树以 11.141 亿美元销售收入排名亚太涂料全球榜第八位,这也是三棵树首次跻身十强,也是其中唯一一家中国企业。

围绕"让家更健康,让城市更美丽"的企业使命,坚持"以用户为中心,与合作者共赢,与奋斗者共享"的核心价值观,三棵树不断研制出环境友好型的节能低碳产品。在洪杰的带领下,通过管理创新、科研创新、生产创新等,多管齐下,三棵树终于成功从传统产业向高、精、尖、优的新型现代产业转型,成为行业标杆,更是莆田的龙头企业。回首这么多年的创业经历,洪杰用"心要大、心要善、学习、奋斗"四个词来总结一个创业者该具备的特质。洪杰表示,他很感恩这个伟大的时代,他抓住了时代的机遇。未来,他将继续带领三棵树走高质量发展之路,为建设美丽莆田,为推动社会发展贡献力量。

(二)正荣集团创办人欧宗荣

欧宗荣,1964 年 1 月出生于福建省莆田市东峤镇汀塘村。1998 年创办正荣集团,此后长期担任福建正荣集团有限公司董事局主席。全国政协委员,福建省海外联谊会第五届理事会副会长。2021 年 4 月,欧宗荣及家族以 27 亿美元财富位列"2021福布斯全球富豪榜"第 1 174 名。2021 年,欧宗荣以 5 264 万元的现金捐赠总额,位列"2021 福布斯中国慈善榜"第 68 位。

欧宗荣祖上世代务农,迫于生计,16 岁的欧宗荣便辍学跟着大哥欧宗金外出打工,兄弟二人先是到福建三明的尤溪,后又辗转江西宜春、南昌等地,到建筑工地学做石件。一年的学徒生涯让欧宗荣学到了很多技术,加上为人机灵,很快他便当上了施工队的负责人,开始承接工程。1985 年,21 岁的欧宗荣将经营重点转移到路桥施工上,正式成立江西正荣市政工程有限公司。当时江西正是发展建设初期,所以欧宗荣的市政工程有限公司获得了不少机会,他参与了江西豫江大桥、南昌市司马立交桥等许多重点工程建设。1998 年,欧宗荣将分布于福建、江西等地的 8 家全资企业整合,在福建福州设立福建正荣集团有限公司,主要从事房地产综合开发业务,业务主要集中在福建和江西两省。闯入地产 4 年后,正荣集团就成为当时江西省最大的地产企业。2013 年,集团将主要业务由江西和福建向外拓展,形成长三角经济圈、海峡西岸经济区、京津冀经济圈、中部经济圈四大区域布局,重点业务集中在上海、南京、苏州、福州、天津及家乡莆田等 12 个城市。

在欧宗荣的带领下,正荣集团获得大众的认可,曾连续 5 年跻身中国房地产百强企业前 50 位,专注于开发住宅物业以及开发、运营和管理商业及综合用途物业,致力于发展成为国内最具发展质量的综合性房地产开发企业。2018 年正荣地产在香港联交所挂牌上市,2021 年市值约 200 亿港元。正荣凭借年度突出的表现,荣获"2021中国房地产开发企业综合实力排名"第 19 名。此外,正荣还荣获"2021 中国房地产开发企业运营效率 TOP 10"第 1 位,正荣·润棠府荣获"2021 中国房地产开发企业典型项目",紫阙系荣获"2021 中国房地产开发企业优秀产品系"等奖项。如今的正荣集团,创造着一个个让家乡人自豪的莆商新传奇。欧宗荣表示,正荣集团虽已去区域化,但根在福建,魂在莆田,回报桑梓始终是自己和集团不变的初心。

(三)才子集团董事长蔡宗美

蔡宗美,1960 年出生,福建省第十一届人大代表。1994 年组建才子集团,现任才子服饰股份有限公司董事长,优秀企业领导人。2005 年被评为全国劳动模范;2021年 6 月,获得福建省委和省政府授予的"福建省优秀民营企业家"称号。

蔡宗美出生于莆田的一个农民家庭,高考两次失利之后 10 年的时间里,他走南闯北,靠给亲戚推销纽扣谋生。业务员靠业绩说话,他似乎天生就是做生意的料,做了两年业务员,其业绩已达到 20 万元。1984 年,蔡宗美创办了莆田县灵川工艺厂,办厂后,蔡宗美第一站就去了偏远的内蒙古,并成功地争取到了第一批 5 万粒纽扣的订单,诚信经营使他得到了越来越多客户的信任,生意越做越大。有了资金积累后,蔡宗美开始寻思着新的发展方向。几年的业务往来,让他对服装行业有了浓厚的兴趣和深入的了解。经过一番市场调查,1988年,蔡宗美揣着赚来的钱办起了莆田制衣厂;1989年,创办莆田华灵时装有限公司,生产"WENREN"牌衬衫;1991年,创办福建莆田县衬衫厂,以衬衫为产品线,凭稳固的产品质量和时尚设计款式成功进军中国男装市场,企业的发展走上了工业化、专业化的道路,生产规模不断扩大,产品种类日益增多。此后,蔡宗美开始转战自主品牌,才子品牌因此诞生。1991年,蔡宗美用"才子"的字、图形注册了一个属于自己的商标;1993年,组建福建亚美服饰实业有限公司;1994年,创办福建才子服饰股份有限公司,组建起了才子集团,并在香港、北京、上海、福州、厦门等地设立分支机构。经过一番深思熟虑,他决定重新设计"才子"商标,不仅将其用在产品的包装与卖场的装潢上,而且投入大量广告做立体宣传。

如今,才子集团有中国才子服装城和才子荔园工业园两大生产基地,9个工厂,68条服装专业生产线,引进数千台国际先进自动化生产设备,在生产环节领先引进ERP(enterprise resource planning,企业资源计划)系统,实现企业生产体系的信息化,导入一汽生产线,年生产能力1 000多万件(套)。成立以来,荣获省级以上荣誉100多项,成为中国最受消费者欢迎男装品牌之一,先后获得国家免检产品、中国名牌产品、中国驰名商标、十大男装品牌之一、中国最具价值品牌500强之一、全国"守合同、重信用"企业等荣誉,并成功荣跻中国服装行业百强之列,成为全国服装行业重点生产企业,在国内享有盛誉。"追求不止,争创一流!"这就是才子的性格,也是才子赢天下的内在动力。

(四)农门走出的商界精英陈清华

陈清华,1964年出生,莆田仙游人,福建省政协委员会委员、福建省工商联副会长、福建莆田市人大代表、福建仙游县人大代表、莆田市工商联云南分会会长、云南省福建(总)商会常务副会长、昆明市莆田商会会长。被福建省政府授予"闽商建设海西突出贡献奖"。

1982年,陈清华高中一毕业就选择了办企业,在自家的杂地上搭起一个1 000平方米的简易厂房,起名锦田木业包装厂。1989年,陈清华与一厂家合作在成都开设陶瓷销售公司。10多年过去了,从专卖店到公司,陈清华成立了福川建材有限公司,拥有了几家品牌专卖店。1998年,陈清华创办了金西洲陶瓷建材有限公司,开始经营卫浴、仿古系列的装饰陶瓷等产品,很快就发展成为昆明地区最大的陶瓷专营商。2002年8月,昆明市莆田商会成立,陈清华被推举为常务副会长。他和商会几位同人一起,共同创建西部闽台酒业有限公司、昆明市西昌电动车商城和昆明国雅陶瓷建材装饰市场。随着经济实力的逐渐壮大,2010 年,他响应县委、县政府"民资回归,参与家乡建设"的号召,回乡投资 7 亿多元,成立了仙游远大房地产开发有限公司、仙游祥和物流有限公司,在鲤南工业园区建设占地面积 21 万多平方米的远大建材城,打造"大而全、精而专"的大型建材专业市场。2012 年 3 月,陈清华当选为昆明市莆田商会第三届会长。作为商会的领头羊,他把为会员服务当作是一种对父老乡亲的感恩回馈方式,全身心地扑在了商会工作上。他帮助会员收集信息,为会员找资金、寻项目,协调有关部门,解决会员经济纠纷,为会员排忧解难。

与此同时,陈清华还不忘回报家乡,捐赠 300 万元给县慈善总会,捐赠 90 万元修建锦田村道、小学和老年活动中心。他还向昆明市光彩事业促进会捐赠教育基金 30 万元,向禄劝县捐赠教育基金 20 万元,向贵州毕节光彩基金会捐款 50 万元,在汶川和玉树地震、云南抗旱和扶贫济困中共捐款 260 万元……几年来,累计捐赠公益事业和光彩事业多达上千万元,陈清华被昆明市光彩事业促进会授予"情系光彩事业,奉献一片爱心"称号。

陈清华说,他有两个"家":一个在海西仙游,这里是生他养他的老家;一个在西南边陲云南昆明,这里是他成长壮大的新家。今后,他愿意继续为这两个"家"做出新贡献。

(五)从寒门子弟到木业"状元"的陈雪峰

陈雪峰,1976 年出生,福建莆田人,中共党员,全国青联常委、北京市政协委员、北京市平谷区人大代表、北京市工商联副会长。

1993 年陈雪峰到北京创业,从小型国内木材经销企业做起,一手创办的中腾时代集团已发展为以金融投资、文化产业、木材与木制品国际贸易、木业电子商务、中式家居、科技能源等六大板块为一体的规模化集团企业。他创业初期率先打破中国民营木业企业只销售国内木材的局限性,将进口名贵木材引进中国市场,经过多年发展,建立了完善的国内外销售网络。2004 年,陈雪峰带领企业,将多年经营名贵木材的优势与中国传统文化相结合,创立了北京瑞祥安古典家具有限公司,主营红木古典家具。作为中国红木十大品牌之一和京作家居传承企业,瑞祥安多次获得国家级及省级奖项。公司分别在北京市平谷区和福建省莆田市投资兴建了总面积超过 20 万平方米的红木文化产业基地,成为集中式家居研发、设计、制作、生产、销售、产品展示、传统文化旅游观光等于一体的窗口型综合文化产业园区。

为了带动行业整体发展,陈雪峰于 2008 年发起成立了北京市木业商会。北京市木业商会拥有 5 个专业委员会,3 个地区工作机构,会员企业 1 600 多家,会员年营业总额 3 000 多亿元,会员企业木业版图覆盖全球 80 多个国家和地区,年木业国际贸易总额 150 多亿美元。商会带领会员企业在全国 13 个省市累计投资 100 多亿元;引导会员投身光彩事业,累计捐款近 8 亿元。2014 年,商会党委正式成立,下辖 10 个党支部,走出了一条"一个核心、三个推动、四个结合"的商会党建发展之路。2013 年获全国工商联"全国十佳商会"之一的荣誉称号;2014 年被全国理想信念教育实践活动领导小组评为全国理想信念教育实践活动标杆商会;2015 年被全国工商联评为全国守法诚信教育实践活动标杆商会;连续多年被授予"北京市社会领域先进基层党组织"荣誉称号。2014 年底,经全国工商联主席会议审议,全国工商联办公厅行文批准,国家林业局批复同意,陈雪峰联合全国 15 个省 51 家木业龙头企业为发起人,共同筹备建立中国木业商会,成立和加强党组织建设,引领全国非公木业经济的政治思想健康成长;发起设立中国木业产业创新基金和海外森林资产并购基金,规划建设中国木业创业者孵化基地,通过资金、技术、培训、信息资源的输出,帮助和扶持中国传统木业制造业、新型木制复合材料和木制家居设计行业的创新人才快速成长,打造全球木业的价格发现中心和定价中心。

(六)珠宝界代表人物李永忠

李永忠,1970 年出生,莆田北高人,现任尊尚(深圳)穿金戴银技术股份有限公司董事长;深圳市莆田商会名誉会长、莆田市珠宝玉石首饰同业商会常务副会长、深圳市珠宝协会理事、广东省钟表协会理事、深圳市钟表协会理事。

北高镇是"中国珠宝第一镇"。从这个海边小镇走出来的珠宝商靠自己的勤奋和努力以及改革开放的优势经济背景,成功在全国各地开设珠宝店,创办珠宝品牌,而李永忠正是其中的代表人物。1988 年,李永忠从北高镇走出来时,正好赶上中国黄金管制初步放松的时期。表面上,复兴中的中国黄金珠宝市场潜力巨大,或许用不了很长时间就将迸发出欣荣蓬勃的生机。但不幸的是,禁锢了近两代人的黄金管制对市场造成的深刻影响仍根深蒂固:黄金因退出大众消费清单太长时间而导致消费者对其普遍无知和漠视,在价格和渠道的双重制约下,黄金首饰与黄金工艺品的市场表现并不如预期乐观。这种情况的持续,让很多与李永忠一同走出小镇,志在黄金市场振兴之际大展宏图的青年珠宝商退缩了,一时间,他们的雄心不再,消极言论四起,但李永忠坚持了下来。

2002 年 10 月 30 日以上海黄金交易所正式开业为标志,中国黄金市场走向全面开放,黄金生产投资逐步走进社会大众的生活,黄金交易迎来了全新的开端。经过多年行业打磨的李永忠知道机会来了。经过几个夜晚的辗转思虑之后,他毅然决定离开莆田,来到中国改革开放的前沿阵地深圳,他有预感这个陌生的城市将会是他黄金梦想真正开始的地方。开放的政策与市场让深圳成为开拓者的热土,在这片承载梦想的土地上,李永忠带着自己的团队,凭着莆田珠宝人特有的实干精神不懈奋斗,突破技术壁垒,开拓经销渠道,终于在黄金珠宝行业普遍依赖进口技术的环境下,闯出了一片属于自己的天地。

2003—2013年,中国黄金珠宝行业在经过长期市场积累之后迎来了爆发式增长的黄金十年。十年间,李永忠紧抓时代机遇,带领逐渐壮大的研发团队,花费大量时间精力,反复改进产品,积累丰富珠宝生产与自动化设备研发经验的同时,以全新研发的机制链一路过关斩将,成功获得黄金珠宝领域多项发明专利,摸索出了属于自己的一套行业制胜理念。几年来,他先后创办了深圳市西普珠宝有限公司、莆田市名点珠宝首饰有限公司,成为深圳黄金珠宝行业颇具影响力的莆商领军人物之一。

(七)引领莆商回归的商界巨子王子林

王子林,1970年出生,莆田忠门人,香港科技大学毕业,香港公开大学MBA、福建省第十二届人大代表,现任福建旷远集团董事长、福建省企业与企业家联合会副会长、莆田市工商联副主席等。

王子林出生在莆田忠门一个比较贫寒的农村家庭,上面还有两个哥哥。他从18岁开始,便跟随大哥、二哥来到北京创业。刚开始的时候他们接触的是木材生意,后来渐渐地向钢材贸易转行。北漂了10年左右,王子林和两个哥哥都在北京获得了自己的事业,但三兄弟心里面依旧存有遗憾,那就是虽然每个月都往家里寄钱孝顺父母,但还是不能很好地陪在父母身边亲自照顾他们。在经过一番深思熟虑后,王子林决定,哪怕事业做得再大,也没有照顾父母来得重要,在1998年毅然决然地放弃北京的事业回到莆田。不知是机缘巧合还是上天眷顾,回到家乡的王子林正好赶上莆田大力实施民资回归工程。

王子林先从自己熟悉的建材行业开始入手。1999年,他和首钢合作,创办了莆田最大的宏发交易市场,如今宏发已经成为全国钢贸企业的百强之一。就在钢贸业务有条不紊发展着的时候,因为一次偶然的机会,他获得了福建LNG(液化天然气)在莆田市液化天然气利用工程项目的独立运作权。之后,他便开始将自己集团里面的核心产业转向天然气。

当自己的事业在莆田扎根落地之后,王子林又开始描绘更大的蓝图。2005年,他投资创办了厦门最大钢材批发商之一的厦门海宏物流有限公司。3年之后,他又整合了自己旗下的几家公司,成立了福建旷远集团。也是在这一年,旷远集团投资4.5亿元打造了现在闻名的锦江国际酒店。在接下来的几年时间里,他又进军了房地产行业。

十多年时间中,王子林通过股权投资、资本运作等多样的管理手段,让自己的事业深深地在莆田扎根,同时还向周围城市延展,而集团业务也从最初的钢材贸易逐渐发展为多元化发展的格局。可以说,王子林是莆田民资回归的第一人。他在收获了事业和人生价值的同时,还间接地促进了莆田的经济发展,更是亲眼见证了莆田这一城市的崛起。2010年,王子林被评为福建十大杰出人物之一,之后又多次担任多个社会上的不同职务。2017年1月,旷远能源新三板挂牌敲钟仪式在北京隆重举行。可以说,新三板的挂牌成功不仅是对企业全体同人以及合作伙伴长期以来不懈奋斗的充分肯定,也是整个企业腾飞的崭新起点。而这其中贡献最大的便是王子林,他带领企业从小到大、从弱到强,他以光明的、正直的理念作为企业发展准则,以改善民生为己任,以创新进取的精神缔造城市优质生活。

(八)中国民营医疗行业领军人物林志忠

林志忠,1965年出生,博爱(中国)企业集团的掌舵者,莆田健康医疗产业总商会会长,中国民营医疗行业一位响当当的领军人物。在过去二十多年中,他以卓越的智慧、非凡的胆识和富于开拓的精神,一次又一次引领中国民营医疗行业的发展。

作为莆系医疗的代表人物,早在20世纪90年代初,他就提出要建立一家中国真正意义上的大型民营医院,这在当时是不可想象的。面对各种冷嘲热讽,他坚持己见不为所动,并果断付诸行动。在他的运筹下,1996年深圳博爱集团应运而生,民营医疗从此开始走上医院化、规模化经营发展的道路。现在的深圳博爱医院早已成为深圳市民家喻户晓的医院品牌,行业地位无人能撼动,充分说明了林志忠当时的战略眼光和先见之明。

深圳博爱医院成功后,林志忠成为业界标杆,引得同行竞相效仿。之后深圳影视文化传播公司、深圳曙光医院、深圳五洲中西医结合医院相继成立,博爱进入集团化运作。2000年,他又将眼光投向了中国第一大城市——上海。经过近两年的筹备,上海第一家民营医院——上海仁爱医院于2001年正式成立,当时上海众多主流媒体都以较大篇幅进行了报道。接着上海沪申五官科医院、上海天大医疗美容医院也开门营业。

2007年,上海远大心胸医院的成立,让业界对林志忠又一次刮目相看。当时民营医院主要集中在男科、妇科、肝病、整形美容等领域,技术含量较低,而对于大脑、心脏等高风险部位的医学专科无人敢涉足。林志忠不走寻常路,认为技术才是未来。经过一番调研后,他果断把目光投向了高风险高科技含量的心胸领域。如今,上海远大心胸医院早已从最初的一片质疑声中走向稳定健康发展,先后被评为中国心脏腔镜手术培训基地、全国最受欢迎心血管医院、国家临床重点专科医院等,吸引了一大批高端人才驻院,心脏外科年手术量位居上海前三。

深圳远东妇产医院则是林志忠旗下又一成功医院的典范。医院建立于2005年，是完全按照世界卫生组织标准投资兴建的，致力于为深港妇女儿童提供高品质的贴心医疗服务。远东打破了民营医院过度依赖广告、高成本运作的模式，秉着"以顶尖技术树品牌，以感动服务创效益"的宗旨，做口碑、做品牌、做服务，受到了人们的欢迎。医院建立以来，每年门诊量和营业额均大幅上升，为其他民营医院的低成本运作提供了范本。

在林志忠的带领下，博爱（中国）企业集团近年来迅速扩张，现已成为一家以医疗投资、医院管理和临床医疗服务为主导产业，融广告、影视、网络及相关产业于一体的大型现代化集团企业。2014年2月22日，继19日下午中共中央政治局委员、国务院副总理刘延东在莆田召开"民营医疗改革与发展座谈会"后，莆系众多医疗行业领军人物汇聚北京，莆田健康产业总商会在京确立构架，博爱（中国）企业集团监事局主席林志忠任会长。如今，他依然走在不断学习、不断创新、努力开拓的事业之路上。

（九）从加油工到闽商在冀掌门人的严振华

严振华，1982年出生在福建省仙游县一个贫穷小山村。获得工商管理硕士学位，任河北福建总商会执行会长、河北振华投资（集团）有限公司董事长、世界闽商理事会副会长。先后荣获第九届中国优秀民营企业家、第六届十大中华经济英才之一、第九届石家庄市优秀青年企业家等称号。

严振华1997年时在河南信阳一家加油站工作，后来由于某种原因，严振华离开河南到了石家庄。他仍然在加油站干他的老本行——"大厨"兼清洁工，每天除在厨房工作外，还要洗车、洗厕所，工作时间长达近15个小时，但他从不叫累。这一待又是将近5年，他从中渐渐学到一套加油站的经营管理经验。2002年，原来他工作过的河南信阳那家加油站因为经营不善面临倒闭，他便从石家庄掉头回到河南。他分析了这家加油站有相对客户等优势后，对老板说，给他一个多月的时间，他会把加油站救活。老板在无奈之下只好抱着试试看的态度把加油站交给他来管理。没想到仅仅40天的时间，他就让濒临倒闭的加油站起死回生，让人刮目相看。一年多之后，石家庄那家加油站的老板也想请他回去挽救即将倒闭的加油站，热心肠的严振华又返回石家庄。两个月后，这家加油站也开始扭亏为盈。于是，他便想自己开设一家加油站，但这需要一笔巨额资金。正在发愁之时，早被严振华精明的经营头脑征服的石油供货商陈双应表示愿意出资80万元帮助他建加油站。于是，他的理想成了现实，成了昌福加油站的老板。经过不懈的努力，严振华的事业终于迎来发展。2007年上半年之后的一段时间，几乎每个月都有一家他的加油站开张，扩张速度之快，令同行钦佩。同时，严振华又把创业的触角伸向文化传媒。2006年，他投资成立了大智慧教育集团公司,为回报社会,集团公司联合共青团石家庄市委员会在石家庄组织了"财富论坛""首届创业河北大型学习论坛""创业河北校园行公益演讲会""创业大讲堂公益演讲会"等,举办公益演讲会近50场,受益人数超过了2万人,他的演讲给许多创业青年指明了方向。2008年,经过申请,严振华的公司成功获取了2009—2013年世界旅游小姐国际大赛中国赛区的承办权,使他的企业产生了从传统行业到文化产业的飞跃。作为民营企业家,严振华在创业途中永远没有感到满足的时候,他表示,今后还要继续扩大领域,进一步把自己的企业做强做优做大。

(十)古典家具行业领军人物黄福华

黄福华,1968年出生,莆田仙游人,中国木雕艺术大师,"仙作"古典工艺家具制作技艺代表性传承人。现任福建省三福古典家具有限公司董事长、福建省古典工艺家具协会会长等职务。荣获2007年全国轻工行业劳动模范、海西创业英才、莆田市十大杰出青年之一、2010年中国红木家具行业风云人物、第十六届福建省优秀企业家等荣誉称号。2018年5月,入选第七届中国工艺美术大师。

黄福华出生于仙游的一个木雕世家,家族祖辈五代人都从事红木雕刻,黄福华从小就对红木家具行业产生了浓厚的兴趣。后来,黄福华三兄弟拜工艺美术大师、国家级专家陈良敏为师,开始了他们古典工艺家具制造的另一段路程。由于陈良敏多年的教诲,黄家三兄弟的技艺日渐提升。1994年,他们跟随陈良敏进京参与人民大会堂福建厅、台湾厅等的木雕制作工程;之后,还为福建会堂泉州厅、福建温泉宾馆等30多家单位制作大型木雕壁挂饰及古典家具。20世纪90年代后期,坝下作为古典家具的生产基地名声渐起,当时,具有敏锐商业眼光的黄福华觉得这是一个千载难逢的机会。1997年,"三福工艺"古典家具公司在坝下诞生。创业初期,黄福华就坚定地不走父辈们的贴牌老路,而是选择了自主创新的企业模式。黄福华为三福制定了完备的发展战略:一学,二仿,三创。黄福华认为,古典家具要在传承中创新,在工艺上突破,在品质上追求极致,在文化内涵上实现创新与古典的有机结合,设计出带有时代印记的新古典家具。

创新,让三福闯出了自己的一片广阔天空。三福重传承古典艺术,更注重创新,讲求质量,打造品牌,做大产业。多年前,三福就在互联网上建立主页,是坝下村最早利用网络开展营销的企业之一。超前理念和精湛工艺的支撑,使"三福工艺"的产品美名远播。2006年,在北京,三福开了自己的第一家直营店,接着在全国各省市开设专卖店。2007年,"三福工艺"荣获福建省名牌产品称号。今天的三福,已经拥有上千名员工、几万平方米的生产基地;并斥巨资打造了以红木为主题的红木体验馆和文化馆——三福艺术馆。如今,三福已成为"仙作"红木行业的龙头企业,黄福华也获得了诸多荣誉,成为古典家具行业领军人物。2008 年 2 月,福建省古典工艺家具协会在仙游县坝下工艺城成立,黄福华被推选为首任会长;2012 年 8 月,协会进行了换届,黄福华再次当选为会长。当选会长后,黄福华坚持倡导行业自律,服务会员企业,维护会员合法权益,并致力于产业宣传推介、品牌打造、品质提升、市场拓展等工作,推动行业健康、有序、持续发展。他还发起和参与制定福建省"古典工艺家具"地方标准和"红木家具"国家标准。

(十一)在京莆商领袖人物陈春玖

陈春玖,1959 年出生,福建莆田人,中共党员,高级经济师。任北京通厦投资开发集团董事长,北京福建企业总商会党委书记、会长,福建省工商联副主席,北京市工商联常委,北京市朝阳区人大常委,莆田市委驻北京流动党工委副书记。曾担任中国企业联合会、中国企业家协会副会长,福建省第十届、第十一届人大代表,北京市朝阳区第十四届人大代表、第十五届人大常委,莆田市第四届、第五届人大常委。

陈春玖出生在莆田沿海的一个普通农民家庭,兄弟姐妹多,人多地少,家境贫困。怀着"让大家吃饱肚子"这一朴素又美丽的梦想,19 岁的他怀揣着 150 元钱,背上只有几件破旧衣裳的行囊,踏上火车开启北上之旅。经过多年的打拼,陈春玖终于创办了自己的公司。

心地善良一身正气。陈春玖经常主动帮助在京老乡解决难题。1990 年,一些不法分子流窜北京,与当地流氓地痞互相勾结,敲诈勒索、绑架抢劫莆田籍商人,严重威胁在京乡亲的财产和生命安全,也极大影响了首都的治安。一时间,在北京的老乡人心惶惶,生意难做。但陈春玖不惧歹徒的威胁与恐吓,把个人安危置之度外,勇敢地站出来,发起成立"在京莆籍乡亲治安联合会",并挑起会长的重担。经过 5 年密切协作,"在京莆籍乡亲治安联合会"共协助侦破 200 多起案件,抓获犯罪分子 137 人。

在京闽商的大当家。2003 年,陈春玖被在京老乡推选为北京市福建在京企业协会(北京福建企业总商会前身)第一任企业家会长,带领在京闽商共谋发展。他率先确立建设"大商会"的发展理念,打造大商会平台,商会由此进入快速发展时期,会员由成立之初的几十人发展到 20 000 多人。在会长岗位上,陈春玖以服务首都、服务家乡、服务会员为重点,积极开展各项会务活动。如今,北京福建企业总商会已先后成立了 10 个地市分会、12 个行业分会、1 个女企业家商会等,还牵头成立公募基金会——北京京华公益事业基金会。商会被授予"AAAAA 级社团组织""北京市社会组织示范基地""先进社团组织"等称号。

乐善好施发挥带头示范作用。1998 年,他捐赠 90 万元在家乡修建水泥村道,开始了慈善公益之路。陈春玖本人及集团公司在支持北京申奥、北京当地基础设施建设和福建家乡蒲桥修路、救灾救济、捐资助学、体育事业、治安基金以及福建新农村建设、农民发展生产、结对子扶困等公益慈善事业上,累计捐款1亿余元。此外,他心系家乡莆田,筹资建设莆田市博物馆,带头捐款600万元;修建莆田市体育中心、黄金妈祖像、贤良港天后祖祠、妈祖阁等,带领在京莆商多次捐款共1亿多元。

(十二)巨岸集团董事长陈文豹

陈文豹,1967年出生,莆田埭头石塔村人,现任福建巨岸集团董事长、厦门市莆田商会会长。

陈文豹出生于莆田兴化湾畔一个普通的农民家庭。1981年,临近初中毕业,陈文豹本想考个中专,由于家庭困难无力负担学费,于是他悄然从学校退学,跟着姑丈到政和、浙江金华等地修公路,开始艰苦的打工生涯,也从此与工程结缘。

从"农民工"到成功企业家,他打出了一片属于自己的江山,铸就了"巨岸"的辉煌。巨岸集团于2012年由福建巨岸建设工程有限公司重组创立,是集建筑施工、地产开发、建筑装修、物业管理、劳务输出、贸易投资、酒店服务于一体的大型综合企业。2020年8月,福建省工商联发布了"2020福建省民营企业100强"榜单,福建巨岸建设工程有限公司以33.73亿元的年营收,位列榜单第74位。

如今,巨岸在安徽、四川以及福建厦门、福州、漳州等地陆续增设了分支机构,多个项目被授予省级示范项目的称号,还获得了"闽江杯"、"天府杯"、国家优质工程金奖;获得省级"守合同重信用企业""诚信纳税大户""百强企业"等荣誉。

在商场上,陈文豹叱咤风云,敢为天下先,但他始终保持一颗爱心,重情义、讲仁德。成功之后的陈文豹十分热心地参与社会公益事业和慈善事业,为弱势群体奉献爱心。

(十三)天林茶业掌门人林天忠

林天忠,莆田人,莆田市海峡茶业交流协会会长、福建省天林茶业董事长。他凭借匠心制茶的精神和精湛的制茶技艺,荣获"闽茶之星"荣誉称号。

说到与茶结缘的故事,林天忠说,是茶业改变了他的人生。从2005年开始,林天忠决定开始自己做茶园,这其中的过程和波折无法细说。在一片片的茶园中,林天忠不仅投入了热情、梦想和坚持,更是找到了让莆田茶业走向品牌之路的新契机。莆田市海峡茶业交流协会于2011年5月成立,2016年1月召开了第二届会员大会,林天忠当选协会新一届会长,积极组织开展了茶赛、茶叶品鉴会、斗茶交流、茶叶技能赛等一系列活动。"要做强做优做大莆田茶产业,发挥行业协会作用十分重要。"林天忠说。协会在政府与企业、企业与企业、企业与市场间,发挥好桥梁和纽带作用,一起开拓进取、共同奋斗,服务好茶企,加快推动莆田市茶产业健康发展,特别是引导茶企不跟风,差异化发展,把自身的茶业做精,走出特色发展之路。

二、港澳台地区著名莆商

港澳台地区莆籍商人众多,既有老一辈莆商,也有新生代著名莆籍企业家。据不完全统计,目前在港澳台地区的莆籍同乡有 10 多万人。老一代莆商保持了莆田人勤劳俭朴、乐善好施的优良传统,事业成功之后积极回报社会;新生代的港澳台地区莆商,有知识、有能力,经营理念超前,管理方式科学,许多上市公司都是他们经营的企业。在此选择几位著名商人,从侧面反映港澳台地区莆商的风采。

(一)爱国爱乡的航运商程文铸

程文铸(1907—1992),涵江区梧塘镇溪游村人,幼年家贫,仅读了一年半私塾就辍学了,加入谋生的行列。

民国十七年(1928 年)秋,程文铸开始在涵江宫口经营小生意。民国十九年(1930 年),他赴新加坡谋生,开始了海外商海生涯。20 世纪 30—40 年代,程文铸先后在东南亚五国和中国香港、台湾等地经商,完成了原始资本积累,成为一名专门经营航运业的著名侨商。

中华人民共和国成立初期,百业待兴,程文铸毅然将蓬勃发展的航运公司从新加坡迁往中国香港,先后创办了三兴船务公司、侨利船务公司和友联修船厂等企业。由于当时正值西方国家对中国进行经济封锁,国内对外贸易受阻,程文铸便租用外籍轮船,冲破封锁,来往于香港、福州、厦门和上海各港口,把福建的土特产、竹木资源运往海外销售,又从国外进口国家紧缺的建材和军用物资,为国家的经济恢复做出了积极贡献。

20 世纪 70 年代,为了支援祖国经济建设,程文铸创建了香港建兴隆企业有限公司,担任董事长,组建了一支拥有 100 多万吨位的船队,从事航运业。当时福建沿海航线受阻,商船经常遭到袭扰,程文铸历尽艰险,做了大量工作,打通了香港与福建厦门的航线,并组织大量的进口物资,为中国经济建设做出积极的贡献。

20 世纪 80 年代,程文铸为了促进改革开放和经济发展,不顾自己年老体迈,奔走于闽港之间,促成了厦门与香港客运航线的开通。

程文铸虽身居他乡,却心怀桑梓,具有强烈的爱乡之情。早在 20 世纪 40 年代,程文铸就开始捐资创办家乡的蒲江小学,招收适龄儿童免费入学。1952—1953 年,他先后捐建了涵中"和平楼""民主楼"。随后,他又出资创办了蒲江中学和涵中高级商业职业班,设立了"兴安助学金"。更加难能可贵的是,"在抗美援朝中,程文铸慷慨捐款,支援祖国,保卫家乡"。① 改革开放后,程文铸虽然年事已高,但仍然热心家乡公益事业,经常慷慨解囊,无私援助,深受家乡百姓好评。

程文铸待人诚挚,谦逊坦率,曾任第五届、第六届福建省政协常委。1984年,福建省人民政府为了表彰程文铸捐资兴学的功绩,授予其"金质奖章"。

(二)兴教典范、爱乡楷模张承璜

张承璜(1924—2008),字继文,仙游县钟山乡顶岳后村人。其父张试,字宗植,靠佃田耕作为生。张家兄弟五人,张承璜排行老三,11岁时进入仙游钟山何关小学(即今湖亭小学)读书,但因家庭经济困难,只读了两年多书就辍学了。

张承璜少年时就开始耕作,农闲之余跟随父亲做些贩卖猪牛的小生意,赚取薄利,以补贴家用。他虽然没有接受过正规教育,但从小刻苦自学,积累了丰富的学识。抗战时期,张承璜激于爱国热忱,加盟闽中新报社,从事抗日宣传工作。1943年,仙游县创办国立海疆学校,派张兆焕任校长,因缺少人手,报社社长林筹推荐张承璜担任海疆学校庶务。

1945年底,台湾光复后,张兆焕调任国民党台湾省党部书记长,张承璜追随赴台,担任台湾省党部机关庶务。解放战争开始后,张承璜离开了省党部,走上了经商之路。他先在台北创办了一家小印刷厂,由于有在报社和学校工作的经验,小印刷厂很快走上健康发展轨道。张承璜亲自排字、印刷、送货和招揽生意,老板、工人一肩挑,工作十分辛苦。

1949年秋天,张承璜与印刷厂会计杨雪吟女士结婚。此后,夫唱妇随,印刷厂业务蒸蒸日上,生意风生水起。于是,张承璜又创办了出版社,发行教科书和参考书,一度行销全台。后因种种缘由,张承璜关闭了出版社,创办了典当铺,并采取与众不同的经营方式,即以低息招揽客户,薄利多销的经营策略使得生意日渐兴隆。积累了一定资本之后,张承璜又转行搞建筑公司。战后台湾地区正值建筑高潮,建筑业蒸蒸日上,张承璜收益颇丰。

事业发展之后,张承璜投资入股了台湾立祥公司。该公司成立于1969年,坐落在彰化和美镇,当时有员工300多人,主要生产尼龙丝、特多龙和纱布等,是一座不起眼的小厂。1973年,张承璜投资2 200万元新台币,拥有了立祥公司的控股权,担任董事长。随后,他将精力放在该公司的发展方面,先后投资了1亿多元新台币,建设了大量新厂房,进口了多套具有世界先进水平的纺织设备,将台湾立祥公司发展成为

---

① 蔡玉兰.风雨沧桑故园情[M].北京:中国文史出版社,2005:349.

现代化的纺织厂,规模与产量名列中国台湾地区前茅,产品销往东南亚各国和南美洲等地。

20世纪70年代,台湾地区建筑业进入了低潮,张承璜在台北金山南路开发了大片房产,却因经济萧条而卖不出去,便利用空闲房子创办了侬来大饭店、之江文化事业公司和崇宝实业公司等企业,经营业务涉及建筑、装饰、酒店、商场和文化产业等,他迅速成为台湾地区莆仙同乡的商界翘楚。

张承璜不仅企业经营得好,而且非常重视员工福利,每年除发给红利外,还安排特别假期,如率领员工环岛旅行,借以调节身心,增进生活乐趣。张承璜因经营得法,绩效卓著,多次被台湾地区经济事务主管部门和地方政府表彰。

张承璜不仅是杰出的企业家,而且对社团工作也非常热心。1946年,张承璜入台之初,就积极参与筹建台北莆仙同乡会工作,历任常务理事和副会长。同乡会的大小活动,他都热心参与,捐款献物,不遗余力。1988年,他受聘为莆仙会刊社社长,以会刊为载体,报道乡讯、传递乡情,加强同乡联谊。

晚年的张承璜非常怀念家乡,惦记父老乡亲,关心故土家园的经济建设与发展。改革开放之后,他几乎每年都要回乡探望乡亲父老,积极穿针引线,先后引来了10多个台商项目,为仙游经济发展添砖加瓦。他每次回乡都慷慨解囊,先后捐建了母校湖亭小学"承璜教育楼"、钟山中学校门、钟山卫生院"承璜门诊楼"和"承璜老人楼"、雪吟幼儿园、兴泰承璜诗社等,并设立了"福利基金会"和"承璜教与学基金会",受救助的孤寡老人和被奖励的师生达4000多人次。对于家乡的村道、电灯、自来水、避雨亭、风景区建设和寺庙修缮等,张承璜都伸出了援手。据不完全统计,张承璜共捐建家乡的文化、教育、卫生等公益事业93个项目,捐资2000多万元,深受家乡百姓的好评,但他却谦逊地说:"我与陈嘉庚先生相比,只是沧海一粟。"张承璜的长女张慧玲曾经动情地说:"像父亲这样小富之家,台湾不计其数,但他为了家乡公益事业,自己连每月薪水都舍不得花。"2008年初,垂暮之年的张承璜,人在医院,心系故里,不停地从台北打电话给仙游县台办领导,一再叮嘱:一定要在春节前代他上门慰问谢来顺等4位贫困乡亲,并将承璜扶贫基金发放到位,让钟山西林、湖亭等村150个贫困户过上祥和欢乐的春节。正如他所说:"吾身一水隔西东,爱国情深与众同。故里山川披锦绣,乡心一片寄归鸿。"从中可以看出他的一片桑梓之情。

张承璜兴学爱乡的感人事迹有口皆碑,深受各级政府和百姓的赞扬,民政部授予他"德高义重"铜匾,省、市人民政府分别授予张承璜夫妇"荣誉市民"称号和"乐育英才"金匾及金质奖章等,福建省人民政府还将其树为"兴教典范、爱乡楷模"。

(三)"西装大王"吴良好

吴良好,1951年出生,仙游县大济镇东井村人。吴良好从小对服装制作颇感兴趣,中学毕业后赴上海学习服装裁缝技术,出师后在莆田、惠安、永泰、福州、厦门等地创办服装培训班,自己编写服装裁剪手册——《良好服装裁剪法》,作为教材传授新学徒。20世纪70年代后期,吴良好赴福州开店,一边做裁缝,一边教学徒,积累了一定的资本和经验。

1981年,吴良好只身前往香港,开始只是在酒楼做杂工,早上去酒楼上班,下午五点半后到工厂上螺丝,一个人打两份工,一个月赚1 700港元。后来经朋友介绍,吴良好进入观塘时装厂,重操旧业,如鱼得水,勤恳依旧,早出晚归,深得老板赏识,在3年之内连升3级,从普通职员升为领班,再到总管、厂长等。吴良好的服装天赋和经营才干得到合作商的青睐,合作商抛来了橄榄枝,邀请他合作办厂。

1985年起,吴良好担任源美集团公司董事长兼经理,开始自主创业。1988年,吴良好将自家房子抵押了25万元港币,创办了金威服装贸易有限公司,从事服装生产与经营。1991年,吴良好又创办了金威服饰集团有限公司,担任董事长。此后,生意蒸蒸日上,业务不断扩大。1993年,吴良好组建了金威集团(控股)有限公司,担任董事局主席兼总裁。1998年,金威集团股票在香港联合交易所成功上市,世界金融大财团苏黎世金融服务集团和长江实业集团有限公司等知名公司先后入股,迅速壮大了金威集团的经济实力。

中国改革开放后,经济蓬勃发展,吴良好瞄准内地的广阔市场,于20世纪90年代初回乡投资创办了金威服饰(福建)有限公司,建设了3 000多平方米的标准化厂房,从日本、德国、意大利等国引进了具有国际领先水平的微电脑服装生产流水线,采用电脑自动调控立体真空整烫设备和先进技术,还从美国引进电脑设计排版系统,制作男女西装、西裤、衬衣、夹克、大衣等系列产品,创立了"金威世家"品牌。

吴良好在经营中推行资源整合战术,将香港先进的设备、技术、工艺和人才等优势与内地劳动力资源及市场优势整合起来,迅速提高了产品质量和生产效率,拓展了海内外服装市场。同时,金威集团还与世界顶级服装名牌厂家建立了合作伙伴关系,成为意大利华伦天奴、法国都彭等国际品牌的定点生产基地。

吴良好在生意场上屡出奇招,出奇制胜。2003年,他推出了休闲服装系列,进入市场后大受消费者欢迎,销售业绩全线飘红。2004年,休闲装在全国遍地开花,大有泛滥成灾之势。吴良好当机立断,立即停止生产休闲服,推出了"新概念便装",再次夺得市场份额,成为享誉商界的"西装大王"。

金威集团诚信经营,质量可靠,先后受到中国质量协会、福建省人民政府等的表彰,获得"重合同守信用企业""诚信纳税大户""AAA信用等级企业"等荣誉。

随着服装市场的竞争日趋白炽化,加上原料、工资成本等大幅上升,服装业毛利迅速下降,金威集团盈利率开始下降,股票下跌。在此情况下,吴良好于2002年起进军 IT 行业,先后投资控股了中国科学院软件研究所下属的九州计算机网络有限公司和福州软件园的科软计算机软件有限公司,从事办公自动化、电子商务以及各种互联网应用的研究、设计和系统集成开发,承担了 6 项国家"863 计划"科研项目和多项省部级科研项目,开发的软件"压宝",取得了国际发明专利和美国专利。

进入 21 世纪之后,吴良好又入股了中科纳米技术工程中心有限公司,将中国科学院研究的纳米科技成果进行产业化推广,应用在纺织、建筑等新材料领域,研制开发出新一代纳米产品,并与服装材料结合起来,推出了高科技的新材料服装,为金威集团可持续发展开辟了广阔前景。

吴良好一步一个脚印地发展,成为香港地区知名的企业家。2008 年,吴良好在"新财富 500 富人榜"中名列第 483 位,资产达 14.9 亿元。

吴良好事业成功之后,热心公益事业,努力回报社会。他先后捐资建设了金威小学,设立了金威教育基金会,创办了体育训练馆等。特别是在抗洪救灾、架桥铺路、扶贫济困等公益事业活动中,吴良好都能积极捐款赞助,得到社会各界的好评。

(四)"电子豹"黄赛峰

黄赛峰(1952—1998),乳名"阿豹",出生于涵江区江口镇石西村。黄赛峰少年时期家境一般,中学毕业后他便承担起家庭重担,从事养蜂业,足迹遍布大江南北,成为远近闻名的"蜜蜂司令"。

改革开放初期,黄赛峰一家人相继移居香港地区,开始只是在一家电子厂打工,从事电子配件组装,但精明的黄赛峰为了多赚些钱,便向工厂老板提出建议,要求一次性领取一批电子元件回家,装配后交回工厂。这样既可以节省上下班时间和交通费,又可以利用空余时间多干些活,这一想法得到老板认同。于是,黄赛峰便批量地领取电子元件回家,不仅一家人随时装配电子产品,而且聘用他人共同装配,创办起家庭小作坊。由于黄赛峰从小就有过人的胆识和超凡的魄力,没几年工夫就在香港打下了一片天地,事业有了一定发展之后,小作坊也变成了电子厂,黄赛峰在香港创办了新光电子公司。

20 世纪 80 年代初期,电子产业正处于黄金发展时期,属于劳动密集型产业。具有商业头脑的黄赛峰开始盘算,内地有着丰富的廉价劳动力,如果将电子元件拿到内地去装配,仅工资一项就会节省许多。于是,他于 1984 年回乡创业,创办了涵江地区第一家电子产品来料加工厂——莆田星光电子有限公司(新威集团前身)。黄赛峰回乡投资创业一举成功,获得了高额利润。此后,他不断拓展在内地的业务,事业蒸蒸日上。

从 20 世纪 80 年代中期起,黄赛峰着手拓展海外市场,以香港地区为基地,将产品销往世界各地,建立了一个国际电子产品销售网络。1989年,黄赛峰成立了新威集团,创立了"SUNWAY"品牌,并先后在涵江区江口镇和仙游县榜头、赖店和度尾等乡镇扩建厂房,扩大生产规模。但随着沿海地区经济的不断发展,劳动力价格逐渐上升,电子厂利润开始下降,精打细算的黄赛峰又将目光投向腹地,先后在大田、将乐等地创办了多家电子工厂,生产规模不断扩大。

进入20世纪90年代后,内地的劳动力红利开始逐渐丧失,新威集团的经营模式面临着巨大挑战。特别是电子行业更新换代速度快,几个月就有一个新产品问世。新威集团洞察世界电子市场变化,广收人才,积极搜集世界上最先进的科技资讯,不断开拓新的科技电子,并与享有盛誉的台湾大同电子公司合作,创办了"台湾通信(福建)有限公司",生产高科技通信终端产品,涉及多个电子领域,年产值达10多亿元,公司员工发展到18 000多人。

新威国际控股有限公司在激烈的市场竞争中不断发展壮大,并于1999年在新加坡、中国香港两地证券交易所联合上市。黄赛峰也因经营电子产品而出名,被人尊称为"电子豹"。

黄赛峰事业有成之后,热心公益事业,先后在家乡的公共设施建设、教育、卫生、扶贫帮困等方面,多次慷慨解囊,深得好评。同时,还积极响应国家"东西合作、扶贫帮对"政策,安排了宁夏贫困地区数千名富余劳动力就业。黄赛峰作为一个成功的企业家,可敬之处不在于他是一个拥有数十亿元财产的富翁,而是他朴实无华的人格。黄赛峰在待人接物上处处体现出谦逊与坦诚,能耐心地听取对方的意见,使人感到与他交往如沐春风。然而,正当新威集团蓬勃发展之际,黄赛峰却在一次火灾中不幸遇难,英年早逝,年仅46岁。

(五)白手起家的林平基

林平基,1953年出生于印尼,祖籍涵江区江口镇五星村,20世纪60年代印尼"排华"事件时返回祖国,现任香港德信科技集团董事局主席、执行董事,兼任香港莆仙同乡会名誉会长、莆田市政协委员等职。

20世纪80年代初期,林平基移居香港,初来乍到,人生地不熟,生意并不顺利,奋斗了好几年,却没有多大积累。于是,林平基决定返回家乡投资创业,谋取更大的发展。

1992年,林平基怀揣着十年的积蓄,回乡寻找发展机会。创业的道路十分艰辛,当时林平基用手中的钱创办了一个小厂,即德基电子有限公司,专门生产小型计算器。小本生意,利润不大,但林平基在新产品和质量上下功夫。他设计的计算器款式新颖,质量可靠,投放市场后备受青睐,订单不断增加,产量迅速扩大。此后,林平基脚踏实地,一步一个脚印地发展,产量年年翻番,很快公司发展成为一个上规模的计算器生产厂家。

在企业发展过程中,林平基敏锐地感受到科技时代的发展脉搏,始终将企业发展定位在科技强企战略上,不断引进新工艺,开发新产品,提高产品的科技含量,增加企业的竞争力。如20世纪90年代后期,他斥巨资引进了全自动绑定机、数控电脑钻床、电脑注塑机、全自动丝印机、移印机以及具有世界先进水平的检测仪器和生产技术,开发了由福建省科技厅立项的科研项目"柔性印刷电路"。随后,公司又研发了掌上电脑、电子词典、聋哑人专用手写电话和手提式电脑监控器等新产品,由单一计算器产品发展到电子钟、万年历、游戏机、验钞机等电子系列产品,日产量达20多万台,产品销售亚洲、非洲、西欧、中东及南美洲、北美洲等各个国家和地区,年产值超过2亿元,成为我国电子行业的骨干企业。

1998年,林平基投资6 888万港元创建了德信电子有限公司,开发了液晶显示器(TN型)项目,月产量达5万组,年产值2亿多元。2004年,他又成立了德荣电子有限公司,总投资4 800万美元,生产STN型液晶显示器和电子产品及配件,开发了大屏幕、点阵型、宽视角、宽温型液晶显示器。林平基的电子企业发展迅速,业务不断扩大。2001年,林平基的德信科技集团有限公司在香港联合交易所成功上市。

林平基非常重视产品质量,旗下的企业和产品获得诸多荣誉,先后被省市有关部门评为"诚信企业""消费者推荐产品""质量合格企业""高新技术企业""福建省驰名商标"等。

(六)惠泽桑梓的郑庆模

郑庆模,1954年出生,莆田市荔城区拱辰街道人,现任香港南湖贸易公司、香港金辉洋参制品有限公司、香港宝胜投资发展公司、福建莆田宝胜建设开发有限公司董事长等职,兼任香港莆仙同乡联合会名誉会长、香港莆田商会副会长、福建省外商投资企业协会理事等社会职务。

20世纪80年代初的一天,郑庆模接到一封香港来信,原来表哥为他办好了旅港手续。3天后,这位刚刚27岁的年轻人告别了父母妻儿,踏上了南下谋求发展的商旅征程。郑庆模从食品厂打杂工做起,努力拼搏,勤劳致富。两年后,郑庆模稍有积累,便成立了南湖贸易公司,开始自主创业。白天,他带着几个年轻小伙子四处推销鞋服、电器、茶叶等,小本生意,积少成多。晚上,他又为别的公司做账,挣点外快,积累资本,日复一日,年复一年,惨淡经营,缓慢发展。

1985年,改革开放的春风吹遍了中国大地,郑庆模已经从农民蜕变为商人。机会从来只青睐有准备的人,郑庆模敏锐地捕捉到商机,带着自己从香港淘来的第一桶金,在珠海特区投资当时尚属冷门的液化气生意。随后,他的经商足迹遍及福建沿海各主要城市,生意逐渐发展起来。五年之后,郑庆模成立了香港南湖工业有限公司,生意蒸蒸日上,风生水起。

1991年,中国掀起大改革、大开放的浪潮,郑庆模再次将目光瞄准内地市场。这一次,他选择了自己的家乡莆田,仅用8个月时间就完成了新工厂的筹建。短短几年之间,郑庆模的瓷砖生意遍及全国各地,经营规模迅速扩大。随后,郑庆模又创办了制药厂,开展多业经营,并取得了成功。

20世纪90年代中期,郑庆模又将目光投向房地产业。他在家乡拱辰街道征地400多亩,准备在房地产业大显身手。但人算不如天算,亚洲金融危机不期而至,国内房地产市场出现了萧条。但他坚信"没有一个冬天不可逾越",2000年,房地产的春天终于来了,50多万平方米的宝胜小区在荔城区傲然崛起,且一炮打响,他获得了丰厚利润。于是,他又相继开发了宝胜豪庭、宝胜购物中心、宝胜富贵苑、宝胜三紫花园、宝兴楼、宝旺楼等多个房地产项目,一个综合性房地产建筑公司日渐成长、成熟,郑庆模成为亿万富翁。

衡量一个企业家是否成功的标准很多,但郑庆模认为最关键的是社会责任感。郑庆模事业有成之后,将支持社会公益事业作为己任,铺桥、修路、办学、赈灾,修缮烈士陵园,资助中国SOS儿童村,扶持民间文化发展。据不完全统计,郑庆模累计捐款已达6500多万元,目前正计划捐资200多万元,筹建"郑樵希望小学"。

郑庆模的慈善义举得到社会各界的肯定。1998年,他的公司被莆田市政府授予1998年支援长江灾区抗洪救灾捐赠先进集体称号;2007年,莆田市慈善总会授予"慈善之家"称号;2003年,中国红十字基金会授予"人道、博爱、奉献奖";等等。

(七)著名古元商关荣丰

关荣丰,1955年出生,涵江区江口镇后村人。其父关龙苍于1945年赴印尼雅加达定居,主要经营石油和进出口贸易。

1974年,关荣丰高中毕业后,在母校锦江中学代课。1979年,关荣丰初到澳门,人生地不熟,又不会讲广东话,连一天10元钱的工作都找不到,窘迫的生活几乎把他逼向了绝境。但他没有向命运低头,而是挺起胸膛,迈开了奋斗的步伐。他先去针织厂当机工,后又去建筑工地找了一份挑砖的活,起早摸黑,日晒雨淋,喝开水、啃面包,艰难度日。

自小就喜欢中国传统文化的关荣丰,对中国工艺品有着特殊的爱好,而正是这一爱好改变了他的命运,由此开拓出一片新天地。20世纪80年代中期,随着改革开放的不断深入,工艺品市场开始活跃,关荣丰带着攒下来的几千元钱,远赴北京、上海等地进货。但隔行如隔山，由于不识货，几度被骗。于是，他重新拾起了书本，不停地搜集、查考大量史书，久而久之，逐渐摸出了门道，积累了丰富的经验。1989年，他返回家乡投资创业，生产工艺陶瓷、竹雕、玉器等工艺品，产品销往世界各国。

1991年，关荣丰在澳门创办了艺丰贸易公司，把莆田生产的工艺品销售到中国澳门、香港地区和东南亚各国。随后，他又与同乡合作在澳门创办了"大得盛集团有限公司"，担任董事长，经营进出口贸易、房地产和家用电器等。随后，关荣丰又先后在中国澳门和新加坡等地创办了"龙宝斋古艺品公司"和"中国古玩城"，专门经营中国工艺品。同时，他还在家乡莆田创办了"三德水产养殖公司"，担任董事长，事业蒸蒸日上。

关荣丰事业有成之后，不忘回馈社会、回报乡亲。1991年华东水灾，他发动澳门乡亲捐款数万元给灾区。1998年，他发动澳门同乡向长江灾区捐款。2000年，莆田市遭受百年一遇的洪灾，关荣丰发动澳门同乡筹集善款20多万元，为家乡灾民减灾赈灾。还有涵江上后小学、后头小学、锦江中学、江口镇政府新楼、莆田学院基金、莆田市见义勇为基金、莆田市侨联基金、莆田市海外投资联谊会、福建省海外联谊会、闽东畲族贫困区小学基金、闽北福总希望小学工程，以及莆田市政协大楼和省政协大楼装修等，关荣丰都积极发动在澳莆商，捐资赞助，深受社会各界好评。2008年5月，四川发生大地震时，他发动澳门同乡捐款捐物，支援灾区，累计捐款达600多万元。

关荣丰热心华侨社团工作，在担任澳门莆仙同乡会会长期间，经常筹集善款，帮助澳门困难同乡，并设立奖学金，资助贫困学生，奖励优秀学生，鼓励莆商后代努力学习。他先后还担任第七届、第八届、第九届福建省政协委员，第三届、第四届莆田市政协常委，莆田学院董事会副董事长，莆田市见义勇为基金会荣誉副会长，莆田锦江中学名誉董事长，闽澳经济合作促进委员会委员，澳门福建省体育会会长，澳门福建同乡会副会长。2000年5月，他荣获《人民日报》海外版"世纪之光"优秀主人翁奖；2004年，关荣丰荣担任第二届澳门特区行政长官选举委员会委员。

(八)后起之秀许奇锋

许奇锋，1961年出生，莆田市秀屿区人。许奇锋于20世纪70年代初同父亲许国雄和叔叔许国华一道移居香港。初到香港，人生地疏，步履维艰，但许氏一家发扬莆田人勤劳朴实的传统，赤手空拳闯荡香港，从打杂工起家，以出卖体力为生，省吃俭用，不断积累资本。

1976年，许家倾尽家资在香港收购了一家亏损的塑料装饰品厂，并以此为起点，精心策划、苦心经营，扭亏为盈。稍有积累之后，许家又创办了香港侨红工业有限公司，开始向塑料玩具行业发展。

改革开放后,许国雄率先回乡投资,于 1982 年创办了莆田县境内第一家来料加工企业——莆田县侨雄工艺厂。虽然规模很小,设备简陋,全厂只有 14 名员工,且租用莆田县侨联会议室作为厂房,产量小,产值不高,但毕竟为莆田县引进外资开了个好头。

1984 年,在加拿大留学归来的许奇锋,就任侨红工业有限公司董事经理。许奇锋年轻有为,才华出众,经营理念超前,公司业务在他手上不断拓展。1989 年,许国雄病逝后,年仅 28 岁的许奇锋担任了侨红集团董事长。此后,他大展宏图,拓展市场,公司规模不断扩大,产品销售到世界各地,先后开辟了礼品、贸易、化工等行业,成为颇具规模的跨国公司。

1993 年,许奇锋加大对家乡的投资力度,对早期投资的侨雄工艺厂进行了改造,增资 1 亿多元,在莆田征地 200 多亩,先后创办了侨雄中心、侨雄工业城和奇嘉化工区等,成为一个上规模的外资企业,为家乡百姓提供了 3 000 多个就业岗位。

20 世纪 90 年代,侨红工业有限公司蒸蒸日上,迅速发展成为一个上规模的跨国集团。当时改革开放不断深入,房地产市场异军突起,许奇锋以一个企业家的睿智眼光和敏锐洞察力,迅速在福州市黄金地段建起了侨雄商业中心。随后,又在风景秀丽的福州荔园度假村内兴建规模宏大的“大富豪山庄”(豪华别墅群),成为当时福州投资规模最大的外商之一。

2006 年,侨雄国际集团通过配股募集资金,控股了北京铭润峰集团公司,涉足了建材、电器等业务,进一步拓展了侨雄国际集团的业务范围。2006 年 6 月,侨雄国际集团在内蒙古勘查一个煤矿点,煤矿储量约 1.11 亿吨,估值 1.66 亿元,为集团向采矿业进军奠定了基础。

侨雄国际集团从一个只有 10 多名工人的小厂,发展成为以香港为总部,涉及礼品、玩具、化工、贸易、房地产业、采矿业和金融业等多领域的跨国集团,旗下的成员企业“侨雄国际控股有限公司”已在香港联合交易所成功上市,总资产逾 10 亿元。

侨雄集团还在内地投资了多家企业,坚持诚信经营,照章纳税,多次被中国海关、福州海关等评为“信得过企业”和“诚信企业”,被中国银行评为“AAA”信誉企业,获得福建省人民政府颁发的“福建省明星侨资企业”荣誉。

许氏家族事业有成之后,积极回报社会,支持家乡公益事业建设。早在 1985 年,许国雄兄弟就捐资 120 万元设立“莆田市许阿琼奖学金”,一年一度奖励成绩优秀的莆籍学生。这是改革开放后莆田境内第一个以个人名义捐助的基金会。对家乡的村道修建、学校建设等,许国雄兄弟都给予援助。

许国雄去世后,许奇锋继承和发扬父亲的遗愿,于 1993 年捐资 200 万元建设莆田学院雄馨管理学院。1995 年,许家四兄妹共同捐资 300 万元,用于扩建莆田学院图书馆。1998年,还捐资96万元设立"许理胜教育基金会"等,荣获福建省人民政府颁发的"乐育英才"金质奖章。

许奇锋不仅热心支持家乡的教育事业,而且对各地公益事业都很热心。他先后在福建省内创办了4所雄馨希望小学,还担任香港"福建希望工程基金会"主席,不遗余力地支援希望工程。据不完全统计,许氏家族为祖国和家乡的公益事业捐资逾2 000万元。

许奇锋既是商人,也是社会活动家。他先后兼任全国政协委员、福建省政协常委、香港城市大学商学院客座教授、香港莆仙同乡会名誉会长等职务,荣获"香港青年工业家奖"等奖项。

(九)商海巾帼黄赛琴

黄赛琴,1963年出生,乳名"阿妹",莆田涵江区江口镇石西村人,现任福建安特集团董事长,兼任福建省政协委员和香港福建社团联会、香港莆仙同乡会等莆田商会名誉会长。

1978年,黄赛琴一家人相继移居香港,她是四个孩子中唯一的女孩子,排行老三。初到香港,年轻的黄赛琴和胞兄黄赛峰在一家电子厂打工,从事电子表组装工作。为了多赚些钱,他们向工厂老板请求按批次领取电子元件回家,装配完成后再交回工厂,后来渐渐发展成家庭小作坊。

之后,她与胞兄黄赛峰在香港共同创办了第一个企业——新光电子公司,担任总经理,主要承接电子表的来料加工业务。经过几年的努力,新光电子公司的业务量不断扩大,在香港打下了一片天地。1984年,黄赛琴家族从香港举资返乡,在莆田老家创办企业。

黄赛琴家族的香港新威国际控股有限公司于1999年在新加坡、中国香港两地证券交易所联合上市,黄赛琴出任新威国际控股集团董事局主席。但黄赛琴并没有停止发展的脚步,更不满足于单纯的来料加工模式,而是积极向高科技领域进军,开拓电子产品的核心部件——半导体集成电子芯片。

2002年,黄赛琴联手俄罗斯远东电子集团,在莆田市高新技术开发区内征地230亩,投资8 000万美元,创办了福建省安特半导体有限公司,集设计、研发、生产、销售于一体,采用先进的工艺技术,生产的许多产品填补了中国在这个领域的空白。

为了促进企业的可持续发展,黄赛琴在香港、深圳等地开设办事处,在上海建立了设计公司,并与厦门大学、中科院固体物理研究所联合成立了电子产品研发基地,先后成功开发了100多种具有自主知识产权的集成电路、分立器件等,产品畅销东南亚及欧美各国市场。

高科技产业投资大，周期长，且需要不断更新，只有连续不断地投资，才能在世界市场占有一席之地，这对于一个民营企业而言，很难坚守。但黄赛琴认为福建电子产业基础好，具备了发展半导体芯片产业的主客观条件，在她的不懈努力下，新威国际控股集团研发了 4 英寸集成电子芯片生产线，并于 2003 年 11 月正式投产，年产量达24 万片。

4 英寸集成电子芯片投产之后，黄赛琴又于 2009 年投资研发了 5 英寸晶体管芯片生产线，年产量达到 36 万片。2012 年，安特半导体有限公司研制的 6 英寸晶体管芯片生产线，在莆成功投产。但黄赛琴并不满足于现状，又着手建设福建省最大的 8 英寸晶体管芯片生产线，第一期年产量达 30 万片。该项目投产之后，成为福建乃至全国规模最大的集成电路芯片生产基地，也极大地提升了福建电子信息和 IT 产业的科技水平。

黄赛琴不仅在电子行业取得了巨大成功，而且在房地产开发领域也颇有建树。从 2007 年起，她开始走多元化发展道路，注资 1 000 万美元，创办福建省安特房地产开发有限公司，在仙游一中附近拍下了一块建筑面积 32.6 万平方米的商业用地，开发商业高层住宅和别墅，打造安特·豪景园和安特·御景园，总投资 9 亿元。2008年，黄赛琴又投资创办了福建省安特华盛房地产开发有限公司，在莆田市荔城区拍下了一块 10 万平方米的商业用地，打造高端商住楼——安特·紫荆城，总投资 8 亿元。2011 年，黄赛琴又投资创办福建安特集团有限公司，在莆田荔城区拍下了 3.5 万平方米的商业地块，开发建设安特总部大厦，总投资 3 亿元。2012 年，黄赛琴还创办了福建安特投资有限公司，规划建设大型城市中心休闲综合体项目——安特·欧洲城，该项目被福建省政府列为"第十六届中国国际投资贸易洽谈会"省级重大合作项目。

在黄赛琴的带领下，福建安特集团不断发展壮大，先后被省、市和国家有关部门确定为高新技术企业、两个密集型企业和海关 AA 类管理企业，荣获"福建省明星侨资企业""福建省引进国（境）外智力成果示范单位"等称号。黄赛琴本人也先后荣获"福建省三八红旗手""福建省优秀民营企业家"等荣誉称号，并被中国企业家协会授予"中国杰出创业女性"的称号。2007 年 3 月，她在俄罗斯受到时任中共中央总书记、国家主席胡锦涛的亲切接见。

黄赛琴是位乐善好施的商人，始终秉承"兼济天下，关怀社会"的理念，在捐助教育、卫生、文化体育和扶贫帮困等社会公益事业活动中，她慷慨解囊，无私援助，得到社会各界的好评。她也自觉承担社会责任。从 2003 年起，她兼任福建省政协委员，始终牢记"为民代言"的神圣职责，把当好委员看作是回报社会的又一机缘。无论走到哪里，无论多忙，一有机会她就走访群众，了解社情民意，认真履行职责，为广大人民群众说话办事。她针对社会上出现的"看病难""看病贵""因病致贫"现象，呼吁政府相关职能部门加强管理与监督,引导医疗卫生机构合理用药、合理检查、合理收费,确保普通群众看得了病、看得起病。

(十)优秀企业家翁国亮

翁国亮,1964年出生,莆田市荔城区黄石镇人。现任万好国际集团董事局主席、华夏医疗集团董事局主席等法人职务,兼任全国侨商联合会副会长、新疆侨联副主席、福建省政协委员等社会职务。

1986年,翁国亮踏上了经商之路。他曾打工过,出卖过体力,睡过澡堂,当过推销员,加工过废旧轮胎,还经营过餐具生意,涉及十几个行业,尝尽千辛万苦,终于挖掘到了自己的第一桶金。

翁国亮的事业发展是从医药零售业起步。20世纪90年代,莆田东庄人大举投资民营医院,出现了一大批医商,不少人发了财,引起了翁国亮的极大兴趣。1998年,翁国亮经过一番市场调查之后,决定进军民营医院行业。1999年,他筹资收购了江西省定南县人民医院,成为一名经营医院的商人。但在经营医院过程中,翁国亮萌发了做药品零售生意的想法。从2001年起,翁国亮先后考察各地的医药市场和药品生产厂家,向一些药品批发商和零售商学习取经。一年后,翁国亮带着一批管理人员回到了福建,着手筹备自己的药品零售店。2002年11月,翁国亮在福州长乐路创办了他的第一家药品零售店,取名惠好药店,经营面积达1000多平方米,创下了当时福州经营面积最大的药店的记录。更难能可贵的是,翁国亮采取薄利多销的经营策略,让老百姓受惠。翁国亮在医药界声名鹊起,逐渐发展成为颇具名气的药品经销商。

2004年,翁国亮开始扩大经营规模。他先组建了惠好医药集团有限公司,着手在全省各地创建医药零售连锁店,并对各地连锁店的药品购进、储存、养护、质量验收、整体供应链及客户等进行统一管理,迅速拓展了福建药品零售市场。至2006年,翁国亮已在全省各地创建了100多家医药零售连锁店,建立了一个药品销售网络。

2006年,翁国亮利用惠好药店终端销售网络优势,大举进军福建药品批发行业。他先在福州市闽侯上街征地100亩,创建了一座现代化的医药工业园,按照国家GSP(Good Supply Practice,《药品经营质量管理规范》)要求,建设36 200平方米的药品仓库,配备了先进的计算机管理系统,这个仓库是当时福建省单体面积最大的综合性药品存储中心。同时,翁国亮将现代物流手段融入医药配送的全过程,建立了福建省药品配送网络,并与全省100多家公立医院建立了药品配送关系,还托管了多家莆田医商经营的民营医院药房。至2008年底,惠好集团已与全国数千家上游医药生产供应商建立了长期稳定的合作伙伴关系,建立了一个庞大的药品批发、配送、销售网络。

2009年11月,惠好集团举办了一次盛况空前的药品供应商联谊会,有1 000多家医药经销企业参加,轰动了中国医药产业界。

巩固了福建药品市场销售业务之后,翁国亮又积极拓展闽、粤、赣、浙、桂等周边地区的药品销售市场。一方面,继续扩大连锁药店,使药品物流配送区域迅速扩大,辐射半径扩大到300公里以内,医药供应品种达数万个,日出库药品达3万件,日销售金额达2 000万元,年产值达50亿元。另一方面,大力发展网购业务,于2008年投资创建了网上药店,成为福建省第一家具有网上药店经营资格的医药企业,迅速拓展了网上药品销售市场,进一步扩大了惠好集团的影响力。

翁国亮不仅在药品连锁经营方面取得了重大的突破,而且在民营医院融资、投资、管理等方面也取得很大的成功。其中最大的举措是2005年,他斥巨资收购了香港联交所上市的公司——"泓迪有限公司",并将其更名为"华夏医疗集团有限公司",把经营方向转移到医疗投资管理业务方面。从2007年起,在短短的4年之间,翁国亮在国际资本市场成功融资了近3亿港元,采取并购、合作、新建、托管等多种方式,大举进军中国民营医疗市场,引起众多国际投资机构对中国医疗市场的广泛兴趣,在中国民营医疗行业的国际化运营方面进行了有益探索。

2007年以来,翁国亮开始走多元化发展道路。他先后投资数亿元,重组了新疆伊吾县闽兴矿业科技开发有限公司,大举进军中国西部的采矿业;还涉足房地产业,2009年,他投资成立了万好国际集团,在厦门"9·8"投洽会上与莆田市人民政府签订了ECO城投资项目,总投资60亿元。

翁国亮旗下企业众多,事务繁忙,但他非常热心商人社团工作,积极为莆商企业排忧解难,努力做好在外莆商的各项协调工作,促进莆商事业的共同发展,获得广大莆商的好评。特别是他担任香港莆田商会会长之后,以身作则,出钱出力,积极参与各种社团活动,促进香港与内地的商务经贸交流,鼓励莆商回乡投资建设,受到政府好评。

翁国亮始终怀有一颗爱国爱乡的桑梓之心。他秉着"财富来源于社会,理应回馈于社会"的理念,积极参与各项社会慈善事业。如2011年,他向福建中医药大学捐赠100万元,用于设立"万好中医药人才创业基金",支持、资助和鼓励毕业生自主创业。2012年,在"大爱妈祖"首届"妈祖杯"全国书法篆刻大赛活动中,他又一次性捐款200万元作为启动经费;同年,莆田学院举办"百年办学,十年本科"校庆活动时,翁国亮慷慨解囊,捐资500万元。其他诸如家乡的村道建设、华夏希望小学建设、三明永安井垄镇卫生服务站建设,以及各项赈灾活动,翁国亮都伸出了援助之手。据不完全统计,近几年来,翁国亮累计捐资已达1 000万元。他先后获得"福建省新长征突击手""福建省优秀青年企业家""2005年福建省经济年度杰出人物年度公益奖"等众多荣誉,成为莆商队伍中的佼佼者。

全国各地莆田商会组织

商会一般有两种:一种是行业协会,是由同一行业的企业法人、相关的事业法人和其他组织依法自愿组成的、不以营利为目的的社会团体。其宗旨是加强同行业企业间的联系,沟通本行业企业与政府间的关系,协调同行业利益,维护会员企业的合法权益,促进行业发展。另一种是地域性的,通常由某地区企业公司、公务人员、自由职业者和热心公益的公民所自愿组成的组织。

商会是市场经济条件下实现资源优化配置不可或缺的重要环节,是实现政府与商人、商人与商人、商人与社会之间相互联系的重要纽带。在市场经济的环境下,企业更需要商会组织。

长期以来,大批莆田籍乡亲走出家乡,来到全国各地打拼,凭着超群的胆略和争先的气魄,搏击商海,开创了一番事业。为了进一步提升经营理念,做强做优做大企业,构建整体优势和发展空间,从增进沟通、提携互助、维护权益、反映诉求、形成合力、抱团发展等角度出发,在全国各地成立莆田商会。莆田商会的成立,展现了莆商团结一致、共同发展的决心,增强了莆商与各省优秀企业家的凝聚力,增加了莆商之间的广泛交流,实现了不同行业领域的资源整合,抱团投资、共同发展,在全国留下了莆商的不朽功绩,影响力极其广泛。

一、内地(大陆)主要莆田商会

(一)广东省福建莆田商会

广东省福建莆田商会成立于 2013 年 11 月,是经广东省民政厅审核批准注册成立的社团组织,是由莆田籍人士在广东省工商行政部门登记的企业组成,经广东省民政厅注册登记的非营利性社会团体。它的正式成立,标志着莆籍人士在粤创业发展进入了新阶段。

2015 年 6 月 30 日,商会隆重召开成立庆典大会,王文龙担任商会会长,张金华担任监事长。商会会员企业涉及医疗健康、珠宝翡翠、金融投资、电子商务、红木家私、建筑建材地产、五金模具、箱包鞋服、农副产品、艺术文化等诸多领域和行业。

2019 年 6 月 26 日,商会举行第二届会员代表大会暨第二届理监事就职典礼,王文龙担任商会会长,张金华担任理事长,林宝气担任监事长。受莆田市委、市政府的委托,由广东省福建莆田商会在泛珠三角成立"莆田市驻粤人才工作站",王文龙担任驻粤人才工作站站长。福建省工业和信息化厅党组书记、时任莆田市市长翁玉耀为"莆田市驻粤人才工作站"授牌。

经中共莆田市流动党员工作委员会批准,2017 年 6 月 28 日,中共莆田市驻广东省福建莆田商会支部委员会正式成立。商会现有党员 18 人,由蔡清华担任党支部书记。

商会成立以来,在粤莆两地政府的关心、支持下,秉承"南粤莆商情,共圆海西梦"的创会理念;坚持"人文商会、品牌商会、百年商会"的立会愿景;围绕"打造全国一流创新型商会"的奋斗目标;实践"搭建平台、整合资源、信息共享、发展共赢"的办会宗旨;朝着"以商养会、以会养会"的发展方向,投资项目服务、金融服务、电子商务服务、人才交流服务、企业维权、广东莆商联盟六大服务平台;通过商会管理机制的改革创新,实行民主集中制的决策机制、轮值会长值班的执行机制、专家参与的议事机制;建设精简效能的管理机构,创新商会的经费开支管理,努力把商会建设成为在粤莆商企业家温暖的家园,为推动粤莆经济的发展做出应有的贡献。

(二)北京莆田企业商会

1998 年 10 月,莆田在京治安联合会依法升级为莆田市北京商会,成为福建九地市在京最早设立的商会;2007 年 5 月,莆田市北京商会加挂北京福建企业商会莆田分会的牌子,实行一套机构、两块牌子合署办公,2009 年 6 月,变更为北京福建企业总商会莆田商会;2014 年 7 月,经北京市民政局、北京市社会团体管理办公室核准注册登记,北京福建企业总商会莆田商会依法升格变更为北京莆田企业商会。

北京莆田企业商会在莆田市委、市政府及市委统战部和市工商联、福建省驻京办、北京福建企业总商会的大力支持下,在北京市民政局的积极帮助下,在全体在京莆籍企业家的共同努力下,于 2014 年 7 月 26 日召开了商会新一届第一次会员代表大会,选举出新一届理监事会领导班子,由北京硕泽商业集团董事长黄文盛担任会长、博生医疗投资股份有限公司董事长林玉明担任监事长、北京中图能源集团董事长张志勇担任理事长。2015 年 9 月 6 日,中共北京莆田企业商会总支部委员会成立,北京雍凯投资发展有限责任公司董事长许文兴担任党总支书记。目前,商会共拥有 600 多家直属会员企业,涉及地产、木材、钢材、家具、医疗、石油、珠宝、通信等 20 多个行业,为京莆两地的经济发展、社会和谐做出了积极的贡献。

商会自成立以来,秉承"团结、合作、诚信、服务"的宗旨,以服务为根本,立足为会员企业提供产业信息资讯、项目服务、专家服务、宣传服务、法律服务、人才服务等，以及提供更多的"管家式"增值服务，使会员企业在商会平台上"互通信息、互通有无、资源共享、促进合作"。为更好地服务在京莆籍企业，商会设立了莆田市中级人民法院驻商会诉调对接工作站、莆田电视台驻商会工作站、湄洲日报社驻商会工作站，合作律师 100 余名，并且邀请各行各业的专家学者组成专家委员会，与京闽莆等地 200 余家媒体友好合作。

莆田是妈祖的故乡，为弘扬妈祖大爱精神，商会牵头发起成立北京妈祖仁爱慈善基金会，成立仪式上募集善款超 1 亿元。商会积极响应习近平总书记号召，高度重视、全情参与精准扶贫工作，在"精准扶贫——莆商在行动"活动中，商会会员企业共对接帮扶 20 个贫困村，占全市帮扶村近四分之一。商会牵头推动公益办学，确定了既与莆田一中教育集团合作，又同时与北京市海淀区尚丽外国语学校合作办学的模式，解决了莆籍乡亲子女继续在京上学并顺利参加高考的难题，得到了福建省教育厅、莆田市领导的大力支持。

(三)辽宁省总商会莆田商会

辽宁省总商会莆田商会是莆田市在辽宁投资创业的民营工商业者组建起来的一个外埠商会组织。商会始建于 2003 年，当时的称谓是"福建省莆田市辽宁商会"。2005 年底，商会在科学重组的基础上，申请加入辽宁省总商会，成为总商会大家庭中的一名直属外埠商会成员。商会的指导思想和宗旨是：在两地政府和主管部门的领导下，充分发挥外埠商会的特点和优势，团结莆商，把握商机，科学发展，互动共赢，为辽宁老工业基地的振兴和海峡西岸经济区的建设不断做出新的贡献。商会所覆盖和服务的对象是在辽宁境内经商的全部莆田籍企业家及其企业和全体莆田籍乡亲。目前，会员企业已有 500 多家，分布于沈阳、大连、鞍山、抚顺、本溪、锦州、营口、辽阳、阜新、盘锦、丹东等省内的 12 个城市。其经营的范围涉及木材加工、医疗卫生、医药研发、厨房设备制造、建筑装饰设计、石油化工、陶瓷制造及贸易、房地产开发、矿业开采、钢材贸易、海洋运输、客运物流、金银珠宝、乳业制品、餐饮宾馆、食品加工、旅游、鞋业、茶酒经销、建筑设备租赁、贷款担保、影视制作等 20 多个行业。

商会成立以来，在辽宁和莆田两地党委和政府及工商联组织的正确领导下，认真履行自身职能和使命，在服务辽宁、报效桑梓、团结凝聚莆商、维护会员和会员企业合法权益、参政议政、回报社会、参与支持省联(总商会)活动、开展商会自身建设等方面均做了大量艰苦细致的工作，取得了一系列丰硕的成果。

(四)昆明市莆田商会

2002 年 8 月 8 日，在莆田市委、市政府和昆明市委、市政府的关心下，昆明市莆田商会在昆明成立了。昆明市莆田商会实行一套班子两块牌子(昆明市莆田商会、福建省莆田市云南商会),商会是政府管理非公有制经济的助手,莆田商会的成立标志着党和政府与莆籍企业间从此架起了一座高效沟通的桥梁,成为党、政府联系非公经济人士的纽带。商会会员大多在云南省各地州经商,主要从事市场开发、建筑建材、房地产开发与建设、珠宝玉器、石油加油站、矿产资源、医疗美容、医药设备、宾馆酒店、厨房设备、教育培训、机械销售、酒业、餐饮娱乐、食品加工、物流货运等行业,为莆田企业在云南的发展打下了坚实的基础。

商会成立至今,在提供多渠道融资平台、促进会员企业规范化发展、加强企业间联系、沟通企业与政府和银行间关系、协调企业间利益、维护企业合法权益、积极参与慈善事业等方面已取得显著成绩。今后将进一步提升服务力度,依托商会大平台,达成"资源共享、相互帮助、互通有无、协作发展"的愿景,团结带动在滇闽籍企业家不断做强做优做大,推动闽商在云南乃至全国的大发展。

(五)福建省莆田市新疆商会

福建省莆田市新疆商会是 2003 年 8 月 8 日正式成立的非公有制经济人士的群众性团体组织。它是具有社团法人资格的服务、中介和协调机构,属新疆区域性的法人社团。

改革开放以来,随着市场经济的发展和国家西部大开发战略的实施,不少莆田人士勇于开拓,毅然奔赴祖国西北边疆艰辛创业,为促进新疆社会经济的发展发挥了重要的作用。据不完全统计,目前在新疆各地的莆田籍经商人士约有 8 万人,涉及建筑、建材、房地产开发、证券、珠宝首饰加工、医药、医疗器械、小商品批发、商业贸易等诸多行业。商会坚持为会员服务的方针,向政府有关部门反映企业的愿望和要求,维护会员和会员企业的合法利益,收集整理来自各方面的信息政策等,促进会员共享与社会各界联系,扩大会员企业的知名度,参与招商引资、投资、对外交流,提升莆田企业在新疆的核心竞争力。

(六)南京市莆田商会

南京市莆田商会是由在南京从事生产经营的莆田籍企业组成的地方性、行业性、非营利性社会组织,于 2004 年 10 月 16 日经南京市工商联批准成立,2008 年 3 月 31 日由南京市经济协作办公室批准,南京市民政局注册登记为社团法人机构。宗旨是广泛联系和团结南京地区的莆籍工商界人士,增进乡谊,团结互助、互通信息,促进南京和莆田两地的经济共同繁荣及企业的自身发展。

商会的主要任务是通过各种渠道为招商引资和经贸合作提供中介服务,维护会员的合法权益,为他们提供信息,调解纠纷,解决在工作和生活中遇到的困难。目前在宁经商的莆籍人士众多,大小公司、经营场所 1 000 多家,其中会员公司和企业 300 多家,经营范围包括建材、食品、餐饮、医疗、房地产、加油站、珠宝、瓷艺、物流、汽车运输等行业。

(七)厦门市莆田商会

厦门市莆田商会凝聚在厦莆商的力量,努力贯彻科学发展观,沐浴特区改革开放的春风,紧随海西新一轮跨越式发展步伐,于 2007 年 10 月 16 日正式成立。

在厦门市政府经发局、民政局的直接领导下,莆田商会从小到大,不断发展,始终以繁荣厦门、建设莆田为己任,将服务政府、服务社会、服务企业作为商会工作的永恒主题,主动融入厦门经济特区发展的历史潮流,充分发挥政企沟通的桥梁纽带作用,积极充当政府和企业的参谋,以团结、交流、发展、服务为宗旨,团结广大莆籍企业家及各界乡亲,促进合作与交流,引导参会企业家遵纪守法、诚信经营,依法维护自身权益,热心公益事业,回报社会和家乡。

三年来,商会网站进行了大量改版、履新、维护,半个月左右更新一次,凡商会重要的事务、文章、活动均进入网站。浏览商会网站的人越来越多,兴趣越来越浓厚,点击率持续攀高。特别是 2010 年商会网站与台海网链接并网后,点击浏览人员猛增,为商会宣传介绍企业及名优产品发挥了一定作用,会员受益明显。商会还利用电子邮箱,将商会日常开支、收缴会费、账户余额每周公布一次。理事们只要一动手指便一目了然,做到每个理事都能参加商会财务管理,及时清晰了解财务收支情况。

商会曾先后与美国美中联合商会会长林志共先生、美国纽约州库克大学校长黄天中教授、香港政企两界名人、厦门政协常委黄咸铮先生、日本同乡会会长杨立成先生开展交流。台北莆仙同乡会理事长龚以敏先生带领 38 人返乡团造访商会,受到会长苏庆灿、秘书长谢赳等热情接待,双方亲切交谈并互赠礼品。2010 年 1 月 23 日,在厦门友丰国际城文博馆,商会参与举办的"中华和平日海峡两岸三通周年庆活动",吸引了来自台湾地区、北京、厦门等地的各级领导、社会团体、企事业和社会名流 300 余人出席。

商会被环球商会联盟授予理事单位,厦门市总商会及厦门市诚信促进会分别授予常务理事单位,并成为莆田市工商联厦门分会。

(八)深圳市莆田商会

深圳市莆田商会于 2011 年 6 月通过政府相关部门审批准予正式成立,是由莆田籍人士在深投资的企业自愿组成的联合性、地方性、非营利性的社会组织。

商会主要由 50 家在深的莆商企业发起,会员单位涉及行业众多,其中包括投资、珠宝、钢材贸易及租赁、五金模具、家具制造、医疗、服装等行业,年产值超亿元的企业有 12 家。凡在深圳市由莆田籍人士投资创办的各类工商企业法人,均可自愿申请入会。

(九)上海市莆田商会

上海市莆田商会成立于 2002 年。据不完全统计,莆籍人士在沪近 10 万人,涉及各个行业,尤其在木材、民营医疗和金银珠宝 3 个行业具有突出的地位,每年营业销售额可达数千亿元。除了这三大行业外,食品、木雕工艺与仿古家具、工业模具、钢管租赁、商贸市场租赁、餐饮休闲娱乐、物流货运、手机批发等领域也有莆籍人士在经营。其中,达芙妮、南浦天喔食品等名牌在上海乃至全国都具有很大的知名度和影响力。

(十)西安市莆田商会

西安市莆田商会是 2011 年 8 月 24 日成立的社会团体。陕西作为西部大开发的门户省份,商业气氛浓厚,有许多投资机遇促使众多巨商到陕西投资发展,其中就有很多莆商的身影。在陕投资经商的莆田籍商人大约有 2 万人,注册企业 2 000 余家,其中规模以上的企业 1 000 余家,年销售额上亿的企业近百家,年创产值近千亿元,涉及房地产开发、商业地产、物业管理、钢铁生产及钢铁贸易、建材贸易、市场开发、服装、鞋类贸易、百货超市、木材加工及贸易、黄金饰品加工及贸易、医疗器械、石料生产及石材加工贸易、茶叶、投融资担保、有色金属和医院等 20 多个行业。

商会自筹办以来,西安市的莆田籍企业家踊跃参与,目前已有会员企业 800 余家;其中名誉会长企业 8 家、常务副会长企业 28 家、副会长企业 82 家、理事企业 100 余家、会员企业 600 余家。

商会教育企业遵守国家有关法律、法规;信守企业诚信;严格按照银行会计审核流程作业,提供企业正常经营的资金流量报表;遵循西安市工商联关于异地商会相关事项审查工作暂行办法;遵循西安市社会团体登记管理条例;遵循西安市民政局社团登记工作程序的相关规定;遵照本会章程开展活动。以科学发展观统领商会工作,坚持市场化方向,热忱为会员服务,帮助企业开拓市场,引导企业规范经营,加强经济信息交流与合作,提高企业竞争能力,维护会员合法权益,团结、教育、引导会员做合格的中国特色社会主义事业建设者,为西安和莆田两地经济发展、社会和谐建设贡献力量。

（十一）福州市莆田商会

福州市莆田商会是顺应新时代的需要，响应莆田市委、市政府的号召，按照榕城莆籍企业家的愿望，在有关部门的关心支持下，经过精心筹备，于 2018 年 5 月 25 日在福州成立的新型商会。

商会以服务会员为宗旨，发挥政府与会员之间的桥梁纽带作用，坚持团结、服务、引导、教育的方针，促进"亲""清"政商关系，引导会员坚定理想信念，自觉践行社会主义核心价值观，做合格的中国特色社会主义事业建设者，为福州和莆田两地的经济社会发展，为建设机制活、产业优、百姓富、生态美的新福建贡献力量。

商会目前拥有会员近千人，分布在建筑建材、信息技术、贸易服装、金融投资、医疗健康、法律咨询，以及房产、旅游、酒店、文化传媒等行业。

福州市莆田商会代表拍照留念（陈祖元摄）

（十二）泉州市莆田商会

2013 年 3 月 18 日，由黄长城、陈少强、王天华、黄盛韬、宋智峰等 10 多位企业主共同发起，并经主管部门同意，成立了泉州市莆田商会筹备组，开始着手商会成立的各项筹备工作。筹备组先后组织召开 8 次筹备会议，就商会成立的有关问题进行了研究和讨论，广泛征集骨干企业对商会筹备工作的意见和建议。经过一年多的筹备，在 2014 年正式成立。在广泛宣传动员和自由自愿原则的基础上,已有 300 家企业申请入会,主要从事鞋材鞋机、建筑工程设计施工、工程装饰、纺织服装、面料辅料、物流、医疗、文化、五金、餐饮、商场等多个行业。

商会的宗旨是维护党的领导,遵守宪法、法律、法规和国家政策,遵守社会道德风尚、整合资源,服务会员;立足泉州,反哺家乡,联结莆泉,共建海西;加强在泉莆籍企业间的交流与合作,开展与其他各省(自治区、直辖市)及国际组织的经济技术联络与合作;团结、联系、引导广大会员企业合法经营,维护会员的合法权益,帮助、扶持中小企业开展业务,促进企业做强做优做大,为莆田与泉州两地经济发展做出贡献。

(十三)莆田市海峡茶业交流协会

莆田市海峡茶业交流协会是莆田市民政局于 2011 年 7 月批准登记的社会团体,业务主管单位为莆田市农业局,开展海峡茶业交流、技术研讨、咨询、服务、行业自律等活动。2016 年 1 月召开了第二届会员大会,林天忠当选协会新一届会长。目前,加入协会的茶企不断增加,会员数量达上百个。市海峡茶业交流协会成立以来,积极组织开展了茶赛、茶叶品鉴会、斗茶交流活动、茶叶技能赛等一系列活动。在莆田市委、市政府的大力支持下,连续多年举办名优茶鉴评活动和茶王赛,旨在进一步鼓励生产名优茶,不断提高莆田茶叶的知名度和市场占有率。每年的茶赛,都邀请了省名优茶评审专家组前来评茶,吸引了许多本市茶企、茶农、茶商选送茶样前来"比拼"。通过这几年的茶赛,莆田茶的品种不断增加,茶的质量不断提高。协会还成功举办了多届茶叶技能大赛,竞赛工种分为茶叶加工者、茶艺师和评茶员,按照国家标准要求进行,促进从业者技能的提升。

下一步,市海峡茶业交流协会将一如既往地发挥桥梁纽带作用,为茶企服务。继续积极推动莆田茶申请国家地理标志产品,供广大茶企使用,打造出具有莆田特色的茶叶品牌;与农科所专家联系对接,为茶农提供种植技术、虫害防治等指导;加大宣传力度,继续支持、组织茶企参展参赛,多渠道提升莆田茶知名度,促进莆茶走天下。

二、港澳台地区主要莆仙同乡会

(一)台湾地区莆仙同乡会

民国时期,移居台湾岛内的莆仙同乡日渐增多,不少人事业有成。1946 年,由莆商黄祖汉、张振汉、罗翰坡、蔡挺起和政界人士林秀峦等人倡议,在台北成立了岛内第一个莆仙同乡社团组织——台北莆仙同乡会,由黄绳武担任首届理事长。以后历届理事长有林秀栾、吴异修、蔡金清、龚以敏等人。1972年,台北莆仙同乡会在台北市筹建会馆天后宫,得到印度尼西亚、新加坡、马来西亚等东南亚各国同乡会的经费支持。会馆天后宫建设历时6年,于1978年9月落成,东南亚各国乡亲纷纷前来祝贺,盛况空前。

台北莆仙同乡会以"团结在台乡亲,传承爱乡精神,关注家乡人发展,积极为家乡招商引资牵线搭桥,热衷公益事业"为宗旨,积极为赴台莆仙乡亲提供帮助。每年举办一次联谊会,莆仙同乡共聚一堂,畅谈乡情,联络感情。同乡会不仅成立了"老人益寿会",组织年长乡亲不定期地进行养生、敬老、聚餐等各项休闲活动,还设立教育奖学金,经常为同乡优秀子女颁发奖学金,鼓励莆籍乡亲后裔努力学习。创办《莆仙会刊》,报道乡讯、传达乡声、联谊乡情、弘扬桑梓文化。同时,还编印了兴化文献、复印莆仙县志等,积极传承莆田地方传统文化。积极支援家乡公益事业建设,据不完全统计,台北莆仙同乡会先后为家乡公益事业捐款累计达3 000多万元,涉及教育、文化、基础设施建设等各个领域。积极联络岛内同乡,凝聚乡亲力量,发展莆商事业。在台北莆仙同乡会的帮助下,台湾岛内先后成立了高雄莆仙同乡会、基隆莆仙同乡会、花莲莆仙同乡会和彰化莆仙同乡会,将岛内莆仙乡亲紧密团结起来。

(二)香港地区莆仙同乡会及商会

改革开放后,大批莆仙百姓通过各种渠道前往香港地区经商或定居。据不完全统计,旅港莆仙乡亲已逾10万人。在港莆仙同乡继承前辈艰苦创业的精神,勤劳致富,艰苦创业,不少莆商脱颖而出,成为香港商界的精英,涌现出一大批知名企业家。特别是信和集团、力宝集团、金威集团、新威集团等,都是颇有知名度的莆商企业。

1.香港仙游同乡会

香港地区最早成立的莆籍同胞社团是仙游同乡会,创办于1985年,由印尼侨领张清泉、王伟奇等人捐资在香港九龙荃湾杨屋道购置一套楼房作为同乡会会所。历届会长有谢义泰、杨宗能、林明盾、朱展东、傅珍耀等人。香港仙游同乡会成立后,积极联络乡亲,兴办公益事业,协调在港同乡的纠纷与矛盾,促进在港莆商事业的共同发展,取得了明显成效。

2.香港莆仙同乡联合会

1993年,在莆仙同乡倡议下,成立了香港莆仙同乡联合会,由王文荣担任首届会长,陈子煌、李承龙任名誉会长,许国华任监事长,每5年进行换届选举。联合会秉承和弘扬莆仙乡亲爱国、爱港、爱乡的光荣传统,沟通乡情民意,维护乡亲权益,积极参政议政,为香港经济社会发展做了积极贡献。在海内外享有较高的声誉,会员中现有100多位莆商当选全国、省、市、县政协委员和海联会理事及各级侨联会委员,不少人受到各级政府的嘉奖和表彰。

香港莆仙同乡联合会成立后,积极为国家经济建设贡献力量,经常动员在港莆商回乡投资创业,促进家乡经济发展。据不完全统计,香港莆仙同乡联合会会员在全国各地总投资额已达 300 多亿元。积极支持家乡公益事业,经常捐款捐物,支持灾区,深受社会各界的好评。如 1999 年莆田发生特大水灾,香港莆仙同乡联合会发动会员捐款 100 多万元,帮助家乡灾民重建家园。在抗击非典、汶川地震、华东冰雪等捐赠活动中,香港莆仙同乡联合会也积极发动会员捐款救灾。据不完全统计,香港莆仙同乡联合会及其会员赞助全国各地公益事业和救灾款的总额已逾 2 亿元。

3.香港莆田商会

香港莆田商会是一个莆商社团组织,现有会员企业 100 多家。香港莆田商会成立于 1995 年 9 月,由莆商郭祖基、黄清和、曾建恩、刘金枝等人发起倡议。首任会长由郭祖基担任,第二届会长由林国华担任。2003 年换届以来由翁国亮蝉联香港莆田商会会长。

在香港莆田商会组织下,广大莆商积极参与香港特区的经济建设,为香港特区的繁荣与发展做出了积极贡献。进入 21 世纪,香港与内地的经济交流日益扩大,人员往来更加密切,在港莆商积极与家乡开展经贸交流,纷纷返回内地投资创业,涉及鞋革、玩具、化工等多个领域。特别是电子企业陆续迁往莆田境内落户,使莆田市迅速发展成为计算器、电子表等电子产品生产基地。香港莆田商会在促进家乡经济发展和莆港经济交流与人员往来等方面,做出了积极的贡献,得到莆田市各级人民政府和社会各界的高度评价。

(三)澳门莆仙同乡会

改革开放后,莆田百姓陆续迁徙澳门经商或定居,目前在澳莆籍同乡约 3 万人,且大多数为商人。澳门莆仙同乡会原名为澳门莆田同乡会,创建于 1995 年,由莆商关荣丰、吴文央、黄宗辉、关永道、谢文高等人发起。首届会长由关荣丰担任,常务副会长有林立人、关水道、吴伟峰等人,黄宗辉任理事长,萧长荣任监事长。下设秘书处、财务部、青年委员会、妇女委员会、联络部、康乐部、福利部、协调部等工作机构。2004 年,澳门莆田同乡会更名为澳门莆仙同乡会。

澳门莆仙同乡会关心澳门地区的公益事业建设,积极参与澳门地区各项社会活动,先后捐赠多批款项给澳门慈善机构,得到澳门各界的好评。特别是一年一度的"澳门公益金百万行"活动,澳门莆仙同乡会号召会员积极捐资,组织乡亲踊跃参加游行活动。此外,对家乡公益事业建设非常热心。在同乡会筹备期间,恰逢华南地区发生重大水灾,同乡会立即捐款 5 万多元给灾区人民。1999 年莆田发生特大水灾,同乡会又捐资 21 万元支援家乡减灾赈灾。还有莆田市侨联大厦装修、湄洲妈祖文化旅游节举办等，澳门莆仙同乡会都给予经济支持。积极为乡亲排忧解难，凡同乡发生意外伤亡、恶疾病逝等，同乡会都不遗余力地发动乡亲给予支持，帮助解决困难或后事。澳门莆仙同乡会还设立了奖学金，每年为成绩前三名的莆籍学生颁发奖学金，鼓励同乡子女努力学习。

第十章

海外莆商与华侨社团

二战结束后,东南亚各国相继独立,经济开始蓬勃发展。在这一历史大背景下,莆仙两县移居海外的华侨日益增多,商贸活动更加频繁,海外兴化商帮迅速壮大,各侨居国的莆商企业风风火火、蒸蒸日上,涌现出许多颇具影响力的大型企业和商界名流,为侨居国经济社会发展做出了积极贡献。中华人民共和国成立后,广大海外侨商积极支援家乡公益事业建设。改革开放后,政府鼓励侨商回国投资创业,莆籍侨商陆续回乡投资创办实业,莆田市与各侨居国的经济交流日益扩大。而随着海外莆商队伍的发展壮大,海外华侨华人的联谊活动也日渐增多,海外各国莆籍华侨社团组织应运而生,在各侨居国产生了很大的影响力,特别是在维护华侨华人利益、兴办公益事业、支持家乡建设等方面,发挥了重要作用。

第一节

海外莆商的发展壮大

一、海外莆商的数量

中华人民共和国初期,国家允许侨眷侨属出国投亲,莆仙境内有少量侨属出国与亲人团聚。据《莆田市志》统计:"1949 年后,劳务出口多为有华侨关系的侨眷子女。其中莆田县(含城、涵二地)1950—1959 年出国打工 5 822 人,1970—1979 年出国打工 2 661 人。"①但"随着社会主义建设事业的发展,就业门路不断拓宽,人民安居乐业,生活逐步改善,基本上消除了劳动人民出国谋生的因素,加上东南亚地区的国家

---

① 莆田市地方志编纂委员会.莆田市志[M].北京:方志出版社,2001:1698.

先后限制华人入境,出国的人便越来越少,此时出国的主要是同亲人团聚或去继承财产"。①

20世纪50—60年代,莆仙两县出国定居的人数大幅减少。一方面,由于出境政策十分严格,符合条件和核准出境的人员极少。另一方面,"东南亚各国独立后,当局限制华人入境,出国的主要对象是侨亲,但有相当一部分人未能入境而滞居香港"。②

改革开放后,莆田市出境人数逐年增多。一方面,国家放宽人员出入境的政策限制,允许侨眷、侨属出境与海外家人团聚,促进了海外华侨人数的迅速增长。另一方面,随着对外经济交流的不断扩大,人员往来与经济交流日益频繁,出境渠道众多,形式多样,有劳务出境,有经商出境,有技术移民出境,还有投资移民出境等,客观上也使海外莆商数量迅速增长。加上"各个时期出国的莆仙人多数在侨居地落地生根,繁衍生息。华侨多数分布在印度尼西亚、马来西亚、新加坡、菲律宾等东南亚各国。不少莆仙籍华侨、华人子女往美国、日本、英国、法国等国留学,学成后多数在欧美等国定居",海外莆籍华侨华人分布越来越广,数量越来越多。③ 据《莆田县志》记载:"莆田县海外华侨旅居地,从马来亚(包括今新加坡及马来西亚)开始,逐步扩展到暹罗、荷印(今印度尼西亚)、沙捞越、北婆罗洲(今沙巴)、文莱以及美国、日本、英国、比利时等50多个国家和地区。1987年10月,县侨务部门统计,全县旅外人口近30万人,其中:马来西亚9万人,印度尼西亚8万人,新加坡7万人,泰国、美国各0.5万人,另有4万多人分别旅居在文莱、澳大利亚、加拿大、缅甸、菲律宾、日本、英国、德国、荷兰、越南等国。1989年12月,全县华侨、莆籍华人共306 959人,相当于莆田全县总人口的22.53%","以新加坡、马来西亚、印度尼西亚、文莱、泰国等人数为多"。④ 仙游县约有华侨华人65 000多人,其中印度尼西亚人数最多,共有28 209人,马来西亚23 662人,美国3 373人,菲律宾1 209人。同时,在德国、意大利、荷兰、巴西、泰国、日本等国的莆籍华侨华人数量也在增加。至1990年,世界各国莆籍华侨华人已达628 829人,其中华侨56 571人,华人572 258人。

从20世纪90年代开始,海外移民人数骤增,莆田百姓通过移民、商务、联姻、投亲等多种方式,前往世界各国经商或创办企业,使海外莆籍华侨华人数量迅猛增长。据2006年侨情普查,莆田市共有海外华侨华人77.96万人。其中新生代华人约占90%,主要集中在印度尼西亚、马来西亚、新加坡等东南亚国家。与老一代华侨华人相比,新生代华人在思维方式、价值观念、经营模式等方面具有明显的特点。一是新

---

① 莆田县地方志编纂委员会.莆田县志[M].北京:中华书局,1994:891.
② 莆田市地方志编纂委员会.莆田市志[M].北京:方志出版社,2001:2430.
③ 莆田市地方志编纂委员会.莆田市志[M].北京:方志出版社,2001:2430.
④ 莆田县地方志编纂委员会.莆田县志[M].北京:中华书局,1994:893-894.

生代华人具有良好的教育背景和文化知识,职业构成也更加多元化;二是新生代华人拓展中国市场的愿望更加强烈,投资潜力更大;三是新生代华人融入侨居国主流社会的意识更浓,不少新生代华人具有商人与政客的双重身份。

进入 21 世纪之后,随着中国对外开放的进一步扩大,中外经济交流更加频繁,莆田百姓大批前往海外经商或定居,海外莆籍华侨华人队伍迅速壮大,遍布全世界各个角落,形成一支颇具规模和影响力的海外莆商队伍。

二、海外莆商的发展

莆籍华侨华人历来以吃苦耐劳而著称,出国伊始,大多数莆仙人从事体力劳动,如挖煤开矿、垦荒种植、海洋捕捞、修桥铺路、拉人力车等。稍有积累之后,他们就会投资开店,经营点心店、塑料店、电器店、食品店、服装店、理发店等。当资本积累到一定程度后,莆商们就会投资办厂,发展实业,如创办家具行、建材行、自行车行、汽车修理厂、塑料皮鞋厂等。

海外莆籍华侨在选择职业时往往会"近亲繁殖",亲朋好友相互提携、介绍、推荐,一个家族或一个村庄,甚至一个乡镇的同乡,通常集中在一个地区,经营一两个行业。据《福莆仙乡贤人物志》记载,海外"兴化人职业形式的特色与社会结构中的帮派主义有着密切的关系,他们南来时多由乡亲互相带来,依靠先移殖者的照顾,这一方面是因为彼此间语言与生活习惯相同,易于相处。早期华人所经营的商店,属于家庭式的小型生意,他们所雇用的人大多是亲人或同乡,很少会雇用他籍人士,兴化人经营的脚车店,学徒多为同乡或亲人,当这些学徒在技术上稍有进步,而且略有积累时,便会自己开一间脚车店,这样发展下去,有些则迁至较小的市镇经营,这一行业便多为同一属人所操纵。其他与交通有关的行业,情形也是如此。……古晋与美里两地的车胎复制与电池翻新,全部由兴化人经营,脚车与汽车零件的经销,在古晋达九十巴仙(90%)以上,而在美里则达一百巴仙(100%)"。[①] 在新加坡境内,早期移居的莆仙侨民大多聚居在新加坡惹兰勿刹地区,后来陆续转移到跑马埔路和吉真那路一带,并逐渐形成了新加坡"莆田街",主要经营小旅馆、工艺品、首饰和兴化面食、米粉等地方小吃。

从 20 世纪 50 年代起,海外莆籍华侨的经营行业开始扩散,分布日益广泛。据《莆田市志》记载:"50 年代初期,在印度尼西亚的莆田侨胞中,从事出租三轮车的占 10%,经营汽车、自行车零件的占 25%,当雇佣工人的占 18%,务农的占 10%,从事文

---

① 编辑委员会.福莆仙乡贤人物志[M].新加坡:福莆仙文化出版社,1990:407.

教事业的占 3％,其他的为各类服务人员。在越南,三轮车工人占 20％,经营自行车零件和修补车胎的占 25％,塑胶制造的占 4％,垦荒、捕鱼、理发等的占 10％,还有从事粮食加工、知识服务等行业。至 20 世纪 70 年代初期,在吉隆坡、新加坡等地仍有少数侨胞拉人力车,当锡矿工、橡胶园工以及从事垦荒、烧窑、采石、打铁、捕鱼、裁缝等,因地缘和亲缘因素,在印度尼西亚的仙游籍侨胞,从业情况与莆田籍侨胞大体相同。"[1]

进入 20 世纪 60 年代后,海外莆商大多数转行经营工商业。《莆田市志》记载:"20 世纪中叶,一些善于开拓进取的莆仙华侨,除继续经营有地缘特色的行业外,开始从早期的商贸活动及小手工业转向工业制造,从传统的小服务行业拓展到经营金融、保险、酒楼、木材及超市。有的引进先进技术,扩大企业生产规模,发展生产经营;有的与侨居地的厂商合作,投资创办工商企业,运用现代技术和管理方法,取得显著的经济效益。"[2]其中经营比较成功的"有祖籍莆田的方德源、方成和创办的'德源有限公司',经营业务包括五金、机器零件、地产开发、运输、水产、油棕、可可与化肥等等"。[3] 又据《福莆仙乡贤人物志》记载,从 20 世纪 60 年代起,"福、莆、仙人经营的车业更为飞跃地发展。种类增多了:银行业、金融业、地产建筑、面粉厂、水泥厂、钢铁厂、棉织厂、旅店业、汽水厂、汽车公司、摩哆公司、公共巴士公司、罗厘运输公司、汽车零件制造厂、复新汽车轮胎公司等,与车业有关的各种行业应有尽有。范围也扩大了:除原有的各个国家、地区更普遍外,又增添了泰国等国家和地区。单就新加坡和马来西亚两国而论,据不完全统计,'车商公会'之类的组织就达 30 个以上。在南洋一带,各种车商的家数,小的不算,规模较大的早已超过 5 000 家"。[4]

到了 20 世纪 70 年代,不少海外莆商事业有成,家资巨富。特别是东南亚各国,有不少莆籍华侨华人脱颖而出,成为侨居国颇具影响力的著名商人。"如新加坡兴化人有黄廷方、黄日昌、林和义、林生珠、黄亚兴、黄金宣、方秀仁。印度尼西亚兴化人有李文正、林德祥、陈江和、李文明、李思义、黄文华、黄文兰。还有文莱的刘鸿池、陈振荣、刘鸿攀。沙巴拿督方德源、拿督郑志雄、郑金山;砂捞越古晋的李宗林、拿督郑正金、郭德霖;美里的李光木、刘文贤、刘旭同;诗巫的刘元珍、郑宗钦。吉隆坡劳工部长林亚礼、兴总会长董玉锦局绅、拿督张德麟、拿督许元连、拿督叶林生、黄玉田、拿督林金树、庄玉霖局绅、林光第、杨梅水、王嘉良、卢文华、拿督刘文华、刘永龙、黄升福、陈兰、陈金发、王祖武、黄文兰、黄文渊、黄克鸿、黄贤泉、林德民、姚玉池、黄亚盾、林锦

① 莆田市地方志编纂委员会.莆田市志[M].北京:方志出版社,2001:2434.
② 莆田市地方志编纂委员会.莆田市志[M].北京:方志出版社,2001:2434.
③ 林忠强,等.东南亚的福建人[M].厦门:厦门大学出版社,2006:71.
④ 编辑委员会.福莆仙乡贤人物志[M].新加坡:福莆仙文化出版社,1990:409.

瑞、林清霖。新加坡的刘新楼、林锦源、姚国英、王如聪、王荣銮、王荣凰、俞进财"等，都是海外著名莆商。[1]

进入 20 世纪 80 年代后，现代科技日新月异，世界各国经济突飞猛进。在全球经济大发展的历史背景下，海外莆商事业蒸蒸日上、蓬勃发展，许多侨商发展成为颇具影响力的商界巨子。如金融寡头李文正，成为名震印尼的银行巨擘；新加坡胶轮业巨商苏明发、马来西亚著名建筑商林生、文莱著名实业家刘鸿池和刘鸿攀兄弟、马来西亚兴安总会署理事长姚文贵、新加坡音响系统电器厂董事长黄文兰等，都是颇具知名度的海外莆商。据 1987 年 10 月统计，仅"莆田县旅居东盟五国的华侨、华人中，多数经营汽车业，其次为从事电器、建筑、地产、石油、金融、船务以及种植业和冶金制造业。有 60% 以上的侨胞经济居于中、上层，其中资产亿元以上的有 10 家，千万元以上的有 100 家。许多受过高等教育的莆仙籍侨胞，在文化科技领域中充分发挥才干，开拓莆仙侨胞的从业范围，涌现出一批专家、学者、教师、医师、工程师、会计师和高级技师等，莆田籍的美国数学博士、纽约福德姆大学数学系主任陈玉清教授，美国医学博士、国际著名心胸外科专家黄令南，美国电脑专家王宝硕，香港民爱医院院长、美籍华人余文荣，以及在高科技领域作出重大贡献的仙游籍科学家王祖鉴、王武荣、王世障、王保垒博士等都是莆仙华人中的佼佼者"。[2] 同时，一些卓有远见的海外莆商事业有成之后，积极跻身侨居国政界，将商界影响力扩展到政界，在维护华侨华人利益、扩大华人政治影响和提高华人社会地位等方面，产生了积极的影响。据不完全统计，在印尼境内就有 5 名莆仙籍侨商当选国会议员，有 6 位莆商当选州议会议员。林亚礼、方德源等 14 人荣获拿督勋衔。林荣膺丹斯里勋衔，李达荣获高级拿督勋衔，许元连、许金宝、郑金象、黄国森、陈仁华等人膺皇家拿督勋衔，在侨居国具有较大的影响力。

20 世纪 90 年代，海外莆商企业出现了快速发展态势。他们在巩固传统行业的基础上，开始向新兴行业进军，特别是金融证券、电子 IT、房地产业、服装饰品、塑料玩具、新农开发、餐饮业、工艺品、超市、纺织、轮胎、造纸、钢铁、航运、石油等行业，成为海外莆商投资的新方向。如印尼著名莆商李文正及其家族企业，以金融业为基础，拓展了基金、证券、财务和投资咨询等领域的业务。新生代华人黄志达，以金融业和房地产业为主，兼营酒店、物业管理和娱乐业等。同时，涌现出一批著名的实业家，如印度尼西亚的金融世家李文光和李文明、"钢铁大王"陈财基、"轮胎大王"林德祥和姚子兴，新加坡交通业巨擘林荣、石油大亨林恩强和餐饮业领军人物黄日昌、周颖南等。特别是年轻一代的莆籍侨商，异军突起，迅速发展成为侨居国的商界名人。如在阿根

---

① 编辑委员会.福莆仙乡贤人物志[M].新加坡:福莆仙文化出版社,1990:97.
② 莆田市地方志编纂委员会.莆田市志[M].北京:方志出版社,2001:2434.

廷经商的郭加迪和陈荣华、南非的郭顺元、巴西的郑金云等,都是海外莆商的后起新秀。

进入 21 世纪之后,新生代海外莆商紧跟时代潮流,积极开拓新的行业,在电子科技、纳米技术、IT 行业、金融保险、租赁、财务、通信和新能源、新材料等方面,都有重大突破,取得了辉煌成就,在海外各国的影响力不断扩大。

三、海外莆商对侨居国的主要贡献

从 20 世纪中叶起,海外莆商企业进入了黄金发展时期,大多数侨商完成了原始资本积累,开始创办大中型企业,形成了颇具影响力的海外兴化商帮,并对侨居国经济社会发展产生了积极的影响。如清光绪二十四年(1898 年)出国的莆田江口华侨姚为祺,在吉隆坡创办了“福隆兴”自行车修理铺,先后带领众多家乡亲友前往海外共同创业,在 20 世纪 30 年代形成了著名的“兴化车帮”。至 20 世纪 80 年代,“兴化车帮”已经垄断东南亚各国的汽车市场,为侨居国的交通运输业发展做出了积极贡献。还有“民国初期,莆仙侨胞卢锦枝等带领 200 多人先后到沙捞越、诗巫、古晋等地垦荒种植。随后,开发天然资源与矿藏,把不毛之地建成富庶之区。他们还在那里办学校、建工厂、办医院,工、农、商、学齐兴,形成繁荣的‘兴化帮’。20 世纪初、中叶,莆田沿海渔民方阿满、方振荣父子先后到沙巴洲和山打根从事捕鱼,经过艰辛劳作,后来设立鱼寮,开办鱼行,为发展当地渔业作出贡献”。自 20 世纪“70 年代以来,居住海外的莆仙人,广泛从事交通运输业、工业、矿业、建筑业、纺织业、养殖业、农林业以及金融、汇兑、保险、地产、股票等各种行业,其中有的成为有世界影响的企业家,如仙游县枫亭镇枕头山人黄元享,在菲律宾开发房地产业,为当地城乡建筑事业作出贡献。70 年代末,莆田人黄文华在雅加达、棉兰等地设厂,引进日本生产线,用日本零件组装家用电器,职工总数达 3 000 人。李文正与内弟李文光、李文明兄弟于 1972 年创办泛印银行,是印度尼西亚最早参加国际金融市场的华资银行,与世界十大银行建立业务关系,主持该行业务的总经理李文正,被香港《亚洲金融》杂志社选为 1983 年度最杰出的银行家。黄廷方在新加坡经营远东地产置业有限公司、远东工程投资有限公司、远东发展工程有限公司、远东金融机构等,80 年代初,在香港设立信和置业有限公司,为新加坡的工程、地产、金融业的发展作出贡献。慈善家李文涛创办快捷银行,任董事长,还在雅加达经营旅馆业,为当地居民创造方便。企业家张清泉创办纸厂(印度尼西亚四大厂之一)和海藻加工厂,并在新加坡、马来西亚、美国经营皇冠系列旅馆,独树一帜。周颖南经过多年的苦心经营,在新加坡创办湘园酒家,以中国特色的名菜享誉五洲四海。还有在泰国的林文龙兄弟、马来西亚的张德麟、印度尼西亚的陈财基等,都为侨居地的金融事业作出很大的贡献"。[1]

海外莆籍华侨华人继承并发扬莆田人尊师重教的优良传统,高度重视华侨子女的教育与培养,依靠自己的力量兴办华语学校,集资办学成为各国华侨华人的重要公益事业。如 1931 年,旅居印度尼西亚的仙游籍华侨集资创办了仙侨学校,随后东南亚各国的同乡会和海外莆商慷慨解囊,捐资办学,掀起高潮。从民国中期至 20 世纪 70 年代,新加坡、印尼、马来西亚等国的莆籍华侨先后捐资创办了 10 多所华文学校,基本上解决了海外莆籍华侨华人的子女教育问题。据《莆田市志》记载:"民国三十六年,印度尼西亚侨胞创办侨光中小学校。1957 年,扩建校舍,建成一座从幼儿园到高中的完全中小学校,校内设备齐全,师生保持在 4 000 人左右。并创办中华医院,为当地华人和百姓服务。20 世纪 50 年代,马来西亚诗巫的华侨、华人,与当地人民共同努力,先后兴办 2 所中学、5 所小学、3 所幼儿园、1 所诊疗所、5 所礼拜堂。1955年,仙游枫亭华侨蔡贵和侨领陈嘉庚合资在马来西亚创办南洋大学,并任该大学董事会董事长,为发展侨居地高等教育做出卓越的贡献。1969 年,马来西亚的培元中小学发展至有高、初中计 37 个班,学生 1 500 多人,校内设有科学馆、图书馆和天文台等,成为一所设备先进的新兴中学。在马来西亚的莆仙侨胞,不忘'家贫子读书'的古训,继承文献名邦的遗风,各地兴安会馆发动华侨、华人捐募资金,实行奖学金基金制度和发放贷学金和大学单项无偿奖助学金等办法,扶助经济困难的学生就读,促进侨居地教育事业的发展。"[2]这些海外华文学校的创建经费和日常开支,主要依靠海外莆商捐资支持,广大华侨华人捐钱捐物,持之以恒,支持侨居国的教育事业发展,为当地经济社会发展和华侨华人公益事业建设,做出了积极的贡献。

第二节

海外莆商对家乡的重大贡献

一、海外莆商推动莆田经济国际化

目前莆田经济的发展与经济国际化还有一定的差距,但从发展趋势来看,可以说

---

[1]　莆田市地方志编纂委员会.莆田市志[M].北京:方志出版社,2001:2450.

[2]　莆田市地方志编纂委员会.莆田市志[M].北京:方志出版社,2001:2436.

是在向经济国际化迈进。在莆田经济国际化的进程中，海外莆仙人是重要推动力。

首先要了解几个相关的基本概念——经济国际化、经济全球化、世界经济一体化及其区别和关系。

经济国际化是指某个区域（一个国家或一个地区）的经济发展超越了国界，与国际上其他国家或区域的经济产生相互联系并不断扩大和深入的经济发展过程。经济国际化的核心内容是资源配置的国际化，主要包括贸易国际化、资本国际化、生产国际化以及与此相对应的政策、体制和技术标准的国际化等方面。

经济全球化是指各种经济资源在世界范围内日益广泛和深入地进行自由流动和合理配置的过程，从而使得世界各国的经济联系日益加深，是世界各国经济相互间高度依赖和融合的表现。经济全球化的内涵有技术全球化、贸易全球化、生产全球化和金融全球化等范畴。

经济国际化指的是一个相对独立的国民经济融入国际经济的过程，它反映的是一个相对封闭或有限开放的国民经济走向高度开放的途径和结果。经济全球化是世界大部分国家和地区的经济形成一个统一的、紧密联系的经济运行体的过程，是一个更大规模和更紧密合作的世界经济的发展特点。两者联系主要为：经济国际化是经济全球化的前奏和基础。经济全球化是经济国际化发展和延伸到全球范围，是全球范围的国际化，是经济国际化的高级阶段和发展到新的高度的表现，也是经济国际化发展的必然结果。两者间相互促进，共同发展，都是反映生产要素跨国流动的过程，二者均是指整个世界经济运行的一种客观状态。经济国际化产生的基本条件是与工业经济相适应的；经济全球化则与信息经济相适应。

世界经济一体化是以民族国家的消亡为前提的，而经济国际化恰恰是以民族国家的存在为前提的。经济国际化战略正是民族国家为维护和谋取本民族最大经济利益而制定和实施的，放弃民族经济和民族产业无疑是背离制定和实施这一战略的本意的。

根据以上概念，要论述海外莆仙人在莆田经济国际化进程中的作用，就必须抛开专业经济理论上的限制，先就莆田这一区域经济发展的现状以及与经济国际化有关的话题来阐述。

莆田人因为很会做生意而著称于海内外，然而在莆田人风光的背后却隐藏着不可否认的尴尬现实，那就是长期以来莆田本土的经济却没有得到长足发展，这就是令人费解的莆田现象。莆田这一区域的经济发展与相邻的几个经济区域比，还是远远落后的。怎样才能让莆田的本土经济更快更好地发展，已经被摆在莆田市发展战略的重要位置。

为了追赶，莆田已经意识到自己的资源优势。针对莆田在外乡亲资本雄厚和创业经验丰富的特点,莆田市大力实施民营资本回归工程。一批又一批关爱莆田、致力于莆田发展的工商界有识之士,从"走出去"发展到现在"引进来",为莆田经济发展增添了新的活力,加快了经济国际化的进程。改革开放以来,莆籍海外华侨也相继回乡投资,他们在家乡兴办了一批大中型外资企业,并"以侨引侨""以侨引外",吸引带动大批海外客商回乡投资兴业。据不完全统计,目前海外莆仙人共在家乡投资达上百亿元,莆田市共有421家投产的侨资企业。其中投资千万美元以上的项目有40多项,涉及电力、轮胎、电子、服装、机械制造和水产养殖等。侨资企业占全市利用外资总额的80%以上,成为莆田经济建设的重要支柱。

莆仙人在海外经济的发展反过来拓宽了莆田经济在海外市场的发展空间,让市场这只看不见的手更好地把莆田与世界联系在一起。当莆田与世界的距离拉近时,不可否认的是,海外莆仙人是莆田与世界互动的主要桥梁。目前,莆田在营造环境上,努力创造良好发展氛围,以乡情亲情为纽带,充分发挥中华妈祖文化交流协会的作用和海外华侨华人多的优势,广泛联络海外乡亲。同时,加强与海外大财团、大企业的联系,主动创造条件对接他们的投资需求,力争在引进重特大项目和世界500强企业上有实质性突破;并且重视引进一大批对莆田长远发展具有决定性意义的重大项目,大力培育一批外贸重点企业,扶持一批重点出口产品,开拓鞋业、机电、服装以及高科技等产品进入国际市场,扩大出口份额,提升区域经济的品位和层次。

近年来,莆田市积极发展电子信息产业,促进经济结构的战略性调整。电子信息产业发展迅猛,产业结构调整日趋合理,企业实力迅速增强,产品的市场占有率显著攀升,元器件配套能力明显提高。电子信息产业已成为莆田市经济增长的亮点。莆田电子信息产业的产品从以前半成品、零部件占绝大多数转变为以自己品牌为主的电子产品,并打入国际市场。电子产品结构由原来以加工生产电子元器件、计算器、电子玩具等技术含量低的产品为主,逐步向生产技术含量高的产品过渡,形成了以生产传真机、可视电话、ATN液晶玻璃、CMOS集成线路板、晶体谐振器等为主要产品,高、中、低档产品协调发展的局面。大部分企业都掌握了从设计制模到装配成型的一整套生产工艺。现在,莆田形成了以"台湾通讯"和"新威电子"为骨干的现代通信产业群,以"德基电子"和"德荣电子"为龙头的电子元件产业群,以"新智电子"和"安特半导体"为主导的高新技术产业群。

在加速推进经济国际化,大力拓展外向型经济,参与国际经济合作与竞争活动的诸因素中,人才是关键。只有造就高素质的适应经济国际化的人才群体,才能使莆田经济与世界互动。

莆仙人在推进企业国际化,加快经济国际化的进程中,勇于投身千变万化、竞争激烈的国际经济活动大环境中。尤其是海外莆仙人,在国际经济动态竞争环境中,敢于开创新局面,回乡寻找新商机,既是家乡经济的建设者,也是家乡发展的"投资商"。

在莆田投资湄洲湾火电厂的李文正先生,是力宝集团创办人兼董事长、印尼国立大学董事长、前亚洲银行协会会长、福建省国际经济顾问、厦门大学客座教授。他的力宝集团以金融业为主,涉及房地产、制造业以及学校、医院等。他曾动情地说,湄洲湾火电厂是他为家乡做贡献的第一个梦,而在家乡创建大学则是他的另一个梦。多年来,当李文正把海外艰苦创业所得来的血汗钱注入壶兰大地,造福家乡人民时,莆田人就感到与世界的距离近了。湄洲湾火电厂是李文正率力宝集团,在亚洲金融危机高潮时,完成融资7.55亿美元,其中引进的美国资金占75%。该项目于1998年3月正式动工兴建,总装机容量为2×36万千瓦。该项目不仅是第一个获得国务院和国家计委批准的全外资电力项目,也是第一家获得亚洲开发银行第一优先有限追索权及私营企业贷款的中国电厂。其运营采用国际流行的BOT方式,投产20年后,将把电厂的所有权无偿转让给中国政府。作为湄洲湾开发的龙头项目之一,湄洲湾火电厂为莆田建设新兴港口城市提供必要的电力保障,带来巨大的经济效益和社会效益。2002年6月11日,特地从印尼赶回莆田参加莆田学院成立庆典的李文正说:"在全球化的大势中,莆田人民必须装备自己、充实自己的现代化之智慧与科技能力,勇敢地走出去。"他的办学理念是,在资讯时代的信息流中,莆田学院应以培养"本土化"与"全球化"相结合的人才为目标,着力培养应用型的高级科技和管理人才,突出外语和信息科学教育,重点建设计算机科学与技术、会计学专业,办出自己的特色和优势,争取在较短时间内赶上教育发展的潮流,把莆田人民带到先进的科技前沿。

正如以李文正为代表的海外莆仙人,是让莆田经济与世界互动的"投资商",他们促使家乡经济与国际发生紧密的联系,打开了莆田经济国际化的窗口和通道,推动了莆田经济国际化的进程。

二、海外莆商支持莆田公益事业

(一)支持家乡教育事业

莆田素有"文献名邦""海滨邹鲁"之盛誉,人才辈出,文化积淀丰厚,尊师重教之风盛行。但鸦片战争后,外敌频频入侵,国家积贫积弱,教育事业投入严重不足,影响了莆田教育文化事业的健康发展。中华人民共和国成立初期,百业待兴、百废待举,国家经济困难,莆仙两县教育经费十分缺乏,海外莆商踊跃捐资捐物,慷慨解囊,支援家乡建设学校。如"1950年,程文铸捐资5.8万元,委托莆田县文教科代管,作为私立蒲江小学经费。1952年后,涵江籍华侨捐资相继兴建私立涵中学中学和平楼、民主楼两座校舍。1953年,程文铸……集资3.5万元人民币再建涵中中学民主楼,建筑面积1 322平方米。1954年,江口石庭华侨集资16万元,筹建石庭小学"。[①] 此后,海外华侨捐资办学之风渐起,据《涵江区志》记载:"1953年,侨胞陈先生等人筹资兴建后郭小学侨光楼,建筑面积600多平方米。1956年,华侨姚先生、黄先生、吴先生等人在海外广为筹资,兴建塘头学校印星楼,建筑面积近1 000平方米。"[②]但在20世纪50年代初期,国家缺乏华侨捐资的相关保护政策,侨商捐资办学积极性没有得到充分发挥和调动。

1956年,福建省侨委、省教育厅联合下发了《关于大力鼓励华侨办学的联合指示》,莆仙两县教育科和侨委多次召开华侨、侨眷代表座谈会,鼓励归国华侨、侨眷积极动员海外亲属捐款兴学,此后海外华侨捐资办学之风渐盛。如1957年,石庭侨胞黄文松、黄文达等人集资创建石庭中级文化学校,马来西亚仙游华侨也捐资3 500元,建设榜头昆头小学教学楼。"仙游县侨联会捐资兴办了仙游华侨子女补习学校,枫亭籍华侨捐资兴建仙游县第六中学教室6间,莆田县后卓、园头、石庭等村侨眷集资创办华侨子女中级文化补习学校等。"[③]但20世纪50年代中前期的华侨捐资办学,主要集中在各侨乡,捐资数额不大,捐助人数也不多。

1957年8月,国务院颁发了《华侨捐资兴办学校办法》,海外华侨捐资办学开始踊跃。1958年,在海外华侨华人大力支持下,莆田县私立锦江中学改办为莆田县侨办锦江中学。石庭、园头村的华侨子女中级文化补习学校也相继升级为侨办石庭中学和侨办园头中学。同年,莆籍侨商杨明建、李文涛、王攀等人,将仙游华侨子女补习学校扩建为仙游县华侨中学,共扩建了8间教室、28间宿舍。同时,印尼仙溪福利基金会也捐建了仙游华侨中学教学楼和办公楼。这一时期海外侨商捐资办学热潮日益高涨,侨资学校不断增多,捐资数额增大。据《莆田市志》记载:"1959年,境内有侨办学校62所,华侨捐资288万元,侨建校舍30 261平方米。"[④]

20世纪60年代初,海外华侨华人捐资办学进入了中华人民共和国成立后的第一次高潮。如1960年,旅居印尼的华侨吴吓土捐款5万元创建江口五星小学,这是莆田县第一家侨胞独资兴办的华侨小学。1962年,侨商程文铸捐资扩建私立蒲江小学为侨办蒲江中学。1963年,仙游县华侨集资2 000元人民币、5 000港元,为仙游华侨中学扩建校舍,增添设备。莆田县霞皋村海外华侨也集资兴办了莆田县侨办霞皋中学。这一时期华侨捐资数额增加,独资创办的华侨学校开始增多。截至"1963年,

---

① 莆田市地方志编纂委员会.莆田市志[M].北京:方志出版社,2001:2444.
② 陈金山.涵江区志[M].北京:方志出版社,1997:691.
③ 莆田市地方志编纂委员会.莆田市志[M].北京:方志出版社,2001:2115.
④ 莆田市地方志编纂委员会.莆田市志[M].北京:方志出版社,2001:2115.

境内有侨办学校 18 所、104 班,在校学生 4 690 人,教职工 192 人,其中:侨办中学 6 所、50 班、学生 2 489 人、教职工 122 人;侨办小学 12 所、54 班、学生 2 201 人、教职工 70 人。是时侨办学校多成立学校董事会,由华侨代表、侨眷代表及学校代表组成,董事长由华侨代表担任,侨办学校主要教育经费由董事会向海外华侨和华侨团体募集。董事会或设立教育基金,或购置校产,以维持侨办学校的日常经费开支"。①

"文化大革命"期间,各侨办学校和董事会多被解散,华侨学校大多被改为公办学校,侨校财产被侵占,甚至出现了侵吞、挪用华侨捐款的现象,一些热心捐资办学的华侨、归侨、侨眷还被诬为"破坏自力更生""为资产阶级树碑立传",受到批斗,挫伤了侨胞的办学热情。② 海外华侨捐资办学的热情锐减,各侨办学校的经费来源转为由政府拨补。

改革开放后,各级政府贯彻落实侨务政策,陆续退回了华侨财产,恢复了华侨捐资兴建公益事业的冠名权,鼓励和支持华侨捐资办学,海外莆商掀起了第二次捐资办学热潮。如"江口镇侨胞李王老太,在旧社会生活贫苦,无法上学,连自己名字也没有,深感没文化之苦。1978 年,李王老太独自捐款 14 万元为家乡新墩村兴建小学 1 座。1979 年,她和儿子李文光又捐巨资 120 万美元建设莆田华侨中学。在三年多时间里,她先后 6 次派人回乡勘察校址,审查设计图纸,检查基建工程质量。华侨中学建成后,总占地 112 亩,建筑面积 12 660 平方米,总造价 270 万美元。校内建有 1 座 5 层高、42 间教室的教学大楼,还有办公楼、科学楼、师生宿舍、食堂等配套设施,同时建有 400 米跑道田径场等体育设施。学校落成时,年逾古稀的李老太不辞劳苦,专程从海外赶回家乡参加竣工庆典,并为学校捐赠《辞海》3 部、《新华字典》和《英汉词典》等图书 2 000 册。1985—1986 年,李文光又捐资 13 万元港币,为该校设立奖学金及添置教学设备"。③ 莆田华侨中学落成后,海外侨胞一如既往地资助学校的建设与发展,经常捐赠教学仪器设备,使学校教学设施不断完善,办学规模迅速扩大,成为莆田市规模最大的一所华侨中学,被列入福建省重点中学。

莆田第六中学的建设与发展也倾注了海外侨商的大量心血。莆田六中前身是"私立涵中中学",创建于 1924 年,是莆田境内最早由海内外商人捐建的学校。该校初创时,由新加坡侨商陈训彝和涵江商人陈澍霖、曾振光等人捐建,第一期捐资 1 万银圆,建筑砖木结构双层教室 6 间,建筑面积 737.5 平方米,由陈训彝承担三分之二的建设经费。1927 年,宁波桂圆行的同乡和南洋侨胞又共同募资 1.42 万银圆,扩建了 6 大间教室和 4 小间办公室,建筑面积 796 平方米。1949 年后,该校改为公立学

---

① 莆田市地方志编纂委员会.莆田市志[M].北京:方志出版社,2001:2114.
② 莆田市地方志编纂委员会.莆田市志[M].北京:方志出版社,2001:2444.
③ 莆田市地方志编纂委员会.莆田市志[M].北京:方志出版社,2001:2444.

校,即莆田第六中学,但海外侨商仍然一如既往地支持该校的建设与发展。如 1950 年初,侨胞程文铸独资兴建了该校的"和平楼"。1953 年,程文铸又与吴钰孙、郭征甫、王开耀、吴春荣、叶桂龄、周文谊等 6 位侨商共同出资捐建了"民主楼"。改革开放后,海外侨商对莆田六中的捐资数额不断增大。据《莆田市志》记载:"1985—1990 年,华侨捐资兴建莆田六中九华楼,建筑面积 2 000 平方米,侨胞郑金钊、蔡文焕、陈琴棋、林澄清、黄锦祥等人在海外通过社团组织,发起捐资,得到林金表等 10 多人的响应,捐资续建莆田第六中学涵华楼,建筑面积 3 334 平方米。林荣捐助兴建该校'林荣楼',建筑面积 2 000 平方米。"①在海外侨商长期不懈的支持下,莆田六中从小到大、不断发展,办学规模日益扩大、办学条件日臻完善。2001 年,莆田六中被确认为省一级达标中学。

20 世纪 80 年代初,福建省政府颁发了《关于华侨捐资办学奖励的实施办法》,对华侨权益、侨校管理体制、资金管理使用和师资、招生、教学等问题进行了规范,华侨捐资办学有章可循,侨资办学之风再度兴盛。如江口华侨先后捐资扩建了锦江华侨中学的 4 座教学楼,即"1980 年侨胞黄文华、关亚标等兴建九华楼;1982 年,侨胞林友德、何青原、林学质、何天水等捐广华楼;1986 年,侨胞何青原等捐建富玛楼;侨胞林振华夫妇捐建凤腾楼"。② 在海外莆商长期资助下,莆田锦江华侨中学基础设施日臻完善,成为一座教育质量上乘的完全中学。

涵江石庭华侨职业学校(原为石庭中级文化学校)创办之初就得到海外莆商的大力支持。1965 年,新加坡兴安会馆获悉该校办学经费紧张,便联络了 10 位海外莆商,捐资兴建了一座教学楼。1978 年,黄文兰、黄文理、黄文华等海外莆商又将修建石庭宫剩下的资金捐给学校扩建教室。1984 年,石庭华侨职业学校搬迁扩建时,学校领导又向海外莆商求援,得到新加坡莆商黄文理、黄金华、黄金生、黄日昌、黄克祥等人的大力支持,筹集建校资金 60 万元,使新校楼顺利落成。随后,新加坡兴安会馆也联络新加坡和印尼的江口籍侨商,为学校建设筹集了大批资金。如"1985 年,江口石庭华侨中学董事会成立后,侨胞黄文兰捐建礼堂 1 座;侨胞黄清云捐建教室 12 间;侨胞黄文理、黄日昌合资捐建科学楼 1 座;侨胞黄金华、黄锦隆合资捐建校大门、传达室 1 座,截至 1989 年 8 月,石庭华侨中学侨胞捐资累计 145 万元"。③ 从 20 世纪 90 年代起,海外莆商积极支持石庭华侨职业学校的建设,先后捐资逾千万元,学校基础设施日臻完善,教学质量不断提高,学校规模迅速扩大,学校建筑面积达 1 万多平方米。同时,从 2003 年起,海外莆商为了提高学校教学质量,先后设立了日昌奖、文兰

---

① 莆田市地方志编纂委员会.莆田市志[M].北京:方志出版社,2001:2444.
② 莆田市地方志编纂委员会.莆田市志[M].北京:方志出版社,2001:2444.
③ 莆田市地方志编纂委员会.莆田市志[M].北京:方志出版社,2001:2445.

奖、玉旗奖、富信奖等 7 个奖教奖学基金会,以促进教师提高教学质量,激励学生努力学习。

"1985—1986 年,涵江哆后和哆中村旅外侨胞在李光木、李旭同的带动下,发动了 50 多位侨胞捐资办学,共同兴建哆头小学两座教学楼,建筑总面积 2 100 平方米。侨胞郑金钊、蔡文焕、林澄清带头捐建涵江实验幼儿园教学楼。"涵江塘头的海外侨胞,在 1985—1990 年间,"热心家乡教育事业,慷慨解囊,共捐资 350 万元帮助塘头学校改建扩建。其中吴开模先生捐 103 万元,杨先生捐 63 万元,塘头学校盖起 5 幢 4～5 层教学楼,1 幢教师宿舍楼,还有 1 幢幼儿教学楼,建筑总面积 1 万多平方米"。[①] 涵江区"梧塘侨胞在办教育、铺道路、建设桥梁、拉接自来水、架设路灯等方面的捐赠资金达 5 000 万元之巨"。先后"独资创建或集资兴建、改建、修建了蒲江小学、蒲江侨中、梧塘一中(今七中)、沁后中学、沁后小学、霞楼小学、松东小学、松西小学、枫林小学、南阳小学、梧梓小学、新丰小学、东坡小学等 13 所中小学教学楼、办公楼、综合楼宿舍楼、校门、操场、运动场、厨房、厕所、围墙等建筑以及添置相应教学设备,并设立 5 个奖学基金"。[②] "涵江塘头侨胞姚爱珠和姚娜妹捐资兴建沁园小学校舍。侨胞黄文峰、吴开模、吴开书带头捐资,并发动塘头旅外乡亲共襄塘头学校建设事业,杨金清、黄明宪等捐建侨龙办公楼、侨谊实验楼、文藻幼儿园楼及操场等,建筑总面积 4 000 多平方米。侨胞李光木、李旭同再次捐资兴建哆前小学教学楼,建筑面积 1 062 平方米。此外,刘鸿池父子捐建幼儿园,占地 4 亩多,建筑面积 1 502 平方米。吴开书还出资捐建后洋小学教学楼。侨胞黄俊发捐资兴建涵江楼下中心小学教学楼和设立奖学金等。涵江旅外侨胞除捐资办学外,还捐资设立 9 个教育基金会,基金总额 120 多万元,其中主要有塘头旅外侨胞黄文峰组织的塘头学校华侨教育基金会、后郭教育基金会、莆田第六中学林荣和林亚礼奖学基金会、蔡文耀和蔡祖棠勤优奖学基金会、江宗琬奖教基金会、埭里村奖学基金会、哆前小学奖学金等。至 1991 年,莆田县重点侨乡江口镇 32 所小学的校舍,全为侨胞捐建"。[③]

秀屿区的"界外底",过去是莆田最穷的地方之一。清末民初,"界外底"有大批百姓漂洋过海谋生,这些贫苦出身的老华侨大多数没有文化,亲身体会缺少文化的艰难,事业有成之后,第一件事就是支持家乡教育事业。《莆田市志》记载:"1985 年,忠门镇梯吴村爱国侨胞吴文亮、吴文华先生与海外的兄弟叔侄发起成立'梯吴侨台学校筹备委员会',吴先生先后 6 次赴台湾等地集资,海外侨胞 166 人共捐资 150 万元,其中吴先生兄弟叔侄捐资 70 万元。1988 年 11 月,梯吴侨台学校建成,占地 20 亩,总建

① 莆田市地方志编纂委员会.莆田市志[M].北京:方志出版社,2001:2444.

② 蔡玉兰.风雨沧桑帮园情[M].北京:中国文史出版社,2005:161.

③ 莆田市地方志编纂委员会.莆田市志[M].北京:方志出版社,2001:2444.

筑面积 5 700 平方米。随后,吴先生又与海外乡亲共同筹资 13.8 万元,设立梯吴侨台学校教育基金会。吴先生还将母亲百岁寿庆与大哥八旬寿庆的礼金 1 万元,全部捐给学校设置教育基金会。"①

莆田城厢区的华侨人数虽不多,但支持家乡教育事业的事迹却很感人。20 世纪 80 年代,城厢区华亭镇海外侨胞只有 3 万多人,捐资办学却十分踊跃,全镇 60% 以上学校有侨商捐资办学,全镇中小学的教学楼、办公室、教师宿舍、学校大门等,大多为海外华侨捐建。

仙游县是福建著名侨乡之一,海外华侨华人众多,侨商捐资办学活动起步早、力度大。早在改革开放初期,仙游老一辈华侨就经常组团回乡考察,支持家乡教育事业发展。如"1980 年,仙溪福利基金会捐资 28.2 万元,为仙游华侨中学扩建校舍。1981 年,仙游籍旅外华侨团体捐资 101.5 万元,委托县政府为 18 所中小学兴建校舍楼"。②1985 年,印度尼西亚侨商李文涛捐资 32 万元,兴建仙游实验小学和城西小学教学楼;1988 年,他又捐资 80 万元,兴建仙游华侨中学科学实验楼。据《莆田市志》记载:"1980—1990 年,仙游县爱国华侨共捐资 461.8 万元建设华侨中学、一中、二中、枫亭中学、大济中学、龙华中学、东宅初级中学、锦田初级中学、赖店小学、坂头小学、建华小学、城西小学、竹庄小学、下桥小学、岑山小学、冒山小学、白湖小学、玉塔小学、实验小学、县图书馆、县托儿所等,使全县教学基础设施得到改善。"③

20 世纪 80—90 年代,莆田海外华侨捐资办学热潮持续高涨,全市增办了不少侨办中小学校。但新建学校不断增多,师资力量日渐短缺,甚至出现了青黄不接的现象。1983 年,印度尼西亚侨胞捐资 220 万元,支援莆田中等师范学校建设。1984 年,省政府批准将莆田中等师范学校改名为莆田华侨师范。此后,海外华侨以发展莆田华侨师范为己任,一如既往地支持学校的建设与发展。1985 年,印尼莆籍华侨捐资 300 万元,扩建莆田华侨师范的校园,并联络海外其他各国侨商,积极捐献教学设备,完善学校的基础设施。广大海外侨商慷慨解囊,无私奉献,对莆田教育事业发展做出了重大贡献。据统计,"1980—1991 年,全市接受侨资捐款的学校 124 所,设立学校董事会 39 个,教育教学基金会 12 个",海外华侨捐资办学的金额达 3 000 多万元。

进入 20 世纪 90 年代后,海外华侨捐资办学规模不断扩大,形式更加多样化。如仙游县侨商傅庆荣、张清泉、李文涛、傅志民、陈金菊、朱开基、戴清池、杨金技等人,共同捐资 526 万港元创办仙游第二华侨中学。仙游老侨商李文涛、张清泉、王贤宝等人,多次捐巨资建设中小学校,累计捐款数额高达 3 000 多万元。特别是印尼华侨

---

① 莆田市地方志编纂委员会.莆田市志[M].北京:方志出版社,2001:2444.
② 莆田市地方志编纂委员会.莆田市志[M].北京:方志出版社,2001:2114.
③ 莆田市地方志编纂委员会.莆田市志[M].北京:方志出版社,2001:2444.

"张清泉捐资731.1865万元,独立创办了仙游华侨职业技术学校;捐资 100 多万元用于湖宅中学(九桥)建设;捐资 158 多万元用于云峰中学(七侨)建设"。[①] 仙游赖店镇罗峰村的爱国侨胞傅庆荣,在 20 世纪 80 年代后多次返回家乡捐资办学。1991 年,他捐助 100 万港元,兴建仙游第二华侨中学和赖店中心小学教工宿舍。以后每隔一段时间,他就回乡捐资办学,深得家乡百姓好评。仙游华侨捐资办学事迹十分感人,不胜枚举,可以说在仙游教育"两基"达标建设中,海外侨商立下了汗马功劳。

广大海外莆商积极捐款捐物,支持莆田教育事业发展,事迹十分感人。

(二)支持家乡医疗卫生事业

莆田医疗卫生事业发展过程中也倾注了海外莆商的大量心血,莆田境内大多数医院都有侨商捐建(赠)的病房、门诊大楼和医疗设备等。

莆田海外侨商援助家乡医疗卫生事业的活动可以追溯到民国时期。1939 年,外敌入侵、国难当头,家乡医疗条件差,百姓看病难,新加坡莆商慷慨解囊,捐建了仙游国立医院,拉开了海外侨商创办医院之始。1946 年,印尼籍江口侨商捐资创办了江口福田医院,以缓解家乡同胞的就医困难。1948 年,印尼兴安会馆着手集资创办江口平民医院,但因内战爆发,通货膨胀,医院中途停建。

中华人民共和国成立后,国家鼓励海外华侨支持医疗卫生事业发展,海外莆商捐资创办医院的热情日益高涨。如"1950 年,江口旅居印度尼西亚华侨林文祥受侨胞委托,回乡联系创办医院事宜,得到热心家乡卫生事业的侨胞和地方人士的支持,成立了'平民医院董事会',使停建的医院工程重新上马,1951 年 6 月医院正式落成开业",成为 1949 年后侨资捐建的第一座医院。20 世纪 60 年代初,莆田境内掀起了一股华侨捐建医院的热潮。如"1963 年,马来西亚华侨集资 1 万元港币,扩建仙游医院门诊房和药房各一座。1966 年,华侨回仙游参观,认为县医院设备欠佳,又集资5 000元港币,添置 X 光检查仪器 1 台及其他医疗机械多件,赠送救护车 2 辆",改善了医院的医疗条件。[②]

改革开放后,各级地方政府全面落实侨务新政策,莆籍华侨华人纷纷捐款捐物,支援家乡医疗卫生事业发展,莆田市许多医院的门诊大楼、病房大楼、医疗设备和救护车等,大多由海外侨商捐建。如"1981 年,热心家乡公益事业的侨胞黄文华、黄日昌、黄春元、黄文兰、黄文衡、黄玉秋、黄文金、黄金生、黄沧海等组织 120 户集体捐资 172 万元,创建莆田石庭华侨医院(1988 年改名莆田华侨医院),建有门诊住院联合大楼等 11个项目,有的从国外进口先进医疗设备。1988 年,侨胞黄清和捐赠胃电图机 1 部。

① 蔡玉兰.风雨沧桑帮园情[M].北京:中国文史出版社,2005:166.
② 莆田市地方志编纂委员会.莆田市志[M].北京:方志出版社,2001:2446.

福建省人民政府指定该医院办成以神经科为主的综合医院,任命省立医院神经科主任医师黄克清(石庭村人)为名誉院长"。① 特别是江口籍的海外侨商,长期关心家乡医疗卫生事业发展,"从创办平民医院后,40 多年来不断集资捐资,逐步扩大医院规模和充实医疗设备;还创建'莆田平民医院扶贫奖医基金会',基金近 50 万元人民币,1985—1990 年,又集侨资近 400 万元,新建 12 幢医疗门诊和住院大楼,占地 20 多亩,建筑面积 8 600 平方米,现有医务人员 150 多人。平民医院设备比较先进,为莆田四大医院之一"。②

涵江医院的建设与发展也倾注了海外侨商的大量心血。据《莆田市志》记载,"20世纪 80 年代初,印度尼西亚华侨给涵江医院捐赠一批医疗设备,促进该院进一步发展。1991 年,由印度尼西亚侨胞医生发起,印度尼西亚椰城福莆仙广化禅寺总义祠和李先生等 20 多位侨胞积极响应,集体捐建涵江医院病房大楼广华楼,建筑面积4 110平方米",该医院成为莆田市重点医院之一。③

仙游侨商对于家乡医疗卫生事业的发展十分热心。如 1986 年,印度尼西亚华侨李文涛捐资 40 万美元,兴建了仙游县医院的慈爱门诊大楼,面积达 7 007 平方米。1987年,仙游著名侨商王贤宝也捐资 80 万元,建设仙游县医院嘉藻病房大楼。不少华侨捐赠了国外先进医疗设备,如救护车、X 光机、CT 机、B 超机等,以改善家乡医院的医疗条件。

进入 20 世纪 90 年代以后,海外侨商捐资兴办医院的热潮再度掀起,捐资数额越来越大,捐建范围不断扩大,从城镇医院到农村卫生院、卫生所等,到处都有侨商捐建的项目。如新加坡著名华人陈江和捐资 688 万元,建设莆田市医院惠妹楼和门诊大楼;江口籍侨商林振华积极联络海外华侨,捐资建设了莆田学院附属医院的病房大楼,并捐赠了一批医疗设备。此外,各乡镇卫生院也得到海外侨商的大力支持,如梧塘侨商先后捐资近千万元,建设梧塘保健院、沁后保健院和涵江医院等。城厢区的华亭侨商先后捐资 300 多万元,将设备简陋的华亭保健院改造成华亭医院。海外侨商对莆田医疗卫生事业的无私奉献,体现了海外华侨华人爱国爱乡的桑梓之心。

(三)对家乡其他公益事业的无私援助

广大海外莆籍华侨除了捐资办学和支援医疗卫生事业外,对其他各项公益事业建设也给予大力支持,如对铺路筑桥、扶贫帮困、建设水电工程、修建祠堂寺庙和侨联大厦等,都能慷慨解囊,鼎力相助,出现了许多感人事迹。

---

① 莆田市地方志编纂委员会.莆田市志[M].北京:方志出版社,2001:2446.
② 莆田市地方志编纂委员会.莆田市志[M].北京:方志出版社,2001:2447.
③ 莆田市地方志编纂委员会.莆田市志[M].北京:方志出版社,2001:2447.

清末民初,许多老百姓漂洋过海,在外谋生。他们在海外努力赚钱,省吃俭用,将大部分钱寄回家乡接济亲人。二战结束后,东南亚各国相继独立,社会稳定,莆籍华侨企业蓬勃发展,海外侨商对家乡公益事业的捐赠逐渐增多。

中华人民共和国成立后,国家重视外汇积累,实行外汇奖励政策,鼓励华侨回乡投资创业和建设公益事业。如1956年,莆田县人民政府取得海外侨胞支持,在涵江塘北征地120亩,投资1400多万元,建设华侨新村住房42栋,建筑面积5.4万平方米,既体现了政府对广大侨属的关心,又增加了国家外汇收入。

在1959—1961年三年困难时期,国内物资紧缺,海外侨商积极捐钱捐物,帮助家乡百姓渡过难关。如华侨陈耀如、郑金钊、蔡文焕、陈琴棋等,在南洋带头并发动华侨运寄肥料回国,为家乡缓解农业用肥困难;马来西亚华侨林荣汇款赞助家乡修建水利电灌站,增加农田灌溉面积。20世纪70年代,华侨黄文峰、黄文赞、黄德来、黄锦宗等还捐资兴办水磨石地板砖厂,建成后即把厂房与设备全部捐献给家乡使用。

改革开放后,海外侨胞支援家乡公益事业更加踊跃。如1980年,侨胞蔡文焕、郑金钊倡议并经李文正、陈子兴、郑嘉忠、黄锦祥等50多人附议,集资100多万港元,兴建涵江侨联大厦。1984年,侨僧释圆禅捐款150万元修建莆田古刹广化寺;侨僧寂晃法师集资800余万元重建梅峰寺、囊山寺、云门寺。1985年,侨胞李庆传和香港信嘉有限公司共同创立了涵华开发有限公司,在涵江铺尾征地37亩,投资1400多万元,建成华侨住宅房18栋,造型独特,大方美观,成为涵江第二华侨新村。1985—1990年,江口镇由侨胞、归侨、侨眷和群众集资修建村路33条,全长56.25公里,造价717.95万元;有的捐建影剧院、文化宫、少年宫、敬老院、体育馆、水电灌溉站;有的捐赠汽车、旅行车、救护车、拖拉机、发电机、抽水机、电视机、录像机、照相机、计算机、医疗器械、体育器材等。

从20世纪90年代起,海外莆商对家乡公益事业建设的捐资数额不断增大,捐赠项目日益增多。如1991年底,马来西亚侨胞先后捐资200多万元,为家乡修桥铺路。印度尼西亚侨胞、新加坡侨胞捐资100多万元,建设涵江区文化馆、区青少年宫、区妇幼中心区老年人活动中心及国欢寺、鲤江庙等文物建筑。江口镇西刘村侨胞集资捐赠建村水泥路1条,自来水塔1座,戏台1个。地处湄洲湾畔的梯吴村,侨胞为家乡修古塔、建公墓各1座。梧塘镇是莆田著名侨乡,该镇沁后村广大侨胞为家乡捐款修3条水泥路和2个卫生厕所。另外,涵江区广大侨胞捐出巨款,建老年中心、华侨新村、侨联大厦、青少年活动中心、旅游景点等,涵江成为商业繁荣的侨乡。城厢区侨胞虽然不多,但也以各种方式支持家乡建设。还有出嫁他乡的莆籍华侨也关心家乡公益事业,如荔城区东阳村旅居海外的陈女士,虽已出嫁福清40余年,仍不忘故乡情,1990年捐50万元,为家乡修一条长达两公里的村道。同年,七步村一位华侨捐款1

万元,也为家乡修建一条两公里长的村道。

仙游侨商对家乡的公益事业建设也十分热心。1979—1991 年,仙游县爱国华侨捐资 90.35 万元人民币、77 万元港币,为家乡大坂、锦田、坂头、帽山、御塔、下楼、建华、土山、罗峰等村庄新建农田水利,安装自来水和电灯等。仙游赖店镇罗峰村爱国侨胞付庆荣捐款 29 万元,为本村建一座自来水厂,解决全村 4 000 余人用水难的问题;1990 年老人节,他向本村 60 岁以上的老人每人送慰问款 50 元,并向邻村孤寡老人每人赠送慰问款 100 元,深受当地政府和群众的赞扬。仙游侨胞傅金珠女士支持家乡公益事业的事迹也十分感人。傅金珠于 1956 年旅居马来西亚,1963 年在马来西亚槟城开设医务所,悬壶济世,行医成名之后热心慈善事业,先后在马来西亚、新加坡等地兴办敬老院和福利院等,累计捐资 500 多万元。从 1979 年开始,她先后捐资支持家乡的自来水、村道、学校等 10 多个公益事业项目,累计捐资 700 万元,同时她还经常利用返乡省亲的机会,免费为乡亲送医送药,赢得了家乡百姓的好评。2010年,傅金珠女士卖了自己在厦门的房产,将卖房款全部用于家乡慈善事业建设,两次为仙游德安医院 230 名精神病患者送去爱心食物,并捐赠 20 万元支持德安医院新病房大楼建设。2011 年,她又发起募捐创办仙游县首家民办非营利性福利型养老院——仙游县爱心养老院。当她听说仙游大济镇溪口村养老院有 100 多位老人生活困难时,先后 3 次赶往养老院探望,捐赠了 40 个价值 5 000 元的床头柜和 20 万元现金,帮助养老院改善老人的生活条件。

据不完全统计,自 1980 年以来,海外莆商向莆田市各县区捐赠公益事业的款项累计逾 10 亿元,为家乡教育、卫生、文化、基础设施等各项公益事业发展,做出了重大贡献。

第三节
海外莆商杰出人物

一、印度尼西亚境内著名莆商

印尼是莆籍华侨人数最多的国家之一,从明代起就有大批兴化移民前往印尼定居或经商,经过长期的努力奋斗,大多数莆商事业有成,家资巨富,创办了不少工商企业和跨国公司,经营业务遍布世界各地。更难能可贵的是,广大海外莆商一生辛勤劳动,省吃俭用,积累财富,对祖国和家乡的公益事业却能一掷千金,慷慨解囊,体现了海外赤子的一片桑梓之情。印尼境内莆籍侨商众多,比较著名的有李文光、李文明、翁俊民、张清泉、李文涛、王贤宝、傅庆荣、何青原、姚子兴、关文龙、杨宗庆、陈财基、陈仁华、王伟奇、傅志民、戴宗廉、黄文兰、黄文华、林澄清、关启成、黄春元、黄文通、林秀礼、陈德发、陈子兴、陈子煌、方秀仁、方文荣、黄玉旗、郑金茂、许孙雄、卓傅芳、蔡文焕、陈琴棋、郭金标、薛文良、余锦璋、王庆耀、祭元顺、王亚禄、林文祥等。在此选择几位有代表性的著名莆籍侨商(以出生年月先后排序),以展现印尼莆商的精神风貌。

(一)热心教育事业的李王十二妹母子

李王十二妹(1902—1996),莆田市江口镇新墩村人,10多岁时跟随父辈闯荡南洋,凭着莆田人吃苦耐劳、果敢创业的精神,白手起家,渐有成就。李王十二妹在海外奋斗几十年,虽然生意发达昌盛,儿孙满堂,家庭富裕,但始终有个解不开的心结,那就是她从小家贫,无钱上学,目不识丁,甚至连自己的名字都没有,早年写信先生根据她在家的排行,为其取名"李王十二妹"。

李文光,1935年出生,系李王十二妹长子,印尼第二代华人,杰出的银行家、实业家和慈善家。李文光曾任印尼泛印银行副总裁、香港工商银行副董事长、日本快捷银行副董事长、澳门国际保险有限公司董事长等职,在印尼、日本、美国等国家和中国香港、澳门等地,都有他投资创办的实业公司。

李王十二妹幼年漂洋过海,吃尽了没有文化的苦头,因此她非常重视子女的教育,其子李文光、李文明10多岁时就被送回祖国求学。李家兄弟学成之后,继承祖业,投身商界,经过多年的艰苦奋斗,成为印尼金融界的华人实业家。李家事业发展之后,李王十二妹最大的心愿就是要回乡兴办学堂,让家乡百姓的子孙后代都能接受良好的教育。

20世纪70年代末,李王十二妹应邀参加"侨胞北京观光团",踏上魂牵梦萦的故土家园,心情非常激动。当她看到家乡的孩子仍然光着脚丫远走他乡求学,夜里凑在昏暗的煤油灯下读书做作业的情景,心里受到强烈震撼。于是,她把几十年来深藏心中的办学梦告诉陪同的官员,表示要在家乡捐建一所小学和一所中学,受到家乡人民的热烈欢迎。李王老太回到印尼之后,倾其毕生积蓄,动员子孙们大力捐助,筹集了1 000多万元,在莆田老家独资捐建了江口新墩小学和莆田华侨中学。当两所新学校相继在家乡落成时,李王老太双眼湿润了,她说:"这大半辈子在海外辛苦奔波的心愿终于梦想成真了。"1996年夏天,94岁高龄的李王老太弥留之际,仍念念不忘家乡的教育事业,一再嘱咐儿子要多联系、多关心、多支持。

李王十二妹的两个儿子李文光、李文明,继承母亲的凤愿,时刻关注这两所学校的建设与发展。1979 年,莆田华侨中学初建时,李文光就提出"高起点、上档次、大规模"的办校理念,坚持把学校办成独具特色、有示范性的现代化一流学校。随后,李家兄弟数度回乡视察,先后捐建了华侨中学综合楼、科学楼,添置了语音室、电脑室等先进教学设备,不断改善学校教学条件,提升办学质量。1992 年,李文光又以母亲的名义设立了"李王十二妹留学奖学金基金会",资助品学兼优的毕业生出国深造,凡是华侨中学毕业并获得留学资格的学生,由李文光提供每人 2 万美元的经济担保和 5 000美元的奖学金,每年度名额为 12 人。1998 年,李文明有感于家乡广大学子好学求知的精神,决心把奖学金的资助对象从莆田华侨中学扩大到全市各中学的高中毕业生。据不完全统计,李文光对莆田华侨中学的捐助达 1 500 多万元。

2000 年 12 月,李文光邀请莆田市有关领导赴深圳共商奖学兴教大计。他在会上感慨地说:"家乡能多出一些杰出人物,多出一些科学家,就是我平生的最大愿望,也是家母设立李王十二妹留学奖学金的初衷。"为满足莆田学子出国深造的需求,李文光决定从 2001 年起将李王十二妹留学奖学金的资助名额由每年 12 人扩大到 24人,并再次捐资扩建江口新墩小学。此后,李文光多次对李王十二妹留学奖学金进行改进与完善,使更多的优秀学生受益。

晚年的李文光全身心投身于慈善事业,为了培育英才,李家兄弟共同捐巨资设立了新加坡宏文学校基金会,奖励优秀华侨子女,鼓励他们努力学习。2002 年,李文光又联合几位侨商在雅加达创办了印尼总统大学,并在国内设立助学基金会,资助到国外深造的中国贫困学生。在印尼总统大学成立的短短几年间,已有 300 多位来自中国不同省份的学生获得奖学金,其中福建、河南两地受资助的学生最多。

虽然李家兄弟出生在海外,但始终心系祖国、心系家乡,有一种难以割舍的故土情怀。李家慷慨解囊的爱心义举,体现了中华儿女爱国爱乡的桑梓情怀。2005 年,省政府为其立碑,表彰李王十二妹母子捐资办学的义举。

(二)乐善好施的何青原

何青原,1922 年出生,祖籍中国北方,出生后因家庭贫困,无法养活,父母忍痛割爱,将 3 岁的儿子送到莆田江口镇新井村,由其伯母抚养。8 岁时,养父母带着何青原到印尼雅加达读书,但因家庭拮据,只读到小学三年级就被迫辍学了。

穷人的孩子早当家,何青原少年时就开始帮助养父母料理自行车修理店的生意,因手脚勤快,人缘极佳,深受顾客好评。随着何青原逐渐长大,何家自行车修理店生意也日渐红火。有了一定积累之后,何青原便将自行车修理店改为三轮车销售店,随后又拓展了汽车零件的销售业务,生意逐渐扩大。1949 年,何青原又同他人合伙创办了汽车销售公司。此后,何家生意蒸蒸日上,事业日渐兴隆。

20 世纪 60 年代,何青原创办了三化公司,主营味精、调味品、食盐等食品添加剂。虽然何青原勤劳能干,诚信经营,但时运不佳,生意一波三折,跌宕起伏。何青原凭借着坚强的意志和不折不挠的精神,自强不息,努力拼搏,终于使三化公司逐渐走出困境,经营范围不断拓展。随后,他又创办了富玛高(集团)有限公司、东国尔惹化工味精厂、莎嘉岭粮精厂、英智柠檬酸厂、英智甜蜜素厂、印尼天然盐厂等企业。何青原亲任董事长,谨慎经营,事必躬亲,企业不断壮大起来。

改革开放后,何青原怀着对祖国和家乡的一片深情,毅然决定回国投资兴业。他先是在厦门创办了糖蜜素化工有限公司,接着又在深圳、上海、杭州、桂林、阳泉等地开设分公司,都获得了成功。

何青原是个成功的商人,也是个热心公益事业的慈善家。他积极参与侨居国的公益事业和华侨社团工作,华人们称赞他古道热肠、乐善好施。凡扶贫济困、赈灾救灾和办学办医之事,他都热心参与、慷慨解囊。据旅外乡亲介绍,何青原在侨居国捐赠的公益事业比在家乡的更多,得到海外乡亲的好评。

"关山难断故园情,岁月不老游子心。"何青原虽然身居异国他乡,但始终心系故园。早在 1952 年,何青原就与何金保等侨胞一道响应家乡政府的号召,踊跃投资参与建设江口侨光电厂和侨声电影院。20 世纪 60 年代初,家乡经济困难,何青原和众多侨胞一道捐赠了多批化肥支持家乡百姓发展生产。20 世纪 70 年代,他先后参与捐建港后小学和其他公益事业,深受家乡百姓好评。

晚年的何青原思乡恋祖情结更加强烈。从 1982 年起,他几乎年年都要返回家乡走走看看,以缓解心中的思乡之情。为了使爱国爱乡的薪火代代相传,何青原经常偕子孙回乡寻根问祖,且每次返乡都带回一份份深情厚谊,屡屡慷慨解囊。据不完全统计,何青原参与捐建的公益事业项目达 20 多个,如锦江中学富玛 1 号楼和 2 号楼、平民医院富玛楼、青原楼、莆田学院富玛高楼、江口新井村村道以及江口中心小学、江口镇敬老院、莆田县侨联大厦、江口侨联大厦等公益事业建设。

何青原的殷殷故乡情和拳拳赤子心,赢得了乡亲们的广泛赞颂,受到了家乡人民政府的表彰,福建省人民政府授予他"乐育英才""兴医利民""热心公益"等奖匾和金质奖章、荣誉证书等,莆田市人民政府授予他"荣誉市民"称号。

(三)古道热肠的黄文兰

黄文兰,1924 年出生在莆田市涵江区江口镇石西村的一个贫民家庭,乳名玉泉。黄文兰兄弟姐妹众多,他排行第八,少时生活贫困,只读了 5 年私塾就辍学了,13 岁时跟随当泥水匠的父亲四处奔波,养成了吃苦耐劳的品德。

民国末年,为了逃避抓壮丁,黄文兰四兄弟中的三个哥哥相继离家,远赴南洋和中国香港谋生。结果,二哥和姐姐在新加坡死于日本侵略者的枪口之下,不久大哥也在战乱中得了重热症不治而亡。三哥经不起接连而来的噩耗打击,身患重病,在香港撒手人寰。集国恨家仇于一身的黄文兰,从此成为全家的顶梁柱。他边搞建筑,边当肩挑小贩,往返于莆田与福清的坎坷小道上,帮助痛不欲生的父母支撑着不幸的家庭,过着半饥半饱的艰难生活。1952 年,黄文兰漂洋过海,前往东南亚谋生,开始了艰难的海外商旅生涯。

黄文兰赴海外的第一站是新加坡,但因移民手续不全,不能长期居留,一年后辗转到印尼椰城(即雅加达)。开始他只是在同乡店里打杂,省吃俭用,从修自行车、做小买卖起步,艰苦创业。稍有积累之后,黄文兰开始扩大生意,从卖自行车、摩托车、汽车零部件扩大到兼营铁钉、铁线、钢材,后来又发展了缝纫机、塑胶机、电视机、收录机等贸易业务。

20 世纪 60 年代,黄文兰的事业开始快速发展。他与同乡合资创办了一个专门生产音响电器的工厂。在黄文兰的精心经营下,企业迅速发展起来,员工近千人。20世纪 70 年代,黄文兰为了开拓国外市场,又在新加坡合资创办了得利顺有限公司,以制造业为主,国际贸易为辅。此后,黄文兰生意日益扩大,资本迅速增多,在印尼莆商中颇有名气。改革开放后,黄文兰与大多数华侨华人一样,怀着一颗爱国爱乡的赤子之心,返回家乡投资创业,在莆田独资创办了仁德医疗器械厂,总投资 387 万美元,专门生产医疗器械。

黄文兰白手起家,一步一个脚印,一生省吃俭用,积少成多,体现了莆田人勤劳俭朴的优良传统。他平时不买高档皮鞋,一双皮鞋要穿到鞋跟坏了才肯换新,身上的西装穿了好几年都舍不得扔掉。2008 年,他应邀参加莆田市"捐教助学"表彰大会,身上穿的蓝外套还有 3 处补丁,可见老一辈莆籍华侨的俭朴作风。

在印尼华侨华人中,黄文兰虽然事业有成,但企业规模并不是最大的,不过在海外华侨华人中却有良好的口碑,在家乡也有一定的知名度,其主要原因是他一生古道热肠、助人为乐,把满腔热情倾注在华侨社团工作和家乡公益事业建设上,把拳拳爱国爱乡之心化为一个又一个有目共睹的实际行动。早在 1953 年,黄文兰就开始捐资支援家乡的公益事业建设,当时生意刚刚起步,积累不多,但他还是捐出了 3 000 港元,支援石庭小学建设。改革开放后,黄文兰经常回乡考察,屡屡慷慨解囊。1981年,他与海外莆籍侨商一道捐建了涵江石庭医院。1985 年,在黄文兰倡议下,莆田华侨职业学校迁址新建,黄文兰慷慨解囊,捐资 80 万元,独家建设一座可容纳 1 000 多名学生的大礼堂。此后,他长期关心华侨职业学校的发展,每次回乡都会到学校去走走看看,同广大师生交流座谈。2004 年,黄文兰与妻子徐燕萍又带头捐资 32 万元,共筹资 600 多万元兴建莆田华侨职业学校实训大楼。同时,他还设立黄文兰奖教奖学金,奖励有突出贡献的教师和品学兼优的学子。此外,1998年春,黄文兰牵头捐建了石庭总宫,并在宫里创办了图书馆,委托莆田华侨职业学校原校长黄瑞麟协助管理,如今馆里藏有书籍近万册和报纸杂志几十种,终年免费开放。还有石庭石西影剧院、石庭宫文物、黄滔祖祠等建设,黄文兰都慷慨解囊,给予支持。特别感人的是2002年,当时黄文兰刚刚经历一场大病,得知"闽中文章初祖"唐朝文学家黄滔的墓址已被围困在一片废墟之中,如果不及时修缮保护,具有1 000多年历史的文物就会被废土和垃圾淹没。病榻上的黄文兰慨然捐出3万港元,请莆田市文学院在黄滔墓址的废墟上修建黄滔公园,竖立石像。捐资数额虽然不大,却体现了老一辈华侨热爱文化事业的一片诚心。

黄文兰不仅自己捐资捐物,还积极联络海外华侨华人支持家乡教育文化事业。1990年,莆田兴化职业大学准备升格为莆田高等专科学校,派人到印尼联络华侨支持。黄文兰将公司业务放在一边,亲自开车到机场将两个乡亲接到家中,热情款待。随后,他邀请印尼著名银行家李文正出面,把兴化籍的印尼恒荣银行董事主席陈子兴、快捷银行副董事长黄俊发和李文涛等人,邀请到力宝银行工会室聚会,共同商讨兴化职业大学建设事宜。在黄文兰的热心联络下,海外莆商慷慨解囊,捐款数额高达1 000多万港元。

鉴于黄文兰对家乡公益事业的突出贡献,福建省人民政府先后授予他"乐育英才""兴医利民"两枚金质奖章,莆田市人民政府授予他"荣誉市民"称号和"捐教助学"奖章。

(四)造福桑梓的李文涛

李文涛(1926—2002),祖籍仙游鲤城镇,出生在仙游农村的一个郑姓家庭。因家庭贫困,生父将其送给同乡李进坤为子。1937年8月,李文涛随养父李进坤前往海外谋生。初到海外时,李文涛靠摆小摊为生,逐渐积累资本和经验。经过多年的努力,李文涛完成了原始资本积累,开始投资创办实业。

从1950年开始,李文涛一直拜李文正为师,从事金融业。1971年,在李文正帮助下,李文涛创办了第一家自己控股的银行——印尼工商银行。此后,他苦心经营,业务不断扩大,成为印尼境内著名的银行家。1974年,李文涛又创办了海外快捷银行,由于经营有方,银行业务迅速发展,总资产达到了5亿多美元。1978年,该银行同国家银行合并,成为国营控股银行。随后,李文涛又与李文正等人合资创办了巴哈利银行和美罗国际银行,成为印尼金融界的知名人士。

李文涛十分热心慈善事业。他始终保持中华民族勤俭节约的传统美德,省吃俭用,衣着朴素。在侨居国,李文涛慷慨解囊,一掷千金,积极支持当地公益事业。如

1953 年，他捐款 1 万元兴办华文学校。1980 年，他又将一块面积 2 000 平方米、价值近 600 万美元的土地捐献给当地政府建设医院，以缓解百姓就医难问题。在海外克里莎蒂医院，他也捐建了一座病房大楼和一座产科大楼，得到当地民众的好评。从 1994 年起，李文涛坚持每年捐献 200 吨大米，用于救助当地受灾民众。同时，他还坚持每年捐资 3 万美元，用于救助仙游籍贫困侨民。东南亚金融危机期间，众多侨民失业，李文涛每月捐献 500 万印尼盾，为困难侨民每人提供 40 斤大米。

李文涛心怀桑梓、爱国爱乡，事业有成之后几乎每年都要回老家探亲，经常偕子女回乡寻根谒祖，培养子女的恋土之情。几十年来，李文涛生活俭朴，一套西装穿了多年没有换新，政府官员接待时只要求吃碗面条，反对铺张浪费，但他支持家乡教育事业时却出手大方，一掷千金。早在 1957 年，他就带头捐资 1 万元，发起创办仙游县华侨中学。1960 年，他又捐资 1 万元，发起兴建仙游侨联大厦和扩建仙游县华侨中学。1980 年，他与印尼泗水仙溪福利基金会的其他侨领一道，发动侨胞捐资 780 万港元（他个人捐资 100 万港元），兴建仙游县华侨大厦，并在 18 个乡镇中心小学兴建教学楼。1985 年，他捐资 10 万美元用于兴建仙游县实验小学和城西小学教学楼。1986 年，他又捐资 10 万美元兴建仙游县华侨中学"伯特利科学大楼"。从 1991 年开始，李文涛先后捐资 500 多万美元，兴建仙游一中综合楼，参与捐建 4 个道德中学和 10 个道德小学，以及多个西部希望小学和教育基金会等。1993 年，李文涛向莆田学院捐款 100 万元。1995 年，他向仙游一中捐赠 400 万元、枫亭中学 56 万元、第二道德中学 182 万元、第四道德中学 48 万元、仙游尾坂小学 20 万元。1996 年，又向西苑中心小学捐赠 40 万元。

李文涛对家乡卫生事业也做出积极的贡献。早在 1957 年，他就捐资 2 000 元给仙游县医院作为医疗基金。随后，他捐赠了 3 部救护车。1985 年，他以先父李进坤的名义捐资 40 万美元，兴建仙游县医院慈爱门诊大楼。1990 年，他又捐资 15 万美元兴建仙游县中医院慈爱综合大楼。1991 年，他又捐资 30 万港元给莆田县医院，随后又捐赠 1 部救护车给涵江医院。

李文涛关心支持家乡公益事业发展，几十年如一日，捐资总额逾 6 000 万元，深受家乡民众的好评。1993 年，李文涛被莆田市人民政府授予"荣誉市民"称号；1994 年 10 月，福建省人民政府对 1949 年以来在教育事业中做出重大贡献的 29 位海外华人进行表彰，李文涛荣膺此誉。福建省人民政府和仙游县人民政府为了弘扬他对家乡公益事业的重大贡献，在仙游一中金石山上为李文涛树碑立传，让家乡人民铭记这位爱国华侨。

（五）金融奇才李文正

李文正，1929 年出生，祖籍莆田县江口镇新店村，博士学历。李文正出生于印度尼西亚东爪哇的玛琅镇,少年时期就读于玛琅中华中学,担任过学生会主席,后因参加抗荷活动被驱逐出境。返回祖国后,李文正就读于南京中央大学哲学系。1949年,李文正赴香港,翌年初重返印度尼西亚,后定居雅加达。

李文正父亲原在雅加达创办一家日用品商店,其父有意让儿子继承家业,但李文正对父亲的生意不感兴趣。成家后,李文正先在岳父家帮忙经营百货店,随后找到了一份船务代理工作。干了几年,业绩平平,他感到乏味,又跳槽了。不过几年下来,李文正有了一些积蓄。然而,李文正有钱的消息迅速传开,一传十,十传百,竟被人误传成拥有 20 万美元的“大款”,正是这个误传给李文正提供了实现童年梦想的机遇。1960 年夏季的一个晚上,营运不佳濒临倒闭的基麦克默朗银行经理皮拉马·沙里登门拜访李文正,邀请他将 20 万美元投向基麦克默朗银行。尽管李文正腰包里钱不多,但还是大胆地接受挑战,答应加盟该银行。于是,他向福建同乡和莆田自行车商帮筹集资金,成功地认购了基麦克默朗银行 20％的股权,踏入了朝思暮想的金融殿堂。

李文正虽然没有接受过任何金融业务的专业训练,却具备了银行家的两项必备才能,即机警敏锐的市场头脑和超级的营销本领。凭借着敏锐的直觉和生意人的精明,李文正觉得要使基麦克默朗银行起死回生,必须打入其他银行尚未开拓的领域。他用独到的眼光相中了雅加达自行车业这块未开垦的处女地,积极联络同乡,争取客户。由于经营自行车和汽车配件的绝大多数是莆田人,李文正占据了天时地利人和,一举成功。此后,基麦克默朗银行在李文正精心经营下迅速扭亏为盈,走上了健康发展的道路。

人们称赞李文正为金融奇才,是因为他有妙手回春之本领。1963—1971 年间,李文正先后将岌岌可危的印尼宇宙银行和繁荣银行救活,然后以这两家银行为基础,与亲友合资并购了印尼工商银行、印尼泗水银行,组建了泛印银行。李文正拥有泛印银行 30％的股份,亲自担任执行总裁,经过 4 年努力,将其发展成为印尼最大的民营银行,资本达 376 亿印尼盾。李文正进入银行界之后,像魔术师一样将一家家濒临倒闭的银行重组、改造、搞活,起死回生,滚动发展,故被新闻界和银行界誉为“医治银行的专家”。

1975 年,李文正因与部分股东不和,辞去了泛印银行执行总裁职务,但他的奇才怪招早已引起了当时印尼首富林绍良的注意。林绍良立即邀请李文正出任中央亚细亚银行董事及总经理,当时中央亚细亚银行比泛印银行规模小得多,资产额只有其0.3％,存款额也只有其 1％。但中央亚细亚银行是林绍良的财政支柱,有林氏集团庞大的经济实体做后盾,发展潜力很大。李文正仅用 3 年时间,就把中央亚细亚银行发展成为印尼境内最大的私营银行。至 1983 年,中央亚细亚银行资产总额已经增长了

332 倍,存款额增长了 1 253 倍,并在印尼各地设立 32 处分行,形成了全国最大的银行网,业务拓展到中国台湾、香港、澳门,以及新加坡,美国的加州、纽约州、阿肯色州等地,成为东南亚最大的银行之一。

中央亚细亚银行成功之后,李文正开始实施海外扩张战略。在中国香港,他创立了斯蒂芬财务公司,该公司拥有美国第六大投资银行股份,附设有 2 家大型财务机构,通过斯蒂芬财务公司取得了香港一家华人银行 50％的股权。在美国,李文正购买了亚特兰大银行 30％的股权。特别是 20 世纪 80 年代初期,印尼的圆木及胶合板大量销往美国,年贸易额达 40 亿美元,其中李文正旗下企业的贸易额占贸易总额的 25％,赚了不少钱。20 世纪 80 年代后期,李文正又与林绍良再度合作,创立了力宝集团公司,李文正出任董事长,印尼总统苏哈托长子和长女各拥有 16％的股权,整个集团有 120 多家分公司、11 家挂牌公司,在 2009 年全球华商 500 强排名第 286 位,总资产达 28.71 亿元,业务涉及金融、保险租赁、证券、房地产、制造业及采矿业等。李文正被誉为"金融奇才""印尼钱王",《亚洲金融》杂志曾推举李文正为"最杰出的银行家"。

李文正具有远大的商海谋略和敏锐的商业头脑。他断言:"全世界没有任何一个国家的投资机会和前景可与中国相提并论。"为此,从 20 世纪 90 年代起,李文正大举进军中国的对外窗口——香港,大手笔地投资了金融、证券、房地产、制造业和物业管理等行业。1991 年,力宝集团以 1.35 亿港元的价格,成功地收购了香港一家上市公司——万众财务公司,并购置了一批物业。1992 年,力宝集团又在香港开展了一连串的企业兼并活动。首先,收购了香港华人银行 99.73％的股权,使该银行置于李氏家族的控制之下。其次,又收购了一家香港上市公司——亚洲证券,将力宝集团业务扩展到财务及基金管理领域。再次,大力拓展了房地产业务,顺利地立足于香港房地产界。1992 年,力宝集团仅房地产业的盈利就占总收益的 50％。最后,大力发展工商实业,李文正先后收购了德信国际公司等一批香港企业。一系列兼并和扩张,使力宝集团走上了多种金融服务、多种行业和多元化发展的道路。力宝集团进军香港首战告捷,大获全胜。1992 年,力宝集团在香港的经营纯利润达 2.11 亿港元。

站稳香港这个桥头堡之后,李文正开始实施进军中国内地的宏大计划。他同许多海外莆商一样,对祖国和家乡怀有特殊的感情,他说:"没有什么比听到中国经济腾飞的消息更令人欢欣鼓舞。"从 1992 年起,力宝集团在内地开始大规模地投资,涉及金融、制造、电力、房地产等多个领域。在金融方面,力宝集团首先成立了深圳华侨银行,之后又于 1993 年在上海创建了分行。在实业投资方面,李文正集中资金在福建、山东两地投资。在莆田老家,李文正于 1992 年起投资开发湄洲岛、兴建忠门大地城和 240 万千瓦湄洲湾火电厂。其中湄洲岛开发投资了 1 亿美元,大地城投资了 1.6 亿美元;湄洲湾火电厂投资了7.55亿美元,李文正占有25%的股份。在山东境内,力宝集团用5年时间,总投资10亿美元,投资火电厂、码头和老企业技术改造等项目。目前,力宝集团在内地的投资计划已经全面实施,每一个大型项目都体现了李文正这位杰出华人对祖国和家乡的一片深情。

李文正事业成功之后,不忘回报社会,积极投资办学。早在20世纪90年代初,李文正就在印尼独资创办了希望之光大学,陆续捐建了上百家小学,扶持印尼贫困偏远地区的基础教育。1995年,李文正荣获印尼总统颁发的"社会贡献忠诚奖"。

李文正也积极支持祖国和家乡的公益事业。20世纪80年代,李文正获悉江口老家民众因水质问题经常患肠胃病,便投资创建了华正自来水厂,并利用水厂的利润设立了基金会,支持江口老家的福利事业。莆田华侨中学和莆田锦江中学等各项建设也得到李文正的大力支持,特别是莆田学院的建设与发展,倾注了李文正的大量心血。早在1993年,李文正就向莆田高等专科学校捐赠价值200万元的教学设备。莆田高等专科学校申报本科学校时,李文正又先后捐款2 360万元。为了感谢李文正的大力支持,莆田学院将一座总面积10 500平方米的教学楼命名为"文正教学楼"。李文正不仅自己身体力行带头捐资,还号召海外华侨华人积极支持莆田学院的建设。他曾经致信国务院领导,深情地说:"家乡莆田市有300万人口,与台湾一水之隔,自古以来基础教育比较发达,但至今没有一所本科大学,由于人才短缺,严重制约了莆田经济社会的发展,也影响了海峡两岸科技文化的交流,我们海外侨胞翘首以待家乡申办莆田学院的早日实现。"其拳拳之心,令人感动。

李文正不仅支持家乡的公益事业,而且在全国各地也多有捐赠。如2002年,他捐赠1 000万元建设厦门大学医学院"文正大楼"。2003年,他捐资1 000万元为母校东南大学建设"李文正图书馆"。据不完全统计,李文正累计捐资6 362万元,荣获福建省"华侨捐赠公益事业突出贡献奖"金质奖章和莆田市"荣誉市民"称号。

(六)华人实业家姚子兴

姚子兴,1931年出生于莆田江口镇东源村,原系印尼新时代集团董事长。姚子兴的祖父姚文瑞,于19世纪末前往印尼谋生,经过30年的拼搏,在印尼创立了万丰隆公司。姚子兴的父亲姚焕章,11岁时(1919年)远渡印尼,开始艰辛的海外商海之旅。由于没有文化,遇到了许多困难,吃过不少亏,事业有成之后,姚焕章开始回报家乡,多次捐款重建莆田韶源学校,使这所成立于1917年的老校旧貌变新颜。

姚家事业进入第三代之后开始快速发展,主要业务是国际贸易,兼代理美国汽车与配件销售。姚子兴接手生意之后,在印尼创办了新时代集团,采取多元化经营模式,涉及国际贸易、金融、房地产和制造业等多个领域。1973年,世界最大轮胎制造企业之一日本普利司通株式会社在印尼创建汽车轮胎生产厂,邀请新时代集团加盟,给姚子兴提供了新的发展机遇。1996年,姚子兴扩建了第二条轮胎生产线,产量增加了两倍,产品销售到日本、美国和欧洲等60多个国家和地区,在世界汽车轮胎市场中占有重要分量。

姚家恋乡之情非常感人,凡是从家乡来的乡亲,只要有求于他们,不论认识与否,都会派职员前往码头迎接,免费提供食宿,并安排在自己企业学习业务。等乡亲熟悉环境、掌握了谋生技巧之后,愿意自立门户的提供无息资本,帮助其创业。姚家这种热心慷慨的家风,一代一代地传承下去,深受乡亲的好评。

姚子兴长期在海外生活,却始终怀有一种无法割舍的恋乡之情。他经常偕海外的弟弟妹妹和子女回家乡探亲,让他们记住自己的根,感受到家乡的变化与发展,把爱国爱乡的传统一代一代地传承下来。

姚子兴继承父辈的夙愿,积极支持家乡的公益事业。据不完全统计,姚子兴先后捐建了莆田市平民医院妇幼儿科大楼、东大学校、市医院新大楼、莆田医院新大楼、东源村公路等项目。为了表彰姚子兴对家乡公益事业的突出贡献,福建省人民政府授予他"兴医利民"和"乐育英才"的奖匾和奖章,莆田市人民政府授予他"荣誉市民"称号,江口镇人民政府颁予他"造福桑梓 功德无量"奖匾。

(七)重教兴学的张清泉

张清泉,1940年出生于印度尼西亚,原籍仙游县赖店镇,曾任印尼仙溪福利基金会名誉主席,经营行业涉及造纸、酒店、医院、房地产等多个领域。

张清泉父亲严金陆,原为仙游县郊尾镇湖宅村人,少年时因家庭贫困前往赖店坂头村张家当佣耕,由于为人诚实,又能吃苦,雇主便招其入赘。1936年,严金陆完婚后随赖店同乡远渡重洋,艰苦创业,风风雨雨几十年,终于事业有成。

张清泉是严金陆的大儿子,由于父亲入赘改严姓张。张清泉从小就与父母同甘共苦,受到良好的家庭熏陶和教育。特别是海外艰辛的商旅生涯,养成了他坚强的意志和勇于闯荡世界的胆量与卓识。他从拾纸盒糊口开始,发展到创办纸盒厂、发电厂;从造纸业、酒家起步,发展到经营医院、房地产;从小本生意做起,发展到跨国大买卖,一步一个脚印地发展,事业蒸蒸日上,企业规模不断扩大,不仅拥有世界先进的造纸生产线,还先后创办了发电厂、酒店、医院等多家企业,成为海外著名华侨企业家。20世纪90年代,张清泉先后在新加坡、澳大利亚、美国创办了3家大酒店,并在北京、天津、南京、山东等地投资创办造纸厂,开发房地产,还创办"海底世界"现代化游乐园,走多元化发展的道路。

张清泉在商界长袖善舞,对公益事业更是热心有余。在海外,张清泉积极参与侨团工作,出钱出力,不遗余力地推动华侨公益事业发展。在侨居地,每悉侨民生活困难,他都会主动送钱送物,扶贫帮困,并建造了多处房子给难侨居住。他还将自己创办的中华医院赠送给当地政府,以缓解侨居地百姓看病难问题。张清泉乐善好施的义举,在海外华侨华人中广为传颂。

张清泉从小深受父母爱国爱乡的思想影响,始终不忘祖国和家乡。改革开放后,他多次回乡考察,慷慨解囊,支持家乡教育和卫生事业建设。早在 1978 年,他就开始联络海外乡亲,积极开展教育扶贫,分别在仙游境内 18 个乡镇各建一幢小学教学楼和华侨中学教学楼。1992 年,他在百忙之中再次抽空返乡,开始实施新一轮的教育捐赠计划,先后在仙游的凤山、园庄等山区乡镇兴建了 6 所华侨初级中学,独资创办了仙游县华侨职业技术学校,并与其他 8 位侨胞一道共同捐建了仙游第二华侨中学。1993 年,他又发动侨胞捐资兴建仙游县中医院病房大楼。在随后的数年中,张清泉先后捐资 2 000 多万元,为家乡建设了 24 所"希望工程"学校。据不完全统计,自 1991 年以来,张清泉与其他华侨一道,捐资创办了仙游第四、第五、第六、第七、第八、第九道德中学和象洋、杉尾、昌山等小学。其中捐赠仙游县华侨中学 86 万元、第二华侨中学 146 万元、华侨职专 384 万元、初级中学 135 万元、枫亭海平中学 100 万元、凤山中学 56 万元、130 万元。同时,他还捐建仙游县中医院、华侨大厦、兰溪大桥、昌山村基金会等多项公益事业,累计捐款达 4 000 多万元。

张清泉具有捐赠不图名的高尚品德,侨胞们集体为家乡捐赠同一公益事业时,往往他捐赠的数额最多,而名字总是向后排。有一次,他捐赠 135 万元支援华侨中学建设,理应排名榜首,他却刻意将自己的名字留在后面。仙游县政府为了弘扬张清泉重教兴学的精神,决定用其父母名字为学校命名,他却谦逊地说:"还是以华侨名义命名好,人多力量大!"可见张清泉的高风亮节。

张清泉一生以俭为本,穿衣吃饭从不讲究,大多数积累用于公益事业,体现了中华民族的优秀品德。由于张清泉对家乡的特殊贡献,福建省人民政府授予他"重教兴学"金质奖章,并在仙游县华侨职业技术学校内立碑表彰;福建省民政厅授予他"八闽慈善奖";莆田市人民政府授予他"文献奖章"和"荣誉市民"称号。

(八)爱国恋乡的关文龙

关文龙,1942 年出生于印尼雅加达,祖籍莆田市涵江区江口镇,现任印尼海钻集团总裁,兼任印度尼西亚中华总商会副总主席、印尼兴安会馆会长、印尼福莆仙基金会会长、福建省海外交流协会顾问、福建省莆田市归国华侨联合会顾问等职。

关文龙是第二代华侨商人,早期继承父亲的基业,在雅加达创办了印尼海钻集团,该集团经营范围涉及金融、房地产、汽车、摩托车、车厢、铝百叶窗等,经济实力雄厚。同时,关文龙还是日产汽车印尼总代理商,在印尼商界颇有名望。

关文龙虽然出生在海外,童年没有接触过系统的中华文化教育,但身上流淌着中华儿女的血脉。他同老一辈华侨一样,有着一股挥之不去的故土情结。1993 年,关文龙受到祖国改革开放、振兴中华重大国策的感召,携巨资回国投资创业。他把归国投资的第一站选在福州,斥资 8 000 万元创办了海钻(福建)房地产开发有限公司,在福州市繁华的五一中路征地 36 亩,建筑了 3 幢 32 层的商住楼,总建筑面积达 18 万平方米,取名金钻世家,工程质量优良,荣获"榕城杯"奖。2003 年,关文龙又在福州市中心投资开发了金钻世家的姊妹篇——海钻·凤凰城,建筑了 2 幢 25 层的高层楼盘,引入了原生态 SOHO 概念,设置了市中心楼盘难得一见的上千平方米大会所,在城市中心区打造出办公、居家两相宜的绝版楼盘。

海钻集团在福州取得成功之后,北上江苏投资创业。2004 年,关文龙在江苏徐州投资创办了江苏海钻投资有限公司,投资 6 亿元,打建新沂国际汽车城。2006 年,关文龙又投资 2 亿多元,建设了新沂海钻国际酒店有限公司,酒店总高度 25 层,总建筑面 67 600 平方米,内设游泳池、KTV、咖啡厅、中西餐厅、多功能大宴会厅、商务中心,以及桑拿、美容、健身等多项娱乐服务设施,是新沂市乃至徐州地区最豪华的五星级大酒店之一。

关文龙作为侨商,在中印(尼)经济文化交流和增进年轻一代华侨对家乡感情等方面,有着独到而深刻的见解。他认为,印尼莆籍乡亲有许多人已将企业交给年轻一代管理,由于生长环境不同、教育差异和语言不通等因素,年轻一代对家乡情况了解不够,感情不深,希望家乡政府多做年轻一代侨胞的联谊工作,重视华侨的文化交流与教育,派一些优秀教师到印尼,在年轻一代侨胞中开展华文和地方文化教育,让他们接受中华传统文化和莆田特色文化的熏陶,让他们对家乡的历史、风俗、民情有更全面而深切的了解,培养和增强新生代华人对家乡的认同感,使家乡渊源一代代地传承下去。

关文龙十分关心家乡的经济发展。他多次返乡考察,兴资创业,捐助公益事业。2004 年 10 月,莆田市举行首届世界莆商大会和中华妈祖文化交流协会成立大会,关文龙两次应邀回乡,表示要大力动员印尼乡亲回乡投资创业,支持家乡经济建设。当获悉家乡人民正着力建设湄洲湾港口城市时,他激动地说:"家乡政府在努力创造良好投资环境吸引外商投资的同时,要重视做好年轻一代侨胞的工作,培养其对家乡的认同感,从而吸引更多的莆籍侨胞回乡创业,为家乡建设湄洲湾港口城市作出更大贡献!"①

---

① 刘永玉.割不断的乡情[M]//风雨沧桑故园情.北京:中国文史出版社,2005:226.

关文龙非常热心家乡的教育事业发展。据《莆田市外经贸志》,早在 20 世纪 80 年代,他就捐资 142 万元,支持家乡学校建设。在莆田锦江中学争创省二级达标学校期间,关文龙召集了 20 多位海外侨胞共同捐资 200 万元,建设了锦江中学梓萱教学楼。2008 年,锦江中学梓萱教学楼落成时举行剪彩仪式,关文龙率领众华侨参加落成典礼,并表示将继续为学校建设筹集资金。

关文龙关心家乡公益事业,累计捐资 260 多万元,被福建省人民政府授予"金质奖章",被莆田市人民政府授予"荣誉市民"称号。2009 年,关文龙被聘为政协莆田市第五届委员会特邀委员。

(九)"轮胎大王"林德祥

林德祥,1943 年出生于印尼,祖籍莆田县江口镇海星村,现任新加坡佳通集团总裁。林德祥的父亲林亚金,早在 20 世纪 50 年代就是远近闻名的"胡椒王",但因积劳成疾,英年早逝。

林德祥从小受到良好的家庭熏陶,具有莆田人勤劳俭朴的美德和中华儿女艰苦创业的优良传统。20 世纪 60 年代中期,林德祥赴英国深造,主攻工商企业管理专业,学成后返回印尼,先巩固父亲的基业,再拓展对外贸易、种植业和农副产品加工业等,逐渐积累资本,扩大产业规模。

从 20 世纪 70 年代起,林德祥开始与世界发达国家的大财团合作,引进先进设备,拓展现代工业、制造业,并向金融业和房地产业发展,各项事业蒸蒸日上,公司规模日益扩大,他也成为海外著名华人企业家。

20 世纪 90 年代,林德祥在新加坡组建了佳通集团,经营范围包括制造业、房地产业、金融业、高科技业、水产业、矿产业和服务业等,在新加坡、印尼、中国和澳大利亚等国家拥有 10 家上市公司的控股权,是一个颇具规模的跨国集团公司。据香港1997 年 5 月《资本》杂志报道,在 145 位世界华人富豪榜上,林德祥名列第 82 位,个人资产达 10 亿美元以上。

林德祥于 1990 年进军中国,先后在北京、上海、安徽、福州等地投资了 30 多个项目,累计投资 100 亿元,比较大型的项目有上海房地产开发、安徽佳安轮胎厂和福建莆田佳通轮胎厂等。佳通轮胎不断向世界十大轮胎企业靠拢,成为世界华人中的轮胎大王。随后,林德祥继续在中国增大投资,投资 6 亿美元,在上海创办了汽车配件产品相关的制造业基地及研发销售中心;在莆田投资 9 亿美元,用于扩建佳通轮胎厂、佳通总部大楼和建设锦江生态山庄及纸制品厂等。

林德祥一家虽然长期居住海外,但眷恋家乡的桑梓之情令人敬佩。林德祥父亲林亚金在中华人民共和国成立初期就开始支持家乡公益事业,其母亲李乎夫从 1965

年起多次回乡捐建公益事业。林德祥继承父辈爱国爱乡的优良传统,慷慨捐资支持家乡的学校、基础设施、市残疾人基金、平民医院等公益事业,累计捐资达612万元。由于无私奉献,慷慨解囊,长期关心支持家乡的公益事业,深受家乡百姓赞扬,林德祥先后荣获福建省人民政府授予的金质奖章及"乐育英才""兴医利民"等奖匾,荣获莆田市"荣誉市民"称号。

(十)"钢铁大王"陈财基

陈财基,1945年出生于印尼棉兰,祖籍莆田江口镇五星村,现任印尼武龙加鲁达钢铁有限公司董事长。

陈财基父亲陈锦裕,18岁时赴印尼谋生,开始在印尼棉兰经营万聚兴自行车行,艰苦创业,勤劳致富,为陈家事业发展奠定了基础。

1961年,年仅16岁的陈财基开始涉足商海,先在亲戚的企业里当销售员,后又协助父亲经营万聚兴自行车行。1963年时,陈财基在母亲关美英的帮助下,在印尼棉兰创办了一家轧钢厂,利用拆船厂的废钢,生产各种建材。刚开始企业规模并不大,工人只有400多名,后来7个弟妹相继长大,各自走上管理岗位,加强了企业管理力量,生意开始拓展,除了轧钢厂外,又先后创办制氧厂、发电厂,制氧、发电、拆船、轧钢一条龙生产,全部实现自动化生产,员工发展到1500人。到了1986年,陈财基的钢铁公司年产量已达到20万吨,成为印尼境内著名的钢铁企业。

20世纪90年代,陈财基在雅加达郊区买了306公顷土地,投资2.5亿美元,建设了一座大型现代化钢铁企业——印尼武龙加鲁达钢铁有限公司,一年内建成投产。公司聘请了德国专家为顾问,生产程序全部电脑控制,自动化程度很高,年生产工字型钢50万吨、平板钢材50万吨,产品出口中国、东南亚和欧洲各国。公司旗下有武龙雅加达钢铁公司和武龙棉兰钢铁公司等多家企业。陈财基在印尼政界、商界都有较好的口碑,人称"钢铁大王"。

陈财基一家虽然长期居住海外,但非常热心家乡的公益事业,多次慷慨捐资支持莆田县医院、平民医院、锦江中学、江口侨联、江口华侨宾馆、江口中心小学、江口五星村、江口园下村、江口东岳观、西来寺等公益事业建设,其爱国爱乡的动人事迹在侨乡广为传颂。为了表彰陈财基的爱乡善举,福建省人民政府授予他"乐育英才""兴医利民""热心公益"等奖匾和金质奖章,莆田市人民政府授予他"荣誉市民"称号。

(十一)中华慈善楷模陈江和

陈江和,1949年出生于印尼,祖籍莆田城厢区城郊乡下浦村,现任新加坡金鹰国际集团董事局主席。

陈江和父亲陈金荣,于民国中期赴印尼棉兰谋生,后来在苏门答腊岛百佬湾开了一家小店,经营机车配件和汽、机油等。陈江和排行老大,家中有 8 个弟妹,由于家庭负担重,父亲积劳成疾,英年早逝,作为长子的陈江和,17 岁就挑起了家庭生活重担。

初涉商海的陈江和,一时不知从何发展,开始只是继承父亲的小店生意,经营机车零配件和油料。随后,他拓展了发电机、炼油厂的设备和维修机电、机械等业务。后来,他又做起了承包商,承接石油公司的一些工程项目,如液化天然气管铺设与维修等。由于陈江和勤奋诚实,深受客户好评,业务不断扩大。从 1973 年起,陈江和的企业取得了良好的经济效益。但他并不满足于现状,于 1975 年投资 1 000 万美元扩大了三夹板厂的生产规模,员工人数达 2 000 名,成为当时印尼境内最大的投资项目之一,且在一年内实现投产。1975 年 8 月 7 日开业时,印尼总统带领 7 位部长为陈江和新厂剪彩。此后,经过 8 年的努力,到了 1983 年,陈江和的金鹰公司已发展成为一家资产逾亿美元的大型企业,经营范围拓展到石油工程、夹板厂、棕榈油和地产业等。1985 年,陈江和开始涉足造纸业。他投资 1 亿美元创办了大型纸浆厂,成为印尼纸业巨头。随后,他又先后建立了多帕纸浆厂、廖省纸浆厂和造纸厂、大型棕榈树种植园及棕榈油提炼厂等,事业蒸蒸日上,金鹰公司迅速发展成为一个大型跨国集团。

陈江和巩固了印尼事业之后,开始拓展国外市场,先后将造纸业拓展到新加坡、中国、菲律宾、巴西、马来西亚、芬兰等国家,经营范围涉及林业、制浆、造纸、纸品加工、电厂和能源、房地产、金融和贸易等诸多领域,分公司遍布世界各地,成为亚太地区规模宏大的工业集团。

陈江和虽然从事高污染的纸业生产,却是个可持续发展的倡导者。他提出的镶嵌式种植理念,将种植园设计成为一个融纤维种植园、森林保护区和当地生活社区于一体的联合体,既保护了周边的生态环境,提高了百姓经济收入,又有效地减少了非法砍伐和火耕现象。这一种植理念曾被亚洲管理研究所(Asian Institute of Management)企业社会责任中心评选为 2005 年度亚洲企业社会责任大奖环境类亚军。

1994 年,由于新加坡境内业务迅速扩大,陈江和便在新加坡设立了金鹰国际集团总部,亲自担任金鹰国际集团董事局主席兼总裁。在陈江和精心经营下,金鹰国际集团的规模迅速扩大,成为颇具知名度的跨国公司,总资产超过 60 亿美元,各种技术人员达 5 万多人。

20 世纪 90 年代初,陈江和返回祖国,开始了产业报国之旅。他先在江西九江创建了当时亚洲最大的粘胶纤维生产厂,年产粘胶 6 万吨。2004 年,他在山东日照收购了山东森博浆纸有限公司 90% 的股权,将其改组为山东亚太森博浆纸有限公司,成为年产量达 100 万吨的超大型纸浆厂。随后,他又在广东新会创办了亚太纸业有限公司,成为当时广东境内外资企业的"老二"。同时,陈江和还在江苏、福建等地投资创办了天然气电厂,利用清洁能源发电,取得了良好的经济效益。

20世纪末,陈江和着手在家乡投资林浆纸一体化项目,计划建设中国境内规模最大的新闻纸生产线,但因计划多次调整,直至2008年才完成立项。近几年来,金鹰国际集团开始拓展新的领域,向高科技行业发展,推进了多个大型电子商务项目、信息工程及互联网技术,以实现金鹰国际集团在世界产业革命中保持领先地位。

陈江和虽然出生在海外,却始终怀有一种难以割舍的爱国恋乡情愫。他秉承"取之于社会,回馈于社会"的理念,乐善好施,扶贫济困,积极支持各项社会公益事业。据不完全统计,他对祖国和家乡的公益事业累计捐赠总额已达2亿元。在莆田老家,陈江和先后捐资688万元建设市第一医院惠妹门诊楼和外科大楼,捐资1 000万元建设莆田学院金荣综合楼,捐助500万元作为"中华妈祖文化交流协会"活动经费,捐赠88万元建设荔城区濠浦小学金荣教学楼。在国家重大活动中,陈江和出手大方,慷慨解囊,深受好评。如2006年筹办北京奥运会时,陈江和先后两次捐赠300万、200万美元,用于奥运场馆建设,是海外华人中第一个为奥运会捐资的个人。在减灾赈灾方面,陈江和更是一掷千金,无私援助。2003年抗击"非典"疫情时,陈江和分别捐赠给卫生部2 000万元,广东、江苏省各500万元,成为中国抗击"非典"疫情中最大一笔海外华人捐款。2005年,他向江苏省慈善总会捐献500万元。2008年,他分3次捐给汶川地震灾区1 100多万元。在2008年的"抗雪救灾、温暖行动"活动中,他又捐赠1 000万元。在支援祖国教育事业方面,陈江和更是出手大方,备受赞扬。他先后捐赠给厦门小白鹭艺术中心3 000万元、陈金荣(中西部地区)文教专项基金1 000万元、江苏省苏州大学800万元、西部"温暖工程"500万元、四川省广安中学450万元、中国华文教育基金会300万元,还有陕西贫困地区15所"陈金荣侨心小学"300万元、江苏省淮阴25所农村小学翻建经费200万元……类似捐赠,不计其数。2008年,陈江和荣获"最具爱心慈善捐赠个人"提名奖(全国共1名),荣获中国公益领域的最高奖项"中华慈善奖"。

二、马来西亚境内著名莆商

马来西亚是莆仙两县移民时间最早、人数最多的国家之一,也是莆籍侨民的主要侨居国。据《莆田县志》统计,1987年,在马来西亚境内的莆田县侨民有9万多人。仙游籍华侨人数不亚于莆田县,早在清朝末期,马来西亚太平地区就有仙游籍华侨矿工4 000多人,特别是在马来西亚霹雳洲的金宝和安顺地区,有大量仙游籍华侨。马来西亚境内的莆籍华侨经过上百年的努力奋斗,取得了骄人的业绩,出现了许多著名侨商,如马籍华人陈兰,事业有成之后将大部分精力放在侨团工作上。马来西亚福建社团联合会总会长童玉锦,持之以恒地推动华侨事业发展,为中马友谊做出重大贡献。华联集团董事主席郑金炎,荣获"海外杰出华裔企业家"称号。东马运输有限公司董事长郑天祥,在马来西亚交通领域具有很大的影响力。马来西亚境内著名侨商众多,如叶焕武、张德麟、张德明、张德来、张德龙、卢金峰、庄玉霖、陈春德、黄清仪、李旭同、童国模、许元连、卓亚律、林金树、吴建中、方德源、郑志雄、郑正金、李达、刘文华、陈元珍、李其舞、陈国贤、李天宇、许金宝、林生、姚文贵、郑金象、黄国泰、陈仁华、郑金梓、李亚明、陈金榜、张各色、张金钗、王嘉良、李光第、卢文华、杨标秀、黄玉田、龚成烈、陈明宗、黄祚潘、柯文登、高文云、刘永龙、黄昇福、黄清仪、徐成来、黄丰羽、刘永美、陈金发、徐德辽、黄贤泉、姚玉池、黄亚盾、林德明、林锦瑞、李文祥、杨兆、王元勋、卢绍、王堂铭、杨锦福、李宗林、郑正金、郭有光、郭德霖、陈宝珍、陈明聪、陈玉华、陈玉盛、林孙龙、胡仁忠、李金顺、林文好、黄仁华、刘元珍、郑宗钦、何文洪、李旭、陈佬珍、刘文贤、方金水、郑志铭、关亚喜、方成和、李宗贵、林天顺、曾杰明、郑国民、张文光、郑文富、郑文华、黄国容、林学洲、郑锦华、方玉霖、陈金发、彭亚利、郑金山、李光木等,都是事业有成的莆籍侨商,在此选择几位莆商代表呈现给读者。

(一)多举善事的陈兰

陈兰,1921年出生于仙游县榜头镇上昆村,少年时因家庭贫困,于1937年秋随乡亲赴马来西亚谋生,后定居马来西亚霹雳州。

陈兰少年时期尝尽人间的酸甜苦辣,喂猪放羊、开荒耕田,做过杂工、当过苦力,还干过泥匠、矿工、修车工、铺路工等。艰苦奋斗了好几年,终于购置了小机械,创办了一个家庭作坊,加工自行车皮垫零部件。由于手工制作,产品虽然产量低,却质量好,惨淡经营,逐渐积累资本。

陈兰依靠诚实、守信、勤劳、俭朴的品德,白手起家,脚踏实地,诚信经营,以质取胜,事业不断发展,最终被英国莱利公司(Raleigh)指定为著名品牌莱里自行车的配套厂。此后,陈兰不断发展,从小作坊的手工制作逐渐发展成为机械化的规模生产,不断推出新产品,不仅生产自行车、摩托车配件,而且给大厂家提供整车组装零配件。到了20世纪70年代,陈兰已经发展为马来西亚境内著名的企业家,并在马来西亚怡保、金宝等地先后创办了"陈兰脚车机件厂有限公司""金宝工业有限公司""怡宝企业有限公司""保海丰栈包装有限公司"等多家企业。

陈兰为人豪爽、讲义气、重友谊、肯帮人,疏财仗义,多举善事,交际广泛,人缘极好。事业发展之后,他不忘回报社会,积极推动马来西亚的华文教育、医疗事务和公益事业,颇得当地侨民好评。同时,陈兰还十分热心华侨华人社团工作,先后担任马来西亚兴安会馆总会会长、名誉会长和霹雳州兴安会馆会长、金宝福建公会会长、霹雳华人妇产科医院主席等职。

陈兰虽然商务繁忙,但对华人教育事业情有独钟。他担任马来西亚霹雳金宝国民中学董事长、金宝培元独立中学董事长20多年,从学校经费筹集到教师招聘,从学校建设发展到教育奖励基金的筹措设立,他都身体力行,积极参与,为华人教育事业发展投入不少的财力和精力。陈兰的善举得到马来西亚政府的肯定,被授予PPT勋衔。

陈兰虽然少年离乡,远涉重洋,但始终心系祖国,爱国爱乡。1949年后,他多次回乡探亲考察,创办实业,捐资办学,体现了海外华人的一片赤子之情。20世纪50年代初,陈兰先后捐资40多万元,扩建了家乡的上昆小学和溪东小学教学楼。1991年回乡省亲时,他又捐资20万元,建设"陈全义教学楼"。2007年,陈兰回乡省亲时又捐资20万元,用于成立"昆头陈兰教育基金会",帮助品学兼优的贫困学生完成学业。

陈兰积极支持家乡的公益事业建设,修乡路、建水库、修复古迹、赈灾建房,累计捐资赠物近200万元,被莆田市人民政府和仙游县人民政府分别授予"荣誉市民"称号。

(二)"中马友谊使者"童玉锦

童玉锦,1924年出生于马来西亚吉隆坡,祖籍莆田市城厢区华亭镇,原系马来西亚机保控股有限公司创办人、雪兰莪巴士有限公司董事主席,兼任马来西亚福建社团联合会会长、兴安总会会长等职。

童玉锦早年就读于吉隆坡文良港中华中学。1941年,太平洋战争爆发后,日本侵占马来亚,给当地人民带来莫大的苦难。由于父亲和长兄相继去世,家庭经济陷入困境,正在念初中的童玉锦被迫辍学,毅然担当起养家糊口的重担,成为一名三轮车夫。

20世纪50年代末,童玉锦凭着父亲遗留的股票,加入了位于吉隆坡十五碑的机合巴士有限公司。他从基层工作做起,由查票员到站长,再升任经理和董事经理,最后担任巴生雪兰莪巴士有限公司董事主席,成为马来西亚交通界的翘楚。

20世纪90年代初,马来西亚房地产业蓬勃发展,童玉锦与堂弟童国模联手投资房地产业,取得了辉煌的业绩。特别是童玉锦担任董事主席的阳光发展公司,先后在首都吉隆坡开发了孟沙、华联、满家乐等多个高级公寓,是马来西亚首都著名的高品质公寓。

童玉锦白手起家,在生意场上一点一滴做起,勤劳致富,诚信经营,凭着莆田人的精明干练和吃苦耐劳精神,经过多年的拼搏,逐渐发展成为一名颇有建树的实业家。

童玉锦还是马来西亚兴安总会的创始人。早在 20 世纪 60 年代,童玉锦、林金树、徐福隆等 3 人就发起成立"马来西亚兴安总会",团结华人,共谋福利,促进华人事业发展,被马来西亚华人誉为"兴总三剑客"。

童玉锦父子与雪隆兴安会馆有着长达 70 年的历史渊源。其父童敏曾是该会创始人之一。1970—1975 年,童玉锦连任 3 届雪隆兴安会馆主席。1990 年,连任马来西亚兴安总会 17 年财政的童玉锦出任了第 10 届兴安总会总会长,为华侨社团工作做出了积极贡献。

马来西亚境内共有近 170 个福建华侨社团,由于童玉锦在马来西亚华人群体中享有很高的声望,2001 年马来西亚福建社团联合会换届时,童玉锦众望所归,出任会长。同时,他还被推选为包括福建社团联合会在内的马来西亚七大乡团协调委员会负责人。在担任福建社团联合会会长期间,童玉锦不遗余力地推进华侨华人事业发展,曾联合马来西亚广东联合会、海南会馆联合会和客家联合会等七大华人社团,数度拜会首相敦马哈迪、拿督斯里阿都拉,就华人普遍关注的问题与马来西亚政府进行协商,请求政府允许华人学校保留数理科的教育内容,得到马来西亚当局的同意。商务之余,童玉锦将大部分精力放在服务社会方面,凡社会公益事业,皆当仁不让,深受华侨华人的好评。

童玉锦在马来西亚侨界和上流社会享有很高的声望,由他出面组织的华侨社团活动总是宾朋满座,许多政府高官、地方政要都会亲临捧场,他堪称商界和政界的活跃人物。童玉锦由于热心华侨社团工作,努力服务社会公益事业,深受侨居地政府和民众的赞赏。1972 年,他荣获马来西亚最高元首封赐 AMN 勋衔,1976 年被雪兰莪苏丹封为太平局绅,1996 年又被雪兰莪苏丹封赐 DSSA 拿督勋衔。

马来西亚的华文教育主要集中在华小与独中两地,这些以华语为主的私立学校是弘扬中华文化的重要阵地。童玉锦时刻关注侨居国的华人教育事业发展,哪里有困难就到哪里去解决。从学校领导层的调配到教师队伍的充实,从奖学金、助学金的募捐,到学校文化活动经费的筹措,无不倾注着他的一腔热血。他多次呼吁海外乡贤,发扬中华儿女热心教育的优良传统,既要慷慨解囊,更要以实际行动参与华教事业,共同促进华人教育的健康发展。为了使自己从外行变为内行,童玉锦潜心研究中国传统的儒家教育思想,他多次强调:"知识教育和素质教育两者不可缺一,现代世界各国所推行的五育'德、智、体、美、群',正是孔子所提倡的六艺'礼、乐、射、御、书、数',海外华教应该促进儿童身心、智能的健全发展,塑造完美的人生,建议多举办一些健康的文娱活动,使社会充满祥和与温馨,让孩子们在和平环境中快乐成长。"为了让更多华人子弟接受高等教育,童玉锦带头捐资成立大学贷学基金会。他经常奔波于马来西亚各个角落,呼吁同乡捐款资助。经过童玉锦等人的努力,兴安总会筹集了上千万大学贷学基金,使一大批家境清贫、品学兼优的莘莘学子得到资助,圆了大学之梦。

童玉锦虽然出生海外,但对祖国和家乡却有一种难以割舍的情怀。孩提时就经常听母亲讲家乡的故事,莆田在他脑海中留下了深刻印象。学生时期,他又接受了华文教育,深受中华文化的熏陶,"中国、福建、莆田、故乡"这些遥远而亲切的词汇,从小就在他脑海中萦绕。改革开放之后,童玉锦终于踏上了故土,面对前来欢迎的父老乡亲,他无限感慨地说:"故乡,我日夜思念的故乡,海外游子回来了!"正是这浓浓的故乡情结,使童玉锦不仅身体力行地捐资支持家乡公益事业,而且以个人影响力激励海外乡亲出钱出力,为家乡公益事业建设多做贡献。凡家乡有重大公益活动,童玉锦都会抽空回来参加,先后多次率团参加了"世界福建同乡恳亲大会""世界兴安同乡恳亲会"以及各种经贸交易会。同时,他还受聘担任中国国际贸易促进会常务理事。他经常说:"能为华社服务,能为家乡做点贡献,是一种荣幸,我无怨无悔。"

童玉锦既是著名的商人,又是个出色的民间外交家,经常为促进中马友谊而奔波。童玉锦是中国驻马来西亚大使馆的常客,使馆每次举行盛大宴会,都有他的身影。他每年接待多批来自国内的代表团、考察团,既要安排好各团体的商务和访问活动,又穿针引线让中国代表团顺利与侨居国政府官员会晤,被誉为"中马友谊使者"。

(三)热心慈善事业的郑天祥

郑天祥,1930年出生,祖籍涵江区江口镇后墩村。他少年时期生活十分艰苦,上学时恰逢日寇入侵,因生活所迫,只念了3年书就辍学回家,帮助母亲挑海蛎出卖。13岁时,郑天祥开始下海捞虾,以补贴家用。17岁时,郑天祥随父亲漂洋过海,客居马来西亚砂拉越州古晋地区。

初到海外,郑天祥和父亲一道受雇于人,从事捕捞业,每个月只赚30元马币,勉强维持生活。第二年,郑天祥母亲来到砂拉越,一家人刚刚团聚,父亲却得了食管癌,与世长辞,留下孤儿寡母,相依为命,还欠下了600多元债务。

父亲病逝后,郑天祥挑起了家庭重担,继续下海捕鱼,以维持家庭生活,饿时花一角钱买三个果干填肚,连菜汤都舍不得买,克勤克俭过日子,三年没添置一件新衣服。经过几年的努力,郑天祥终于还清了债务,且捕捞技术越来越好,得到了老板的赏识,并拥有了一定的股份。

郑天祥天性聪颖,目光远大,不甘久居人下。成家后,他借钱购买了一条小帆船,并装配了机械马达,自己出海捕捞作业。由于郑天祥捕捞技术好,加上机械动力船速度快,每次下海捕鱼他都比别人收获多。随后,他开始兼做海鲜买卖生意,积累一些钱后又购买了第二条渔船。就这样,郑天祥靠捕鱼和贩鱼起家,一步一个脚印地发展。

但海上捕捞是个传统行业,赚的是辛苦钱,且发展很慢,不甘人后的郑天祥决定转行,以图更大的发展。20世纪70年代末期,郑天祥改行从事汽车销售,开始时经营十分艰难,但郑天祥的诚信经营理念很快就赢得了顾客的好评,事业逐渐发展起来了。20世纪80年代,郑天祥的事业进入了黄金时期,汽车销售业务稳步上升。于是,他开始走多元化发展道路,先后涉足房地产业、运输业、酒店业等多个行业。

郑天祥经营得法,交游甚广,信誉良好,很快发展成为马来西亚古晋地区商界的知名人士,先后创办了"东马贸易私人有限公司""东马实业有限公司""东马运输有限公司",亲自担任几个公司的董事长,在马来西亚交通行业享有盛誉。

郑天祥不仅在商海中取得了成功,而且在华侨社团工作和公益事业方面也颇有建树。1979年,正当他事业蒸蒸日上之际,乡亲们推举他担任古晋兴安会馆会长。他上任后第一件事就策划兴建了古晋兴安会馆大厦,不仅自己带头捐资,而且四处奔走,号召同乡支持,使古晋兴安会馆大厦顺利建成。

20世纪末,郑天祥兼任马来西亚兴安总会会长。他带头捐资,并发动海外侨商捐款购置了价值百万元的兴总大厦,使全马莆籍华侨华人有了一个自己的"家"。同时,郑天祥还担任古晋福建公会的署理主席暨130周年的筹委会主席和古晋福建公会主席,先后兼任各种社团、学校董事等社会职务28个,为侨居国的公益事业做出了很大贡献。

郑天祥一生乐善好施,扶贫济困,深受百姓赞赏。早在1982年,他就加入砂拉越州民办慈善机构——"沙拉越云南善堂",并长期担任主席一职,有不少贫民得到他的帮助。在任期间,他带头捐资修建善堂,全力协助地方政府开展慈善事业,深受社会各界好评。1988年,砂拉越州政府授予郑天祥ABS荣誉称号;1998年,马来西亚国家最高元首授予他KMK荣誉称号;2001年,他又荣获马来西亚彭亨苏丹阿末沙71岁华诞封赐拿督DIMP勋衔。

郑天祥晚年淡出商海,落叶归根,大多数时间住在莆田老家,千方百计为家乡建设尽力。由于江口没有好酒店,许多华侨回乡探亲不能在江口下榻。为了留住江口侨胞,吸引更多的二、三代华侨回江口旅游观光,郑天祥于1996年在江口镇锦华路购买了16间店房,创办了"东风酒店有限公司",以解决海外华侨华人回乡探亲的食宿问题。

(四)重教兴学的卓亚律

卓亚律,1932年出生,莆田市城厢区华亭柳园村人。卓亚律小时家境贫寒,为图生计,11岁时跟随乡亲背井离乡,漂泊异国。海外漫漫的风雨人生,磨炼了卓亚律坚强的意志;茫茫商海的坎坷历程,增强了他精明能干的本领。卓亚律凭着自己的勤劳与诚信，在海外努力拼搏，艰苦创业，最终事业有成，家资巨富，成为莆籍著名侨商。

坎坷的商旅生涯和迢迢的辗转人生，使卓亚律深明"百年大计，教育为本"的大义，心领祖国"科教兴邦"的英明决策。改革开放之后，中华民族走上了复兴之路，年事已高的卓亚律老骥伏枥，壮心不移，思恩图报，乡情愈浓。他热心于慈善事业，每每寻根拜祖，不忘报效故乡的养育之恩，多次慷慨解囊，支援家乡公益事业。

1997年9月，卓亚律再度返回故里，顶着烈日，风尘仆仆，亲临华亭一中考察，发现师生们在一座破旧的教学楼里上课，当即决定捐资73万元，为华亭一中建设教学楼。还有"张金钗大桥"、华亭华侨医院等公益事业建设，都凝聚了卓亚律的拳拳爱心。由于卓亚律热心办学，福建省人民政府授予他"乐育英才"金匾，莆田市人民政府授予他"荣誉市民"称号。

（五）后起之秀郑金炎

郑金炎，祖籍仙游县枫亭镇人，马来西亚华联集团董事局主席、中国海南宏发置业有限公司董事长，经营范围涉及房地产业、种植业、制造业、休闲服务业、销售业等。

郑金炎幼年随父母南渡马来西亚，居住在吉隆坡，上学之余经常协助父母打理自行车行，在潜移默化中领悟到经商之道，培养了勤劳致富、勤俭持家的良好品德。

郑金炎在商海生涯中独具慧眼，早在20世纪80年代初就洞悉先机，看到了马来西亚娱乐业和休闲业的商机与前景，并积极筹划投资项目。1987年，郑金炎为了扩大业务范围，同新加坡商人傅宝联合作成立了华联集团。由于经营有方，华联集团突飞猛进，业务蒸蒸日上。于是，郑金炎开始扩大华联集团的经营范围，先后拓展了房地产、种植、文娱、休闲、服务销售、博彩等多个行业，不仅在马来西亚各州有华联集团的投资企业，而且在中国、澳大利亚、新加坡、越南、菲律宾、柬埔寨、马达加斯加等国家都有投资项目。如中国海南文昌高尔夫球场，总投资4 100多万元，球会面积近3 000亩，是一个集高尔夫球运动、餐饮、客房、休闲、商务于一体的综合性球场，也是海南第一家大型高尔夫球会，海南省人民政府授予郑金炎"赤子楷模"荣誉称号。还有澳大利亚的柏斯橄榄油园，也是华联集团在海外投资的一个重大项目。

郑金炎始终坚持"取诸社会，用诸社会"的人生哲学，热心公益，慷慨解囊，显示出中华民族乐善好施的优良品德。在国内，他曾经以夫人林彩瑛的名义捐赠300万元，捐建了广东梅县妇幼保健院诊大楼。2012年，郑金炎夫妇又慷慨解囊，捐资500万元，支持广东梅县蕉岭的教育事业。在侨居国，郑金炎创立了"华联基金会"，为家境贫困的华人学生提供助学金，帮助莘莘学子完成学业。在吉隆坡文良港，他建立了一个非营利性的洗肾中心，免费为肾脏病者提供洗肾服务。在社团工作方面，郑金炎兼任马来西亚福建社团联合会名誉会长、马来西亚兴安总会及雪隆兴安会馆名誉会长等,对华侨社团工作给予大力支持。由于郑金炎长期支持侨居地的公益事业,受到侨居国民众的好评,1998 年受到彭亨州苏丹殿下封赐拿督勋衔;1999 年,他被马来西亚最高元首封赐拿督勋衔;2006 年,马华公会中央委员会授予郑金炎"马来西亚海外杰出华裔企业家"荣衔。

三、新加坡境内著名莆商

新加坡是一个以华人为主体的移民国家,早在民国时期莆仙两县就有大量移民赴新加坡经商或定居。据《莆田县志》记载,截至 1987 年,在新加坡境内莆籍华侨华人达 7 万多人,出现了不少企业家和商界巨子。如新加坡远东机构创始人黄廷方,曾是新加坡华人首富,被誉为"亚洲四大天王"之一。又如福兴隆公司创始人林荣,事业成功之后努力回报社会,被誉为"清贫学子的救星"。还有新加坡"石油大王"林和义,事业有成之后千方百计带动家乡百姓共同富裕,积极支援家乡公益事业建设。仙游籍华侨周颖南,不仅在商界获得很大的成功,而且在文学创作方面也颇有建树,荣获"国际儒商贡献奖"。这些海外赤子,无论是他们艰苦奋斗的创业史,还是爱国爱乡的义举,事迹都非常感人。新加坡境内比较著名的莆商还有林德祥、蔡友兰、陈耀如、林雍高、林恩强、李竹庵、李庆传、李庆傅、李祺炳、黄金春、黄金宣、黄志达、黄鼎荣、黄文理、黄自强、黄日昌、黄亚兴、黄锦隆、苏明发、方文荣、林生珠、林金钵、林金源、刘新楼、刘亚松、王文顺、郑振杰、陈作富、萧文金、高介民、许清霖、郑锦廷、吴春荣、关放成等。在此选择几个具有代表性的新加坡莆商(按出生年月先后排序)介绍给广大读者,以了解新加坡莆商的创业历程。

(一)慈善老人林荣

林荣(1906—1984),清光绪三十二年(1906 年)出生于涵江后郭井头村。曾任福兴隆公司、联合巴士有限公司经理和福安树胶有限公司董事长等职,兼任关丹中华商会会长、马来西亚兴安会馆总会名誉会长、关丹兴安会馆名誉主席、关丹福建会馆名誉会长、关丹积善堂名誉主席等职。

林荣的父母以务农为生,少年时家庭经济拮据,他只读了一年多书就辍学了。"穷人的孩子早当家",16 岁的林荣随父亲南渡星洲谋生,开始时在巴士上卖票,后来又去学习驾驶汽车,省吃俭用,勤劳致富。几年后,林荣稍有积累,便筹资购买了汽车,跑起客运生意。生意刚刚起步,林荣母亲便要求他返乡成亲,他便于民国十七年(1928 年)返回家乡,与童养媳"铁灶妹"成亲。

婚后数月,林荣重返新加坡,在新加坡关丹后街创办了"福兴隆公司",经营自行车及其配件。开始几年,林荣惨淡经营,事业发展缓慢,但林荣始终坚持诚信经营、童叟无欺的理念,取得了良好的声誉。

20 世纪 40 年代,林荣时来运转,取得了英国自行车及其车胎的代理权,兼营汽车配件,生意迅速扩大。随后,林荣开始走多元化经营的发展道路,先与同乡合资创办了"联合巴士有限公司",后又创办了"福安树胶有限公司"。

1958 年以后,林荣一边大举向交通运输业进军,发展客运、货运业务;一边兼营木业、矿业、房地产业等。此后,林荣的事业一帆风顺,迅速发展成为新加坡交通业的巨擘。

林荣一生勤劳致富,非常节俭,不沾烟酒,并严格要求子女养成良好习惯。他生平最大的遗憾就是自己没有机会上学,在事业成功后第一件事就将六男四女全部送往英、澳、美等发达国家深造,使下一代接受良好的教育。大儿子和二儿子继承他的事业,在商海中努力拼搏,取得了辉煌的业绩。三儿子林亚礼弃商从政,于 1989 年出任马来西亚劳工部部长,1990 年转任人力资源部部长。

林荣是一个成功的商人,也是一个社会活动家。除担任华侨社团职务外,还兼任关丹积善堂名誉主席和关丹华侨学校董事长、关丹中华小学、美以美女校董事、关丹亚都拉英校董事、关丹亚圣汤马英校董事、关丹亚逊大女校董事、关丹雅陵巫校董事、关丹淡米印校董事等 20 多项社会职务。由于对马来西亚公益事业做出很大贡献,1980 年林荣荣获最高元首封赐的 PSM 勋衔。林荣急公好义、积德好善,早年倡建关丹积善堂,被誉为"慈善老人丹斯里林荣"。他设立了"大学生奖学金",无论是哪国人,哪个民族,凡是考上大学且家庭困难无法上学的学生,都可以申请林荣大学生奖学金,少则资助两三年,多则五六年,人们称林荣为"清贫学子的救星"。

晚年的林荣,心系祖国、情怀故土,热心家乡公益事业建设。1977 年,他捐资为家乡修建了 2 座电灌站,解决了故乡的农业灌溉问题。1982 年,他又捐资创办后郭华侨中学,独资兴建了"林荣教学楼"。同时,还创办了莆田六中"林荣、林亚礼奖学金",捐资建设莆田六中教师宿舍楼和福清江兜小学教学楼等。1984 年,林荣病逝于马来西亚,享年 78 岁。当时"林荣教学楼"尚未竣工,其儿子林亚礼继续完成父亲的夙愿。

(二)"石油大王"林和义

林和义(1909—1994),秀屿区埭头镇石城村人,新加坡海洋油轮公司和兴隆贸易私营有限公司创始人,兼任莆中高平公会主席、名誉主席等职。

林和义故乡位于莆田埭头半岛,当地人稠地瘦,百姓以海为生。林和义少年时期正值兵荒马乱,海匪猖獗,沿海百姓生活十分贫穷。迫于生计,他们三五成群结伴远涉重洋,赴新加坡、马六甲、印尼等地,以捕鱼为生。林和义跟随亲人来到印尼苏门答腊岛,从事传统的捕捞业。

20世纪30年代初,林和义回莆田娶陈亚兰为妻。新婚后不久,林和义再渡南洋,从印尼移居到对岸新加坡大埠头,日出晚归,捕鱼为生,维持生计。通过几年的辛勤努力,林和义稍有积累,便放弃了捕鱼生涯,改行做海鲜生意。他购置了一只载重量15吨的机械船,航行在婆罗洲海面,有时也远行到越南港口,收购一些海鲜运到新加坡出售。虽然长途航运非常辛苦,但收入比捕鱼好了许多。

由于婚后夫妻分居两地,林和义常年往返于家乡与南洋之间,加上妻子生下了七个子女,家庭负担重,经济比较拮据。1956年春,林和义再次回到老家,将妻子及3个儿子移居新加坡。当时林和义还只是经营小本生意,只能供一个孩子上学,便让文静体弱的大儿子林雍高继续念书,安排刚强敏锐的二儿子林恩强去汽车修理铺当学徒。然而,时运不济,一家子刚安顿下来,他的船"兴发号"就在婆罗洲撞礁出事,虽然人员平安返回,但林和义一家却陷入困境。

林和义诚信为本的品质在关键时刻发挥了作用。船只出事后,亲戚朋友纷纷伸出援助之手,东拼西凑又购买了一只旧机械船,继续从事海鲜贩卖。后来二儿子放弃了学修理汽车,跟随父亲一同出海收购海鲜,生活开始慢慢好转。

1957年,泰国海湾的一场特大海上风暴改变了林家的命运。那年夏天,林和义带着二儿子林恩强驾着小船北上柬埔寨磅逊湾收购鱼货,返回时突遇风暴,天昏地暗,巨浪滔天,狂风夹着豆大的雨点打得人睁不开眼。林和义凭着丰富的海上经验,驾着小船穿行于波峰浪谷之中,忽然一个大浪迎面扑来,整个船头卷入海浪之中。林和义见状失声惊叫,以为小船必沉无疑,但老天有眼,小船竟然从波涛之中顽强地浮了出来,惊魂未定的林和义望着儿子稚嫩的面庞说:"阿强,收鱼是面挨生水的生意,我们不能一直吃这碗饭。"海上遇险之后,大儿子林雍高不忍心父亲和弟弟长年累月在海上奔波,遂离开学校到巴士公司做工。同乡觉得林家兄弟诚实可靠,便与其合作做起石油生意。开始时只是从石油公司购进少量石油,拉到港口批发给渔船,数年后,林家兄弟创办了加油站,为过往汽车加油,开创了林家在新加坡的石油生意。

林家兄弟努力奋斗、诚信经营,仅用两年时间就发展起来。于是,林和义购买了一艘载重量为100吨的机械动力船,专门用于运输石油。此后,林家石油生意逐年扩大,到了20世纪70年代,已经拥有万吨油轮,在当地稍有名气。20世纪80年代,林家事业蒸蒸日上,拥有60多艘油轮,总吨位发展到100多万吨,还投资建设了码头、油库和多个加油站等。

进入20世纪90年代后,林家的油轮总吨位已经达到270万吨,创办了新加坡兴隆贸易私营有限公司,发展成为国际性的石油贸易商,年营业额达几十亿新币,旗下的油轮航运遍及全球各大港口。同时,林家还拓展了陶瓷、石材、珠宝及石化等行业,经营非常成功。

林和义虽然身居海外,却心怀桑梓。改革开放后,他多次回乡探亲,先后在沈阳、福州和莆田等地投资兴业,创办了陶瓷、石化、易拉罐、珠宝、码头等多个企业,为祖国经济发展做出了贡献。

林和义出身贫寒,饮水思源,深知家乡百姓生活艰辛。事业发展之后,他积极帮助家乡亲人脱贫,凡公司所需员工大多数从家乡招聘。从 1984 年起,林家企业先后从莆田招募劳工近 2 000 人。在林家的帮助下,昔日贫穷落后的莆田石城村面貌焕然一新,实现了小康生活。

2002 年,林雍高、林恩强兄弟根据父亲的遗愿,再次回到童年的摇篮地——石城村,投入 2 000 多万元,在兴化湾南岸筑起一条遮浪海堤,建起 1 480 亩海上养殖场,并引进了大连与日本杂交的皱纹盘鲍优良品种,养殖面积达 16 万平方米,解决了家乡百姓的就业问题。

林家不仅经商有道,而且非常热心公益和慈善事业。在侨居国,林和义慷慨解囊,捐资阔绰,被誉为华侨的典范。在自己老家,林家父子故园情深,一掷千金,多次捐助家乡公益事业建设。据不完全统计,林家共捐资石城至埭头公路建设资金 280 万元、埭头医院 140 万元、笏石医院 50 万元、城厢区医院病房大楼 40 万元、莆田学院实验楼 110 万元,还先后 3 次捐资 200 万元支援石城学校建设,将石城学校建设成为莆田市最漂亮的村级学校之一。同时,林家还捐资近 100 万元,作为石城学校“奖教奖学基金”,鼓励教师提高教学质量,激励学生努力奋斗学习。2011 年春节,林雍高、林恩强兄弟又捐资 300 万元,为石城学校建设教学楼。

林家的兴学义举,深受家乡人民赞扬。为了纪念林家对家乡教育事业的贡献,石城村乡亲为林和义建造了铜质塑像,一位西装革履的老人,手扶拐杖,背朝故乡的万家灯火,面对碧海蓝天……

(三)接力助学的吴家兄弟

吴开模(1920—1999),原籍涵江区国欢镇后洋村,6 岁时随父母漂洋过海,前往南洋谋生。1950 年,吴开模在新加坡创办了“开华电池胶轮有限公司”,走上了自主创业的道路。1962 年,吴开模与他人合资创办了“瑞联有限公司”,代理日本汽车轮胎、电池及配件等。

吴开书,1930 年出生于新加坡,与吴开模系同胞兄弟。吴开书少年多难,未出生时父亲就积劳成疾,撒手人寰,此后吴家兄弟相依为命,艰难度日。吴开书任开华电池胶轮有限公司董事长,为人谦逊,待人和气,热心公益事业,长期义务为当地公民服务。1986 年,新加坡总统黄金辉颁赐吴开书公共服务奖章(PBM)。1992 年,他又获得王鼎昌总统公赐的公共服务奖章(BBM)。

吴开模、吴开书两兄弟在海外艰苦创业,经过数十年的商海拼搏,终于事业有成。改革开放后,吴家兄弟开始回乡投资创业,于 1988 年与台商合资创办了涵江鞋业公司,为家乡经济建设做出积极的贡献。吴家兄弟情系桑梓,倾心尽力,慷慨解囊,助学育才,深受家乡百姓好评。吴家兄弟老家的塘头学校,创办于 1920 年,办学条件差,长期借用寺庙房屋做教室。为了改善塘头小学的办学条件,从 1953 年起,吴开模、吴开书等塘头籍侨胞纷纷捐资,支援学校建设。1981 年,吴开模、黄文峰、黄德来等海外华侨,倡导同乡侨胞捐资建设塘头学校教学楼。1985 年 9 月,吴开模等 18 位侨胞共同捐资 48 万港元(其中吴开模捐资 10 万港元)兴建五层教学楼——"侨谊楼",该楼建筑面积 1 226 平方米,建有标准化教室 12 间,以及阅览室、音乐室、理化实验室等。1987 年,吴开模又捐资 26 万元,为塘头小学兴建了四层 16 间教室的"侨模楼",并添置了一些课桌、讲台、幼儿学前班标准桌椅等。1991 年 5 月,吴开模为了改善教师住宿条件,又捐资 38 万元,捐建了一座面积 1 350 平方米的教师宿舍楼"开模楼"。据统计,1985—1991 年,吴家兄弟捐资塘头小学建设近 200 万元。塘头学校在吴开模、吴开书等华侨华人的资助下,基础设施不断完善,办学质量迅速提高。

更加难能可贵的是,吴家兄弟接力助学,长期支持家乡的教育事业发展。1989 年,吴开模由于患病未能回乡处理塘头学校的建设事宜,年过六旬的吴开书第一次返回家乡,处理建校事宜。此后,吴开书也迷上了助学育人事业。从 20 世纪 90 年代起,吴开书与印尼侨商致力于塘头学校的校舍改建、扩建事宜,带头慷慨捐资,四处奔波筹资,使塘头学校面貌日新月异。1995 年,吴家兄弟又带头出资、筹资,建立了塘头学校华侨教育基金会,至今有近千名师生得到资助。

吴家兄弟还热心家乡的其他公益事业。早在 1978 年,吴家兄弟就出资为后洋西吴生产队盖队址、修建村道、建设公厕和增设变压器等,慷慨解囊,无私捐助,数十年如一日。为了表彰吴家兄弟接力助学的桑梓之情,福建省人民政府授予吴开模"乐育英才"金质奖章、吴开书"乐育英才"银质奖章。

(四)热心教育的刘新楼

刘新楼,1921 年出生,又名伯高,涵江区梧塘镇松西村人。1938 年赴印尼谋生,1941 年移居新加坡。曾任新加坡南华企业私人有限公司董事长,兼任新加坡兴安会馆副主席、主席、名誉主席和宏文学校董事会主席、福莆仙公会名誉主席和莆田学院董事会名誉董事等职。

20 世纪 30 年代末,刘新楼在印尼同乡创办的汽车修理店当学徒,白天做工,晚上看门。20世纪40年代初,刘新楼到新加坡从事汽车修理工作,他辛苦工作,认真学习技术,为以后的事业发展奠定了基础。

1946年,刘新楼经过5年的努力,稍有积累,便在新加坡创办了"南华企业公司",经营自己所熟悉的汽车、自行车零配件。由于刘新楼精打细算、苦心经营,公司业务不断扩大,销售市场从新加坡拓展到印尼及周边国家,成为新加坡境内稍有名气的代理商。

1975年,刘新楼进一步扩大公司业务,将南华企业扩建为"南华企业私人有限公司",经销中国出产的自行车及其配件和进口汽车配件,市场拓展到新加坡、印尼、马来西亚等国,公司成为著名的汽车配件和自行车代理商。从2004年起,南华公司受英国蓝翎自行车公司委托,成为新加坡和印尼的总经销商。

南华公司健康发展之后,刘新楼开始走多元化发展道路,先后在新加坡以及中国香港和内地创办了"飞达贸易私人有限公司""新世纪国际私人有限公司""香港星南华有限公司""星南华轴承(上海)有限公司",业务涉及汽车、贸易和制造业等。

刘新楼为人秉正刚直,生财有道,但并不以丰裕的物质生活为满足,事业有成之后,他努力回报社会。早在1950年初,兴安会馆集资扩建宏文学校时,他就带头捐资,被推举为建校财政部主任。在他的大力支持下,宏文学校不断发展壮大,成为新加坡重点华文学校,新加坡政府授予刘新楼"热心教育永远荣誉奖"。

刘新楼虽然长期定居海外,但始终不忘家乡故园,事业发展之后,经常捐资支持家乡的公益事业。早在1951年,刘新楼与侨亲刘秋亭一起捐资为松东小学建设一座二层八间的教学楼,取名"解放楼"。20世纪60年代初经济困难时期,他与侨亲刘世孚一起捐赠一批化肥给家乡,帮助家乡民众发展生产。随后,又赠送拖拉机、抽水泵、电视、汽车等给家乡百姓。20世纪70年代,他还捐建了松西塑料加工场。

改革开放后,刘新楼经常回乡探亲,不仅自己捐款捐物,还动员海外华侨华人积极支持家乡公益事业建设。如家乡的自来水建设、梧塘侨联大厦建设、江口平民医院扩建、莆田县侨联大厦建设以及松西小学教学楼、梧塘一中综合楼、梧塘卫生院病房大楼、兴化职业大学、松西村道和家乡古建筑物修建等,刘新楼都伸出了援助之手。

刘新楼热心公益事业,备受社会各界赞扬。1994年,在莆田市建市十周年的庆典大会上,市政府授予其首批"荣誉市民"称号。1997年,福建省人民政府授予其"乐育英才"金质奖章。

(五)乐善好施的黄日昌

黄日昌(1921—2011),出生于涵江区江口镇石庭村。黄日昌幼年丧父,家道贫寒,15岁时跟随邻居远渡重洋赴马来西亚谋生,开始只在自行车店打工,收入微薄,苦熬数年，稍有积累后便自己开店，销售自行车。

第二次世界大战时，自行车店被日机轰炸，黄日昌便利用几块木头搭建一间小屋，与同乡合伙创办了"青年商店"，同联军做起了生意，出售一些食品和军用物资。有一天，黄日昌在新加坡办货，发现码头沿岸人烟稠密，经济繁荣，便萌发了到新加坡发展的念头。

1947 年，黄日昌辗转新加坡，当时他叔叔在新加坡美芝路经营自行车生意，店名"聚昌"。黄日昌先在叔叔店里帮忙，但聚昌店经营状况不佳，他叔叔欲将店盘给别人。于是，黄日昌便拿出自己多年积累的 1 000 元新币，将店盘了过来，成立聚昌公司，走上了自主创业的道路。

聚昌公司成立之后，黄日昌苦心经营，开始只做些门市零售生意，但营业额少，利润不多。于是，他便发展批发业务，当时在新加坡、马来西亚一带经营自行车及其配件的莆田人很多，黄日昌便到古晋、砂拉越一带联络同乡，降低利润，将自行车及其配件批发给同乡。此举非常成功，既扩大了销路，又营利不少，第一年就盈余了 9 000 多元新币。第二年，黄日昌又扩大联络范围，送货上门，生意迅速扩大，又营利了 3 万多元新币。

黄日昌的生意虽然发展较快，但只能在同乡的圈子里转，其重要原因就是他不懂英文。于是，他报读了夜校，刻苦学习，不仅学会英语，而且能用日语交流，为他以后事业发展创造了条件。

1953 年，黄日昌投资 9.9 万元新币，买下了位于维多利亚大街的一幢 4 层楼房，使聚昌公司的经营规模进一步扩大。随后，聚昌公司又与日本三洋公司合作，在新加坡代理三洋牌自行车。三洋牌自行车质量好，外表美观，又有夜灯，深受顾客欢迎，销售大增，聚昌公司获利颇丰。

从 20 世纪 60 年代起，随着摩托车、汽车工业的迅速发展，自行车逐渐淡出市场。于是，黄日昌及时转行，创办了"三洋冷气私营有限公司"，销售日本三洋公司电器，如电风扇、电饭锅和微波炉等，成为日本三洋电器在新加坡的总代理。1973 年，黄日昌女儿黄爱群从大学管理系毕业之后加盟聚昌公司，担任公司副总裁，为聚昌公司添注了新生力量。随后，留学归来的儿子黄惠群也进入聚昌公司管理层，且独当一面，聚昌公司如虎添翼。

改革开放后，黄日昌多次回乡考察，遇到家乡贫困百姓，经常慷慨解囊，出手援助，但他深知输血不如造血，送钱不如送岗位。于是，他决定在家乡投资创业，帮助乡亲就业和脱贫。短短几年之间，聚昌公司就在莆田创办了聚福、聚祥、聚茂、聚华、福祥等多个鞋革生产企业，兴建了饲料厂、染布厂等，提供上千个就业岗位。随后，黄日昌又投资 600 万元，与其他两位股东一道建设莆田凤凰山公园。同时，他先后在北京、上海、山东、安徽等地创办了多家独资企业和合资企业,并向房地产业进军。

黄日昌事业成功之后,不忘回报社会,热心支持家乡公益事业。早在 20 世纪 80 年代,黄日昌便发动海外华侨捐款建立了"石庭福利基金会",按月给孤寡老人发放生活费,每年春节还对贫困户进行慰问。同时,黄日昌还出资设立了"教育奖学金",帮助贫困大学生圆大学梦,激励侨乡学生努力学习。特别是江口华侨职业中专学校的建设与发展,倾注了他大量的心血。当得知江口石庭小学校舍老化,礼堂、教室破旧,成为危房,黄日昌带头捐款,并发动海外华侨献爱心,将石庭小学建设成为现代化的新学校。还有石庭老年活动中心、莆田华侨医院等建设项目,黄日昌都伸出援助之手。特别是在莆田学院建设中,黄日昌多次给予支持,如 1996—2001 年间,他先后捐赠 230 万元用于学校开发高科技项目;2002 年,他又无偿转让凤凰山公园南侧的 55 亩地,折合 990 万元,用于莆田学院建设教授村;同时,他还捐资设立"莆田学院日昌奖学金",奖励学习成绩优秀的学生。

黄日昌古道热肠,乐善好施,成为海外华侨的楷模。在侨居国或有生意往来的国家和地区,黄日昌都有慈善义举。他在中国香港注册了一家慈善机构——黄日昌基金有限公司,旨在帮助贫困百姓和资助学生。2011 年 12 月,即黄日昌病逝前 3 个月,还捐资 75 万元新币给新加坡南洋理工大学,作为"市长班"的奖学金。黄日昌用实际行动诠释海外游子回报社会的优良品德,体现了爱国爱乡、回报故园的桑梓情怀。

(六)新加坡富豪黄廷方

黄廷方(1929—2010),出生于莆田县江口镇石西村,担任过新加坡远东机构总裁,也是香港信和集团的创始人,以房地产为主业,兼营金融、酒店、贸易、物业管理等业务。

黄廷方幼年家境贫寒,1937 年随父亲黄孝义赴新加坡谋生,开始了神奇的海外之旅。黄廷方接受的是中华传统文化教育,少年时在兴安会馆创办的宏文小学读书,课余时间帮父亲经营杂货铺,学到了不少经商之道,养成了莆田人勤劳俭朴、吃苦耐劳的美德,中华文化成为他受益一生的精神财富。

黄廷方小学毕业后,参与父亲的杂货店经营,后来接管了商店业务,发展了酱油业,经营业务迅速扩大。但具有商海谋略的黄廷方,并不满足于小杂货店的买卖,而是养精蓄锐,伺机谋取更大的发展。

20 世纪 50 年代初期,东南亚各国先后独立,经济开始腾飞。目光远大的黄廷方把眼光瞄向了房地产业。首先,他在新加坡乌节路一带购买地皮,兴建了多个高档酒店,如乌节广场酒店、黄金广场酒店、樟宜美丽殿酒店和伊丽莎白酒店等,客房逾千间。同时,黄廷方还在乌节路附近建设了大量住宅,迅速发展成为著名的房地产开发商。由于时机把握得好,新加坡房地产业持续向上,黄廷方不仅资本剧增,而且顺利地在新加坡房地产业立足。

20世纪60年代,黄廷方创办了新加坡远东机构,并在新加坡东海岸一带开发房地产,大手笔地投资购买了多块地皮,先后建设了华登楼、金山岭等高档住宅区,其中百单元以上的住宅区就有14处之多。由于房子质量好、诚信经营,远东机构一举成名,黄廷方逐渐发展成为新加坡房地产界的名人。此后,黄廷方的事业虽然出现了跌宕起伏,但幸运之神似乎更眷念敢于挑战的商人,每一次艰难险阻他都能安然度过,事业蒸蒸日上。

20世纪70年代,新加坡经济蓬勃发展,黄廷方抓住机遇购置了大量地皮,兴建了波尔顿中心、幸运中心等商业大厦,以及数千套私人公寓,远东机构的产业规模迅速扩张,黄廷方被誉为"乌节地王"。此后,远东机构名声大振,成为"金字招牌",凡是远东机构参与开发的地区,房地产价格就迅速上涨。

20世纪80年代,新加坡房地产业出现了萎靡,但黄廷方高瞻远瞩,采取"人弃我取"的商海谋略,天天刊登"征购地皮"的广告,倾资购置了大量廉价地皮,建设了远东集团总部大楼和多个大酒店,使公司资产迅速膨胀。人们在总结黄廷方商海谋略时称之为"快半拍"商法,这也是远东机构成功的重要秘诀。

黄廷方卓有远见,善于开拓新房地产市场。1975年,他偕刚从英国名牌大学毕业的年方22岁的大儿子黄志祥,进军香港房地产业。黄廷方与马来西亚糖王郭鹤年强强联手,购买了香港九龙尖沙咀的一片地皮,创办了香港信和置业有限公司,建造了大批高质量的住宅,且首战告捷,获利颇丰。20世纪80年代初,香港经济蓬勃发展,楼价飙升,信和集团迅速发展成为香港知名的房地产开发企业。随后,黄廷方又从九龙尖沙咀向香港中环发展,在繁华地带购买了多块地皮,创建了远东金融中心,成为香港房地产界的巨头。

20世纪末,信和集团在香港"黄金海岸"的东部,即连接九龙半岛的新机场入口处兴建了一座五星级酒店、19座高层住宅大厦、88幢洋房,以及购物广场等,同时还投资建设了游艇码头和游艇会所等,资产迅速膨胀,信和集团名声大盛,成为香港地区房地产业和酒店业的领头羊。黄廷方稳定了在中国香港的基业之后,大举进军印尼、泰国、马来西亚、菲律宾以及中国大陆和台湾等地,开发了多个大型房地产项目,成为著名侨领。

黄廷方非常重视企业接班人的培养,在他的引导下,两个儿子迅速成长为精明能干的商人,他还培养了一大批企业经营人才,为黄氏家族企业的可持续发展提供了人才支撑。从20世纪90年代起,黄廷方陆续将新加坡和中国香港两地的业务移交给两个儿子经营,新加坡远东集团由次子黄志达管理,香港信和集团则由大儿子黄志祥负责经营。黄志祥现任香港信和置业有限公司董事局主席,兼任香港新加坡国际学校基金会主席、香港莆仙同乡联合会荣誉会长等职务,成为第二代莆商中的佼佼者。

黄廷方的家族企业始终以质取胜,诚信经营,远东机构在新加坡有房地产大亨之盛誉。信和集团在香港建造的翠湾园、远东广场、香园景等,分别于1999年、2001年、2003年荣获国际房地产联合会授予的"世界最佳房地产奖"。2008年,黄廷方以27亿美元的身家,在全世界华人富豪排行榜上排名第34位,与印尼大企业家林绍良、马来西亚糖业大王郭鹤年、香港影业巨子邵逸夫一道,号称"亚洲四大天王"。

黄廷方一家也非常热心华侨社团工作。多年来,黄廷方连任新加坡兴安会馆名誉主席和莆仙公会名誉会长,其长子黄志祥也担任莆田市侨联顾问,一直支持家乡的侨联事业发展。2004年,黄志祥受聘福建省侨联顾问和香港莆仙同乡联合会荣誉会长。次子黄志达也荣任新加坡兴安会馆名誉主席,积极支持新加坡华侨公益事业和当地经济建设。

黄廷方虽然久居海外,但始终怀有一颗恋祖爱乡的桑梓之心。他眷念家乡的一草一木,关心祖国和家乡的经济发展与公益事业建设。20世纪80年代,黄廷方便经常捐款支持贫困地区,中国贫困地区发展基金会会长项南专门邀请他到北京访问,他还受到国家主席杨尚昆的亲切接见。2006年9月,香港信和集团出资1 000万港元,邀请日本著名大型综合建筑机构丹下都市建筑设计事务所对莆田妈祖城核心区进行概念性设计,为妈祖城招商引资奠定了基础。同时,为了支援家乡经济发展,黄廷方多次表示将在莆田老家投资创业,要求香港信和集团内地开发部做好前期的调研工作。

(七)儒商典范周颖南

周颖南,1929年出生于仙游县鲤城镇的一个教育世家。其父周子溪于20世纪20年代前往印尼泗水谋生,先在同乡商店当会计,后到华侨学校教书,回国后创办了振文学校,酷爱文学和历史,倾心教学,被人尊称为"仙游的陶行知"。周颖南受父亲影响,从小专心读书,以优秀成绩考入仙游师范,并以"杨虹"笔名发表处女作《闺怨》,一生与文学结下了不解之缘。

周颖南师范毕业后,先在仙游城西小学任教。1949年,初为人父的周颖南因生活所逼,不得不离开新婚妻子和襁褓中的女儿,走父辈的老路,漂洋过海谋生。初到印尼,人生地不熟,周颖南从最底层干起,慢慢积累经商经验。他在两家公司当会计和内勤,一人干两人的活,努力拼搏,积累资本。

有了一定积累之后,周颖南便从印尼泗水转移到印尼的经济中心雅加达,先与同乡合资创办了"同丰贸易公司",从事西欧、美国的进口汽车配件生意。随后,周颖南又向苏门答腊和爪哇等地拓展市场,业务不断扩大。

周颖南具有商人天赋,深知金融业的兴衰是经济发展的晴雨表,便说服好友一起接办了具有悠久历史的印尼梭罗银行,并对其进行大刀阔斧的改造和重组,转变为股份制银行。随后,周颖南大胆拓展金融业务,使梭罗银行迅速发展起来。同时,周颖南又在雅加达、泗水、玛琅等地设立分行,金融业务迅速拓展到印尼全国各地。另外,周颖南还将银行业务与企业发展挂钩并进,取得同步发展的效益。

从1970年起,周颖南开始走多元化发展道路。他先后投资创办了新加坡国际纱厂和联洲油脂企业,亲自担任国际纱厂有限公司董事副经理、联洲油脂私人有限公司董事兼总经理,兼任香港年年投资公司董事局主席、马来西亚综艺机构董事。随后,周颖南又创办了针织、漂染、胶带、塑料、成衣等多个企业,并将相关企业合并成立了"海洋纺织有限公司",购置了世界最先进的生产设备,引进了大批人才,生产规模不断扩大,成为新加坡纺织业的领头羊,荣获"新加坡50家杰出企业"之一的称号。同时,海洋纺织有限公司不断兼并新加坡的同行企业,先后在南非、中国、印尼等国家投资办厂,迅速发展成为跨国集团公司。

1980年,周颖南把目光投向餐饮业。当时,新加坡流行粤菜和川菜,但周颖南却另辟蹊径,高薪聘请了正宗湖南菜厨师到新加坡掌厨,以当时尚属冷门的湖南菜为主,创办了"湘园酒楼"。周颖南推出的湖南菜一炮打响,取得很好的经济效益。随后,周颖南又先后在碧绿的新加坡河畔创建了"金玉满堂""楼外楼""明珠""百乐""芳园""灵芝"等8座高档酒楼,成立了"同乐饮食业集团"。周颖南独树一帜的经营策略,使旗下的餐饮业务迅速发展起来,仅在印尼雅加达和新加坡就开设20家高档餐厅,年营业额达5 000万新币。2001年3月,同乐饮食业集团在新加坡股票交易所成功上市,周颖南成为驰名东南亚的商界名人。

周颖南不仅在商界非常成功,而且在文学创作方面也颇有建树。他在《独乐乐,与众乐乐》中说:"业余时间,积习难改,读书、写作不断。"经商之余,周颖南兼任雅加达华文报纸《火炬报》特邀记者,先后撰写发表了《庆祝中华人民共和国成立三周年》《读方志敏烈士遗著〈可爱的中国〉》《祖国的感召》《读艾青的新作〈藏枪记〉》《百花齐放的中国画》《毛泽东主席、朱德委员长在庐山的唱酬》等一大批小说、散文和新闻报道,受到周恩来总理的赞赏。周颖南的作品具有大众化特点,善于从平凡人物和普通事件中提炼出内涵深刻的社会意义,并在作品中渗透了自己对美学的追求。周颖南以文会友,笔耕不辍,先后在新加坡、马来西亚以及中国香港、澳门、内地发表文学作品200多万字,出版了多部文集,中国现代文学馆专门开辟了"周颖南文库"收藏其作品,他是海外华人中第一个获此殊荣的。在2003年召开的第五届国际儒商大会上,周颖南荣获"国际儒商贡献奖"。周颖南一手打算盘,一手握笔杆,被誉为"南洋一支笔""最具创造力的亚太华商",成为华侨儒商的典范。

（八）航运巨商黄金宣

黄金宣（1935—2012），祖籍莆田市秀屿区，出生于印尼雅加达。1957年，黄金宣毕业于雅加达中华中学，先后从事中学教职和小学校长等职。从20世纪70年代起，黄金宣先后在新加坡大学、南洋大学和国立大学深造，研修公司法、股东法、会计和现代管理学等专业课程，为以后企业发展奠定了基础。

黄金宣及其胞弟黄金春都是新加坡石油有限公司的代理商，从销售工业柴油、船舶燃油和润滑油起家，一步一个脚印地发展。20世纪60年代后期，黄金宣、黄金春两兄弟开始代理英国石油公司的产品，并在世界各主要港口设立轮船供应燃油点，新加坡、马来西亚、印尼等国的船务公司都是他们的客户。1973年初，黄金宣、黄金春两兄弟在新加坡创办了"三达私人有限公司"（以下简称三达公司），主营燃油和润滑油，兼营运输业和船务业务。

三达公司成立后，经历了1975年、1979年两次世界"石油危机"，面临着严峻挑战。但三达公司长期从事石油代理业务，经验丰富，服务周到，深受顾客好评，不仅业务没受到影响，而且获得了英国石油公司提供的大量石油销售配额，在石油危机中获得暴利。在短短的七八年间，三达公司业务迅速发展，拥有15艘油船，载重量6万吨，成为一个上规模的石油企业。

第二次石油危机之后，世界经济开始萧条，探油、采油和船务、航运等行业一度低迷，不少船务公司倒闭，船价大跌，只剩下原来的两成。黄家兄弟抓住机遇，低价收购了多艘货轮和油轮，拥有各种运输船30多艘，总吨位达30多万吨，成为一家规模相当的船务公司。到了20世纪90年代初，三达公司成立20周年时，已拥有40艘油轮和货轮，且每年保持20%的增长速度。到了1995年，三达公司已拥有50多艘油、货轮，总吨位达60万吨，成为新加坡航运业的巨头。1995年底，黄家兄弟分立门户。黄金宣继续经营三达公司，黄金春创立了"辉煌船务管理公司"。

三达公司以船务业为主，兼营服务业。早在1981年，黄金宣就投资1亿港元，在广州合资建设了"珠江商业大厦"，后因各种原因，珠江商业大厦项目多次更改，历经千辛万苦，费了10年功夫，最后以总投资额2亿多港元建成了"广州富丽华大酒店"。随后，三达公司又在广西北海投资了"北海富丽华大酒店"，新加坡原总理李光耀曾入住该酒店后。

20世纪80年代后期，三达公司收购了"新加坡富丽华大酒店"和"阿波罗大酒店"。此后，三达公司的酒店业务蓬勃发展，先后在澳大利亚和美国加州等地收购、兼并了一批大酒店，获得了巨大成功。

商务之余，黄金宣积极参与华人社团活动，先后担任新加坡中华总商会、华中、华初的董事和兴安会馆、南洋黄氏总会名誉主席,以及新加坡莆中高平公会荣誉主席兼顾问等商团、学校及华侨社团等职务,联络同乡,协调事务,促进侨商事业共同发展。

黄金宣既是一位成功的商人,又是一位爱国爱乡的慈善家。他积极参与华人社团和学校发动的各种募捐活动,慷慨解囊,出手大方,深受好评。为了帮助家乡百姓脱贫,三达公司经常在家乡招募员工,增加乡亲的经济收入;他还多次捐款捐资,办学兴医,支持家乡公益事业,被莆田市政府授予"荣誉市民"称号。

四、其他国家著名莆商

1949年后,广大莆商纷纷漂洋过海,奔赴世界各地经商创业,几乎世界上所有的国家和地区都有莆籍商人。由于莆商精明能干、吃苦耐劳,许多人事业有成,迅速发展成为侨居国的知名企业家。如文莱境内有著名汽车代理商陈振荣、刘摩哆有限公司董事局主席刘鸿池、建源公司总经理刘鸿攀、福鸿兴汽车公司董事长张国兴、新协兴有限公司董事长李亚荣和建设新公司董事经理陈天荣等。匈牙利境内有旅匈华人总会会长、郭氏投资集团董事长郭加迪,匈牙利福建同乡会会长、郑氏集团国际贸易有限公司董事长郑春生等。阿根廷境内有中国和平统一促进会副会长王庆苍和陈荣华等。此外还有南非的保兰德集团董事长郭顺元、巴西艾力艾集团董事长郑金云和泰国侨商欧宗清等。本节选择几位有代表性的海外莆商进行介绍。

(一)文莱"汽车代理王"陈振荣

陈振荣,1932年出生于莆田市涵江区江口镇下墩村。陈振荣父亲原在马来西亚吉兰丹靠拉人力车谋生。民国末期,国民党军队四处抓壮丁,16岁的陈振荣已经长成小伙子,为了躲避国民党军队抓壮丁,选择了父辈的生存之道,下南洋谋生。

1948年,陈振荣与侄兄一道挤上了一艘满载300多人的破货轮,驶向了一望无垠的茫茫大海,从厦门出发,经过10天的海上颠簸,最后辗转到文莱。尚未成年的陈振荣,因生活所迫,先在同乡创办的汽车修理店当学徒。后来又去学汽车驾驶,开过货车、出租车,与汽车结下了不解之缘。陈振荣具有莆田人勤劳俭朴的品德,经过十年的风雨兼程和努力拼搏,终于稍有积累。26岁那年,陈振荣用自己的多年积累,租赁下武吉色里拉黄金地段的一家店铺,开始了"老板伙计一肩挑"的汽车修理营生。

陈振荣的汽车修理店虽说天天有活干,但发展很缓慢,3年下来没多大积累。1960年,29岁的陈振荣忍痛割爱,关闭了汽车修理店,创办起汽车销售代理行。当时文莱汽车很少,编号不到50号,且大部分是英国车。陈振荣的汽车代理生意开始并不景气,1个月只能卖1部汽车,艰难度日。

1961年,日本汽车工业开始起步,陈振荣熟悉日本车的机械性能,预测到日本车的发展前景,便千方百计争取到日本轿车的文莱代理权。此后,陈振荣苦心经营,销售业务迅速增长,事业蒸蒸日上。不久,陈振荣又揽到英国轿车在文莱的代理权,销售业务进一步扩大。1979年,陈振荣在牢牢控制日本轿车和英国轿车代理权的基础上,又争取到美国轿车和韩国轿车的全权代理。此后,陈振荣在文莱汽车行业名声大振,业务迅速扩大,成为文莱知名的汽车代理商。

20世纪80年代,文莱经济开始蓬勃发展,汽车需求量大增,给陈振荣的汽车代理公司带来了千载难逢的发展机遇,各种汽车型号迅速增多,销售业务不断扩大,其公司迅速发展成为文莱境内最大的进口汽车代理商。"汽车修理工"陈振荣变成了"汽车代理王"。

从20世纪90年代起,陈振荣汽车销售业务名列文莱各汽车公司之榜首,他不仅稳坐文莱汽车代理的头把交椅,而且拓展了多个行业,涉足房地产、商场、酒店等多个领域,投资遍布文莱、中国、新加坡、澳大利亚、马来西亚等国家,成为海外著名莆商。

陈振荣与广大海外华侨华人一样,具有爱国爱乡的桑梓之心。改革开放后,他几乎每年都要回家看看,不是考察投资项目,就是参加公益活动。他先后在家乡江口镇锦江工业区创办了运永胜石材公司、运永胜大酒店和运永胜江口煤气厂等,为莆田的经济建设添砖加瓦。

陈振荣是个古道热肠、急公好义的活动家。他是文莱汽车公会的发起人和第一任公会主席,还担任过文莱中华商会理事,对当地公益事业和海外华侨社团多有捐赠,在文莱华侨华人中享有盛誉。陈振荣身为中华儿女,始终没有忘怀故国家乡的养育之恩,在莆田老家的江口下墩村,不少侨捐项目都镌刻着他的名字。早在1975年,他就开始捐资支援家乡的公益事业。1993年,他获悉江口筹资修建华侨纪念馆,表示要独资捐建该项目,作为爱国主义教育基地。多年来,陈振荣先后为莆田老家的水、电、路等公益事业捐资200多万元,深受社会各界好评。福建省人民政府为他颁发了荣誉证书,莆田市人民政府授予他"荣誉市民"称号。

(二)敢为人先的王庆苍

王庆苍,1949年出生于莆田北高镇坑园村,任阿根廷中国和平统一促进会副会长、中国福建省工商总会南美洲分会副会长。

王庆苍早年从事汽车修理和货运生意,1991年带着妻儿远涉重洋,移民到太平洋彼岸的阿根廷首都布宜诺斯艾利斯定居。初到异国,人生地不熟,困难是可想而知的。当过小老板的王庆苍自然不愿意给别人打工,于是他顺着巴拉那河溯流而上,先后考察了罗萨里奥、圣菲、科连特斯,又前往阿根廷北部的萨尔塔、圣佩德罗等城市寻找商机,再到阿根廷东部的拉普拉塔、马德普拉塔考察,最后又去了阿根廷西部的门多萨、圣胡安和南部的罗森、里奥加耶戈斯等城市。王庆苍一路走、一路看,对阿根廷的市场、经济和社会发展情况有了初步的了解,最后决定从餐饮业入手。

王庆苍在阿根廷创办了莆田人经营的第一家饭店,一开张生意就很好,加上投资少,见效快,不久就收回了成本。于是,他又先后创办了多家饭店,除了在首都布宜诺斯艾利斯创办饭店外,还在罗萨里奥、土库曼等城市设立分店。几年之间,王庆苍先后在阿根廷境内共创办了15家饭店。但莆田商人十分精明,开饭店能赚钱的消息一传开,立马就有人跟风,大批莆商涌入阿根廷,饭店迅速增多,竞争杀价,利润开始下降。当阿根廷饭店遍地开花之际,聪明的王庆苍立即刹车,将正在经营的饭店全部盘给新来的同乡,赚了不少钱。

从1994年开始,王庆苍投资经营超市生意,由于当地政府对超市价格缺乏监管,利润十分丰厚,特别是富人区的超市利润可达100%～150%。王庆苍抓住机遇拼命发展,没几年就创办了25家超市。当其他莆田商人发现超市有高额利润时,王庆苍已经挖到了第二桶金。正是这种超前的商人意识,使王庆苍的事业迅速发展起来,他也成为阿根廷境内的华侨富商。

王庆苍善于开拓新的行业,这是他事业成功的秘诀。超市生意竞争激烈后,利润开始下降。于是,王庆苍又将自己创办的超市盘给同乡,从中获得大量资金。随后,他又筹巨资在阿根廷首都的市郊购买了750亩地,将莆田的龙眼、荔枝、橄榄、甘蔗等移植过去。王庆苍在阿根廷先后试种成功了多种水果,成功地将莆田盛产的水果摆在阿根廷市场上,取得了丰厚利润。

善于动脑筋的王庆苍并没有停步,始终在寻找新的商机。水果种植成功之后,他又将兴化米粉引进到阿根廷,通过宣传、示范和促销,兴化米粉凭借那极富魅力的东方味道,很快就成为阿根廷民众的时尚食品,王庆苍又大赚了一笔钱。

王庆苍身上体现了莆田商人勇于探索、勇往直前、敢闯敢干、敢为人先的精神。在他的带领下,赴阿根廷经商的莆商越来越多,目前已达7 000多人,在餐饮、超市、农业开发等行业占据了主导地位,确立了莆商在阿根廷的社会地位,受到当地民众的尊重。2007年,王庆苍被侨居国政府授予"杰出移民"荣誉称号。

事业有成,回报社会,不仅是老一辈华侨的优良传统,也是新生代海外莆商的优秀品德。汶川地震时,海外莆商踊跃捐款捐物,支援灾区,王庆苍也慷慨解囊,体现了海外莆商爱国爱乡的桑梓之心。

(三)房地产"业界黑马"郭加迪

郭加迪,1960年出生于秀屿区忠门镇一个普通农民家庭。1983年开始涉足商海,1989 年赴匈牙利经商,现定居加拿大温哥华,兼任福建省政协委员、匈牙利福建同乡会会长、匈牙利华人联合会副会长、匈牙利华人商会会长、欧华联合总会第六届委员会副主席、中华联谊会理事、中国侨联青年委员会常务理事、福建海外华侨联谊会常务理事等职。

郭加迪原是忠门一家贸易公司的职员,由于四处推销产品,在商海中练就了一身胆识。两年后,他走上了自主创业的道路,创办公司,从事商品贸易。1989 年,他只身赴泰国寻找商机,无意中获得一个信息,即匈牙利缺乏轻工产品和服装鞋帽,生意非常好做。当时,中国人赴匈牙利可以免签证,只要在匈牙利境内注册一个公司就可以办理身份证明,获得居留权。于是,郭加迪带上 6 000 美元,买了机票,孤身一人前往匈牙利考察,开始了海外的商海之旅。

初到匈牙利,人生地不熟,语言又不通,困难可想而知,还好临走时他学会了"hotel"(宾馆)、"okay"(好的)等几个简单的英语单词,好不容易找到了栖身之所。到了之后,郭加迪天天往闹市跑,发现中国鞋子与当地鞋子价格相差 10 倍之多。于是,他很快就从上海采购了一批回力鞋销往匈牙利,但第一笔生意就栽了跟斗,由于不知道"欧码"跟国内尺码的区别,又不懂得如何配码,运往匈牙利的回力鞋很大一部分销不出去。

吃一堑长一智,郭加迪重新进行了市场调查,先联络了在匈牙利经商的涵江同乡,又聘请当地人和中国留学生当翻译,学习匈牙利语和英语,慢慢熟悉行情,摸索经验,终于在多瑙河畔立足下来,扎根、发芽、开花、结果,很快脱颖而出,成为匈牙利华人企业家中的佼佼者。

从 1990 年起,郭加迪的海外事业突飞猛进,迅速完成了原始资本积累。于是,他投资 3 000 万元,创办了"郭氏(集团)有限公司",专门从中国各地组织轻工产品销往匈牙利。郭加迪精明能干,讲究信用,名声渐起,经营的产品逐渐被侨居国消费者所接受,业务不断扩大,生意越做越红火。在以后的 4 年中,郭加迪先后在捷克斯洛伐克、南斯拉夫、波兰、罗马尼亚、美国、巴西及中国香港等地设立了贸易公司,鞋贸生意遍及了整个东欧市场。

国际市场打开之后,郭加迪开始打造自己的品牌。他投资 6 000 多万元在莆田创办郭氏(福建)有限公司,建成现代化标准厂房和生活区 6.4 万平方米,专门生产 Sandic 牌旅游鞋系列,年产值超亿元,并把国内生产与国际贸易结合起来,走上了产、供、销一条龙的发展道路。

精明的郭加迪并不满足于国际贸易方面。早在 20 世纪 90 年代末期,他开始在欧洲运营了多个高端公寓项目和商业地产,强势进军美国房地产市场。1999 年,他抱着"有了闲钱就买地"的理念,开始介入国内房地产业,先后在福州成立了高佳地产、三迪地产公司，精心运作了多个房地产项目。从 2000 年起，郭加迪在房地产界大显身手，先后在福州、西安、宝鸡、武汉、莆田等 5 个城市开发了 9 个房地产大项目，有三迪·凯旋枫丹、香颂枫丹、豪生国际大酒店、云顶枫丹、木兰枫丹、君临长江等，闯出了一条"星级酒店＋住宅"的地产开发模式，营造了全新的"品质筑家"，赢得了房地产"业界黑马"的赞誉。特别是 2006 年，郭加迪在美国开发了一个大型中国商贸城，成为全美十大著名商业地产之一，也是当时闽商在美国投资最大的商业地产项目。郭氏企业从国际贸易开始，发展到鞋业加工业；从鞋材、化工起步，拓展到房地产、酒店和第三产业，迅速发展成为一个颇具规模的跨国公司。

郭加迪事业有成之后，积极回报社会，在捐建学校、修筑道路、支持莆田建设体育中心和工商联大楼等活动中，慷慨解囊，无私援助，深受社会各界好评。

(四)后起之秀郑金云

郑金云，1962 年出生于莆田市秀屿区东埔镇，现任巴西艾力艾集团董事长、重庆美每家投资有限公司董事长，兼任巴西福建省同乡会名誉会长、福建省政协委员等职。

郑金云 16 岁时跟随父亲学习蒸笼手艺，一年后孤身离家，四海漂泊。随后，郑金云在老乡的提携下加入了莆田"木材帮"，依靠诚信经营和良好的服务态度，渐渐赢得客户的信赖，生意越做越大。到了 20 世纪 90 年代初，郑金云已经完成了原始资本积累，并在莆田"木材帮"中稍有名气，于是他开始转行经营国际贸易。

1996 年，郑金云来到巴西，开始了艰难的海外商涯。起初，郑金云从事进出口贸易。当时巴西正在实施"黑奥计划"，市场一片繁荣景象，郑金云抓住机遇，从中国购买了大批的鞋子、包箱等轻工产品，销售到巴西境内。由于中国商品价廉物美，非常畅销，他获利颇丰。然而，好景不长，1997 年亚洲金融危机波及巴西市场，巴西货币大幅贬值，经济遭受重挫。刚刚在国际贸易方面稍有成绩的郑金云，生意一落千丈，损失惨重。且祸不单行，此时郑金云的父亲因车祸丧生，天灾人祸，双重打击，差一点将郑金云击倒。但郑金云擦干了眼泪，又拼搏在商海之中，先将质优价廉的莆田旅游鞋大量销往智利市场，取得成功之后，又迅速将贸易范围扩大到澳大利亚和整个南美、中东、欧洲等国家和地区，取得很好的经济效益。

从 2000 年起，郑金云开始回国发展。他先在上海创建了"艾力艾集团"，建立了制造业生产基地。随后，他又拓展了世界市场，先后在巴西的圣保罗、智利的伊基克和圣地亚哥、澳大利亚的悉尼、阿联酋的迪拜、德国的科隆和意大利的罗马等地设立了 14 个子公司，创建了一个集投资、生产、贸易、销售于一体的跨国集团，注册资金 2 000 多万美元，经营规模日益扩大。

2001 年,莆田市赴南美招商团抵达巴西招商访问,郑金云出面接待家乡招商团。当时他并没有回乡投资的计划,只是尽地主之谊,出面招待。招商团在巴西访问期间,认真向闽籍华侨介绍了国内的经济发展前景和投资环境,盛情邀请包括郑金云在内的海外乡亲回国考察。

数月之后,郑金云恰好回国探亲办事,受到家乡政府和乡亲的热情接待,看到家乡翻天覆地的变化和良好的投资环境,郑金云当即决定以智利山泰克进出口有限公司的名义,在自己家乡投资创办"艾力艾鞋子服装有限公司"。当地政府对郑金云的投资意向给予极大的支持,专门成立了一个综合服务组上门服务,为艾力艾公司办理好各种手续。2002 年 6 月签约,7 月就拿到了营业执照,8 月便开始动工兴建厂房,一年时间就实现了试车投产,2003 年产值就达 4 000 多万元。2004 年,年产值又猛增至 1.3 亿元,发展速度之快,使郑金云始料未及。于是,郑金云又分别投资 600 万美元、1500 万美元和 600 万美元,创办了艾力艾包装、艾力艾市政工程和锐鹰服饰等3 家企业,拥有员工 3 000 多人,为莆田经济社会发展做出了积极贡献。

从 2009 年起,郑金云开始进军重庆建材市场,创建了美每家建材家居广场,打造"平价、优质、一站式购齐"的建材家居大卖场。2010 年,重庆市政府隆重召开外商投资交流表彰大会,郑金云应邀参加,荣登"首届(2010)重庆客商风云榜领袖榜",受到了重庆市领导的亲切接见。

(五)商海弄潮儿郭顺元

郭顺元,1970 年出生,莆田市秀屿区忠门镇人。其父与众多忠门人一样,以做蒸笼为生,长年累月走南闯北。1985 年,正在忠门中学读初中的郭顺元,跟随父亲和舅父到内蒙古上学。

两年后,郭顺元初中毕业了,操起忠门人的老本行——蒸笼加工业,开始了四海为家的商旅生涯。但郭顺元不屑于只能养家糊口的蒸笼手艺,一年后便舍弃传统手艺,开始涉足木材生意。20 世纪 90 年代初,他已经在木材行业初露锋芒。于是,20岁的郭顺元集资在内蒙古注册了蒙东物资公司,从事一般贸易业务。

郭顺元凭着莆田人特有的闯劲和韧性,在商海中努力拼搏,逐渐扩大出口贸易业务,涉及钢铁、化工、煤炭、石油等行业,生意越做越大,在短短的三年多时间,就完成了原始资本积累。1993 年,郭顺元开始从一般贸易转向实业投资,先后与包头钢铁公司合作创办了稀土冶炼厂和包钢高速线材厂,并取得了成功。

1997 年,郭顺元在香港洽谈业务时获悉中国与南非建交的消息,便以旅游者身份前往南非考察,发现南非市场上的旅游鞋质量差。于是,郭顺元便从同乡郭加迪工厂里批发了一批旅游鞋,运往南非市场销售。开始时经营并不顺利,莆田旅游鞋质量好,但价格高,不如低档旅游鞋好卖。郭顺元并不服输,他在南非注册了公司,买了仓库、租下店面,大力进行广告营销,使人们逐渐认识到高档旅游鞋的性价比,销售量逐渐增大,出现了供不应求的局面。

但好景不长,1999 年南非经济开始萧条,货币贬值,工厂停工,商店歇业,郭顺元苦心经营的公司遭受挫折,经济损失惨重。他虽然紧张发愁,却不悲观失望,坚信这只是暂时的困难。2 年后,郭顺元的预想成为事实,南非各国从金融风暴的劫难中慢慢复苏。2002 年,郭顺元的贸易公司开始扭亏为盈。

郭顺元是个精明的商人,深知品牌的重要性,长期代理别人的产品实际上是"为他人作嫁衣"。于是,他先后在南非注册了"Powerland""Suntec"等国际品牌,并把产品扩展到鞋革、箱包皮具和体育用品等系列;还与南非境内多家贸易公司建立长期合作关系,在南美、中东、欧洲等地设立了 10 多个分支机构,贸易业务迅速扩大。2001 年,郭顺元又与郭加迪、郑金云等人合资创办了"上海国际 ACC 化工集团公司",主要生产建筑涂料和油漆。2002 年,他又在南非投资建设了占地 40 亩的"东方商城",除了自己经营鞋革系列产品外,其余店面招商出租,不仅贸易额大增,而且"东方商城"出现了大幅升值,价值达 2 亿元,取得良好的经济效益。

2003 年,郭顺元决定回家乡创业,投资 1 000 万美元,征地 115 亩,成立了"保兰德(集团)贸易有限公司"和"保兰德(集团)箱包皮具有限公司",集生产、贸易、销售和开发新产品于一体,公司业务蒸蒸日上,生产规模不断扩大,成为莆田境内知名外资企业。

改革开放以来,赴南非经商的华侨华人不断增多,约有 10 万人,但由于当地社会不稳定,侵犯华人利益的事件时有发生。华人们为了维护自己的利益,相继成立了一些华人社团。郭顺元尽管生意繁忙,仍然经常抽空参加华人社团活动,并担任南非中华福建省同乡会副会长、南非紫金会常务理事、全国非洲工商联合总会常务理事等社团职务。特别是在扶贫济困、捐款资助、铺路筑桥等公益事业方面,他慷慨解囊,踊跃捐款,深受好评。如福建省同乡会建立后始终没有固定的活动场所,开一次会就会换一个地方。为了增强福建同乡的凝聚力,便于乡亲联系和开展活动,郭顺元专门召开了理事会,倡议购置会所,并带头捐资,南非闽商积极响应,集腋成裘,终于在华人社区繁华地带购置了中华福建省同乡会会所,使海外闽商有了一个稳定的"家"。

郭顺元继承和发扬老一辈华侨爱国爱乡的优良传统,积极支持家乡公益事业,先后捐资支持莆田市工商联大楼建设,带头捐资为家乡修路建校,积极号召南非莆商关心家乡公益事业。

(六)优秀民营企业家陈驰

陈驰,1971 年出生,原籍福建省莆田市秀屿区忠门镇。毕业于西安科技大学,获经济学学士学位。任北京中门集团董事局主席,兼任帕劳中国商会会长、中国华侨青年慈善基金会主席。

1997年,26岁的陈驰前往美国追寻人生梦想。之后,他在帕劳创业,这个被人们称为地球上最后一块处女地的群岛国家,成为陈驰海外商海生涯的起点。陈驰从国际贸易入手,将中国廉价的商品卖到帕劳。由于经营方向正确,商品适销对路,他很快打出了一片天地,挖掘到了第一桶金。

2001年,已经有了一定资本积累的陈驰开始转战回国。他在北京创建了中门集团,继续从事国际贸易业务。从2004年起,陈驰开始走多元化发展道路,拓展了新能源开发、有色金属、文化产业园投资、金融业、商业地产、酒店等,旗下的子公司遍布中国大陆6个省份和台湾地区以及美国等地。

2008年5月,陈驰北京中门集团旗下的子公司在美国纳斯达克成功上市,成为一家国际投资公司。中门集团作为镁行业的旗舰企业,占据了全球约六分之一的镁市场销售份额。随后,中门集团大举向金融业发展,先后成为内蒙古银行第八大股东和抚顺银行第三大股东。

事业发展之后,陈驰不忘回报社会,反哺桑梓。他返回福建老家投资建厂,支援家乡经济发展。2008年,他为四川汶川大地震的灾民和重建北川中学积极捐款,获得中国侨联授予的“北川贡献奖”。同时,他还积极捐建希望小学,资助贫困大学生,为救助中国西部的贫困儿童做出积极贡献。2009年3月,陈驰捐资100万元在中国华侨经济文化基金会设立了专项基金——中国华侨青年慈善基金,并担任基金会主席。陈驰通过这个平台动员社会力量援助弱势群体,加强海内外青年的文化交流,传承和弘扬中华文化,推动促进青年事业和公益事业的健康发展。2011年8月,陈驰又向莆田市秀屿区翁厝小学捐资25万元,兴建“侨心工程”教学楼,被中共莆田市秀屿区委、秀屿区人民政府授予“捐资办学先进个人”称号。

陈驰是个成功的企业家,也是个热心商人社团工作的开明人士。改革开放后,在北京经营钢材贸易的闽商人数众多,约有100家规模企业。为了增进乡亲友谊,促进闽商事业共同发展,在陈驰等人积极努力下,于2010年11月成立了北京市福建企业金属商会,陈驰担任商会会长。陈驰遵循“团结、合作、互利、共赢”的办会宗旨,不断树立服务思想意识,积极联络会员企业,坚持以服务会员为目标,广泛联络在京从事金属行业的闽商,积极发展会员,使金属商会迅速发展成为北京地区的著名行业协会,搭起了政府与商人、商人与商人、商人与社会之间相互联系的桥梁与纽带,促进闽商事业的共同发展。

陈驰作为海外华人,始终怀有一颗爱国爱乡的桑梓之心。他兼任帕劳中国商会会长,始终以华侨社团工作为己任,积极帮助赴帕劳的华侨企业家在海外创业,努力协调好中国侨胞与当地居民和帕劳政府之间的关系。

陈驰以其睿智和胆识在商界中纵横捭阖,展现了一个商业奇才的商海谋略。在同胞危急之际,陈驰一腔热血尽显侠胆忠心,赢得广大侨胞的称赞。面对弱势,陈驰又以一片赤子之心慷慨相助,赢得祖国和家乡人民的敬重。2010 年,陈驰荣获"中国民营优秀企业家"称号,并多次作为优秀企业家代表随同党和国家领导人出访外国。

第四节

海外莆籍华侨社团组织

莆籍海外华侨华人大多通过亲朋好友介绍出国,具有一地一业、集中居住和区域性明显等特点。二战之后,随着海外华侨华人的日渐增多,以及社会地位的日益提高,侨民的联谊活动也日益频繁。他们"为了相互沟通,共谋福利,一般都建有社团组织。初期依地缘、亲缘关系成立小团体,机构简单,活动范围较小。随着商贸活动和各项事业的发展,逐渐演变成较大的联合性会馆,有的会馆还开办实业,开展对外联络活动"。[①] 特别是现代以来,随着中华人民共和国的日益强大和中国政府国际地位的不断提升,海外华侨联谊活动更加广泛,华侨社团组织发展迅速。据不完全统计,目前世界各地共有 61 个莆籍华侨社团组织和众多的华人行业公会。

莆籍华侨华人创建的海外社团与国内商人会馆基本相似,通常以"兴安会馆"或"莆仙同乡会"为名,且大多数与天后宫合二为一,以妈祖信仰为纽带联络同乡,开展联谊活动。海外华侨"社团活动一般是调解纠纷,解决困难,协调理顺关系;帮助亲朋好友谋职业;或是举办公益慈善事业,资助贫困华侨;加强各侨团之间的协作联系;保障华侨的各项权益等。各社团组织拥有一定的职能和职权,以保障各项活动的顺利实施"。[②] 本节着重介绍几个海外兴安会馆、同乡会和行业公会,以帮助广大读者了解海外莆籍华侨社团组织的基本概况和联谊活动。

一、马来西亚境内主要莆籍华侨社团

马来西亚是莆仙移民最早的国家之一,境内莆籍华侨华人众多,华侨社团活动历

---

① 莆田市地方志编纂委员会.莆田市志[M].北京:方志出版社,2001:2437.

② 莆田市地方志编纂委员会.莆田市志[M].北京:方志出版社,2001:2437.

史悠久。马来西亚境内最早的华侨社团是"福莆仙会馆",创办于清朝末期,其次是"兴安会馆总会"。从民国中后期起,马来西亚境内陆续成立了 20 多个兴安会馆,现马来西亚境内共有 33 个兴安会馆,其中规模较大的有太平兴安会馆、麻坡兴安会馆、巴生滨海兴安会馆、登加楼福莆仙会馆、山打根兴安会馆、柔南兴安会馆、淡乌鲁兴安会馆、关丹兴安会馆、古晋兴安会馆、槟城兴安会馆、雪隆兴安会馆、马六甲兴安会馆、霹雳兴安会馆、吉兰丹兴安会馆、关丹兴安会馆、森美兰兴安会馆、金马兴安会馆、天定兴化会馆、美里兴安会馆、亚庇兴安会馆、丁加奴兴安会馆、雪兰莪兴安会馆、淡属兴安会馆、乌鲁冷岳兴安会馆等。同时,马来西亚境内还创办了众多的莆仙同乡会,如吉隆坡福莆仙同乡会、诗巫兴化同乡会、株巴连福莆仙同乡会和吉玻福莆仙同乡会等。另外,海外莆商还以行业为纽带建立了一些行业公会,如马来西亚诗巫兴化莆仙公会、砂拉越兴安公会、瓜拉庇劳福莆仙公会等,这些公会既具有商人会馆的性质,又具有行业公会的功能。由于马来西亚境内华侨社团众多,不能一一叙述,本节着重选择几个有代表性的华侨社团进行介绍。

(一)马来西亚兴安会馆总会

马来西亚兴安会馆总会是一个全国性的莆籍侨民社团,成立于 1970 年,下辖 33 个分会,历任会长有林金树、童玉锦、陈仁华、陈兰、郑天祥等,名誉会长(顾问)有童玉锦、陈仁华、陈兰、郑天祥等人。现任会长吴金华。

兴安会馆总会每年举行一次全国会员代表大会、三次常务理事会,以检讨和策划总会当年度工作。全国会员代表大会由各地分会轮流承办,旨在增进兴化侨民友谊、促进乡亲团结、推动莆商企业发展和商议侨民各项公益事业建设等。

兴安会馆总会非常重视侨居地华人子女教育问题,始终把发展侨民教育事业作为会馆宗旨之一。1973 年,在原会长林金树、总务徐福隆和财务童玉锦等侨商的大力支持下,众理事慷慨解囊,发起筹募大专贷学基金活动,用于帮助贫困家庭的子弟入学深造。随后 3 年,众侨商积极捐助,基金总额增加到 600 万马币,有 600 多名华侨子弟受惠。同时,会馆还创办了多所夜校,帮助老一代侨民脱盲,提高侨民的文化水平。

兴安会馆总会注重华侨社团组织的接班人培养工作。1982 年,总会成立了青年团组织,领导各分会的青年团,积极策划开展有益于侨民身心健康的文化、体育和娱乐活动,成为推动侨民社团组织发展的生力军。1989 年,又成立了妇女总委员会(简称妇总),在马来西亚各地成功举办了一系列旨在提升妇女素质的活动,促进总会与各分会之间的联系。妇女委员会和青年团组织,成为推动兴安会馆总会各项事业发展的得力助手。

兴安会馆总会成立后,一直借用马六甲兴安会馆和雪隆兴安会馆的办公地点,解决会所问题成为各届侨领的重要任务。1999年,会馆理事会发起募捐会址建设基金的活动,拿督郑天祥、卢金峰走遍了马来西亚各地33个分会馆,发动在马莆商慷慨解囊、鼎力相助,集资在吉隆坡怡保路购买了一座4层楼房,解决了兴安总会的会所问题。同时,兴安会馆总会为了发扬莆田人守望相助的传统,各下属分会有较大建设项目都会互相帮助,如各分会修建房屋、创办学校或购买新会址等,总会都会拨款赞助,并致函各分会给予支持,促进各地华侨社团事业的共同发展。

兴安会馆总会除了本身开展各种联谊活动外,还与大马福州总会、大马永联会、大马南联会、大马安溪总会、大马晋联会、大马惠安联会及大马龙岩联会进行联谊,每年轮流主办"福建乡亲新春大团拜",以促进福建同乡的团结与友谊,扩大莆仙侨民的联谊范围。

兴安会馆总会成立以来,虽然社团领导几番更新,但历任侨领都能主动担负起敦睦乡谊,促进侨民文化、教育和工商业发展,以及谋求社会福利的重任。历届理事会积极发动各地乡长和侨民,群策群力、任劳任怨、苦心经营、精心策划、造福乡亲,为侨民公益事业建设和当地经济社会发展做出积极的贡献。

(二)马来西亚太平兴安会馆

马来西亚太平兴安会馆原为福莆仙会馆,成立于清光绪二十五年(1899年),是海外莆仙华侨最早成立的社团组织。19世纪中叶,大批莆仙百姓因生活所迫前往马来西亚太平地区当矿工,人数近5 000人,且大多为单身男子,遇到生病住院,没有家属照顾,其情状非常可怜。如遇工伤事故或不幸死亡,没人掩埋,抛尸野外,极其凄惨。同时,同乡人数众多,没有会馆,同乡之间的联络感情、互相帮助等也无从谈起。鉴于此,先辈郑美、颜绍、黄峰、李立、陈厝等5位乡贤,召集福州、莆田、仙游三地同乡,成立了福莆仙会馆,并集资创建崇圣宫,奉祀观音、妈祖和"三一教"创始人林龙江。

福莆仙会馆以莆仙同乡为主体,吸收了福州华侨参加。馆内设有善后部,备有棺材,为不幸丧生他乡的同乡料理后事,并设有医疗部和互助部,为同乡延医施药和开展其他互助项目。

1941年底,日军入侵东南亚各国,福莆仙会馆被迫停顿,馆内所有文件、物品等荡然无存。1947年5月,马来西亚光复后,莆仙侨民复办会馆,改名为太平兴安会馆,并在侨民联谊活动、解决纠纷、协调事务、帮扶难民、促进莆商企业发展和支援家乡公益事业建设等方面,做了大量有益的工作。同时,太平兴安会馆还筹集了一笔教育基金,每年向优秀华侨子女颁发奖学金,鼓励华侨后裔努力学习,多出人才。

1979 年,太平兴安会馆筹资建设了新会所,推举黄安世、黄国安为会馆建委会主席,由叶焕武、徐德辽、阮荣丰等人进行策划,获得了马来西亚兴安会馆总会会长林金树、马来西亚各分会馆和全马工商界同乡的鼎力相助。

1984 年 11 月,太平兴安会馆新会址竣工落成,并举行第 15 届马来西亚兴安会馆总会全国代表大会,进行了换届选举,全马 30 多个会馆侨领前来祝贺。但经过一个世纪的开采,太平地区的锡矿资源已经枯竭,莆仙矿工和矿主大多数移居别处,一些有经济实力的莆籍侨商陆续迁往外地,太平地区的莆仙侨民人数大减,换届时只剩下 150 多名会员,太平兴安会馆失去了原来大社团的地位。

(三)马来西亚古晋兴安会馆

马来西亚古晋地处沿海,移居该地区的老一辈莆籍华侨以涵江区江口镇港下自然村和后墩村的农民居多,主要从事捕捞业和商业。第二次世界大战前,古晋地区渔业发达,莆籍渔船达三百多艘,但经常出现同业纠纷,于是莆仙同乡便成立了渔业公所,推选郭天和为主席,何顺良、方亚坤、李永华、林立夫为副主席。渔业公所的职责是协调侨民之间的关系,及时解决侨民之间的矛盾,兼顾办理家乡赴砂拉越人员的入境手续等。同时,渔业公所还集资创办了民强学校,解决了莆田同乡子弟的读书问题。

二战结束后,古晋地区的莆籍华侨逐渐增多,经济实力日益增强,侨民们开始酝酿创建兴安会馆。1945 年底,莆籍华侨酝酿成立了"古晋兴安会馆"筹备会,由涂耐冰起草章程,推举德高望重的老华侨牵头联络,动员莆仙同乡入会,1946 年春,500 多名莆仙同乡欢聚一堂,宣告成立古晋兴安会馆,章程规定:凡操兴化发言者均可入会。由于会员众多,加上一些有经济实力的侨领牵头,古晋兴安会馆很快成为马来西亚境内颇有影响力的华侨社团。

古晋兴安会馆成立后,坚持兴学育才,推行慈善,历届执委慷慨解囊,出钱出力,不辞劳苦,为同乡排难解纷,谋求利益,建树颇多,厥功至伟,深受莆仙同乡好评。

二、印度尼西亚境内主要莆籍华侨社团

印度尼西亚是莆籍华侨华人较多的国家之一,境内华侨社团众多,各种联谊活动开展得有声有色。早在民国时期,莆仙华侨就在印尼境内成立了多个兴安会馆、同乡会和行业工会等。1949 年后,印尼境内莆仙华侨社团组织迅速发展,相继成立了雅加达九鲤洞、福莆仙总义祠基金会、巨港兴安会馆、锡江兴安会馆、泗水兴安会馆、坤甸兴安会馆、棉兰兴安会馆、三宝垄兴安会馆、占碑福莆仙同乡会、梭罗莆仙乡会、泗

水福莆同乡会、兴安大众福利会、泗水仙溪福利基金会等。本节介绍印度尼西亚境内几个有影响力的华侨社团,以帮助读者了解印尼境内莆籍华侨的联谊活动。

(一)印尼雅加达兴安会馆

雅加达兴安会馆成立于 1940 年 7 月,由宋士镛、林廷登、林泰等人发起组织,时值日军占领印尼大部分地区,殖民政府禁止民众集会,无法召开会员代表大会,只好召开筹备委员会,决议成立了雅加达兴安会馆,确定了第一届执监委委员名单,聘任林廷登为名誉主席,宋士镛为副主席,郑凤翔、林景烙、戴来发等人为顾问。第一届执监委委员就职后,参加福建侨团赈灾会,发动会员捐款捐物,积极支援祖国抗日,做出积极的贡献。1942—1945 年,日军大举侵犯爪哇群岛,雅加达兴安会馆被迫停止活动。

抗战胜利后,雅加达兴安会馆恢复,先由著名莆商宋士镛驻会处理日常事务,后由陈庆嘉、林文祥、林朝庭等三位侨商义务代办会馆的联络事宜。1974 年 8 月 31 日,雅加达兴安会馆举行复馆后第一次会员代表大会,共有会员 395 名,会议筹募资金设立基金会,广大会员热烈响应,慷慨解囊,时逢福州和莆田地区发生水灾,会馆将募捐款交赠给福建侨团转送家乡施赈。

雅加达兴安会馆历来重视侨民福利事业。1956 年 6 月,会馆筹建了兴安小学,解决了侨民子女就学问题。兴安小学在校董部和莆商林文祥、郑金钊、蔡文焕、陈琴棋、郭友谊、陈锦瑞、陈庆嘉、林朝庭、周颖南等人大力支持下,迅速发展起来。1957 年,又扩办了初中校,增设了夜校,学生由 200 多人发展到 1966 年的 1 000 人。后因印尼发生"排华"事件,1967 年学校被迫停办。

雅加达兴安会馆还经常开展各种赈济救灾活动,平时会员家里遇到红白喜事,会馆都会派员协助,并从经济上给予支持,经常给困难同乡及其子女发放生活补助、津贴和助学金等。同时,兴安会馆还经常与当地政府沟通联络,帮助侨商做好各种呈报手续、申请减免税赋等事宜。特别是在促进侨民商务发展和帮助侨商企业解决困难方面,会馆发挥了积极的作用。

雅加达兴安会馆组织健全,联谊广泛,会务活跃,影响广泛,在印尼 300 多个华侨团体中具有较大的影响力,成为印尼四大侨团之一。

(二)印尼泗水福莆同乡会

印尼泗水福莆同乡会成立于 1951 年,其宗旨是团结同乡,促进乡谊,推展福利互助精神。福莆同乡会第一、二、三届理事会主席分别由翁文英、黄文峰、郭兴祥担任。1955 年,印尼莆商踊跃捐资,建设了福莆同乡会新会所,此后华侨联谊活动更加频繁。

泗水福莆同乡会还发扬莆仙传统文化,积极开展各种文娱活动,经常组织演出莆仙戏、十音八乐演奏等,使莆田传统文化在海外得到了传承。1960年,印度尼西亚发生"排华"事件,当局禁止华人在县级乡镇进行商务活动,小商小贩大量失业,大批莆商毁家荡产,流落街头。福莆同乡会大力开展救助难侨活动,将会所辟为临时收容所,接待同乡膳宿,分期分批地将难民遣返祖国。

经历这场浩劫之后,印尼莆籍华人更加团结,海外莆商更加努力拼搏,陆续创办了一些工商企业,商务日渐兴盛。但好景不长,1965年印尼"排华"之风再起,且势头更猛,印尼当局封闭了各地华人学校,解散侨民社团,禁止华文、华语交流。1968年,泗水福莆同乡会会馆被当局查封,会馆活动被逼停止。

1983年,印尼"排华"风波逐渐平息,莆商郭兴祥、许明登等人发起重建基金会,并在公证处立案登记了第四届印尼泗水福利基金会,由李文献、许明登任正、副主席。从1997年起,泗水福利基金会起用年青人,由王振祥任主席,李志良、关永遵等任副主席。2002年,选举产生了第七届泗水福利基金会理事会和监事会,仍由王振祥任主席,陈金福、陈子忠、杨金清、郭亚毛、陈玉泉任副主席,并购置了新会所。

印尼泗水福利基金会积极开展各种华侨联谊活动,不少著名侨商融入印尼主流社会,参政议政,争取多元族群的合法地位,敦促印尼当局铲除民族歧视政策,为争取华侨华人权益做出积极贡献。

(三)印尼福莆仙基金会

印尼福莆仙基金会的前身系印尼福莆仙总义祠广化禅寺,由莆田南山广化禅寺赴印度尼西亚的本清和尚与莆田侨民共同创建的宗教机构。1965年"九卅"事件后,印尼政局动荡,莆仙侨民借福莆仙总义祠代替兴安会馆职责,凝聚同乡,开展联谊活动。1976年,由莆商卢善美、黄文琛、黄文麟等人发起创办福莆仙基金会。2000年,福莆仙总义祠改为福莆仙基金会,广化禅寺总义祠为其下属机构。

印尼福莆仙基金会秉承兴安会馆的宗旨,热心服务同乡,救济难民,在侨居地扶贫济困,集资创办了兴安学校,并积极支援家乡公益事业建设,先后捐建了莆田市医院、莆田医院、涵江医院、平民医院等病房大楼,还通过中国驻印尼大使馆捐助中国西部少数民族"希望工程",深受社会各界好评,被福建省人民政府授予"兴安利民"金质奖章。

三、新加坡境内主要莆籍华侨社团

新加坡是莆籍华侨社团较多的国家,仅次于马来西亚和印尼。新加坡境内最早的莆籍华侨社团创办于1920年,即新加坡兴安会馆。随后,新加坡陆续创办了一些莆仙会馆、行业公会和同乡会,其中比较著名的有莆中高平公会、福莆仙乡侨联谊会、南洋莆田会馆、荔城俱乐部、福莆仙公会等。

(一)新加坡兴安会馆

新加坡兴安会馆创建于 1920 年,由陈耀如等 10 多位著名莆商发起组织。兴安会馆成立后发动会员捐资创建了宏文学校,解决了侨民子女就学问题。兴安会馆初建时租赁了新加坡桂因街 133 号为会址,以后两度搬迁,最后由会员集资在三龙路购置了新会址。历届主席有林金源、刘新楼、李庆传、李竹庵、陈耀如、陈慎余、唐文理、林生珠、苏仪福、苏志红、何文霖等。

新加坡兴安会馆历经英国殖民地、日据、自治以至建国等阶段,各届理事会积极开展联谊活动,敦睦乡谊,促进莆商事业共同发展,秉承"文献名邦""海滨邹鲁"之遗风,发扬文化教育等使命,深受海外侨民赞扬。

1970 年,新加坡兴安会馆召开 50 周年金禧纪念大会,参加会员众多,场面热烈壮观,并出版了单行本纪念特刊。20 世纪 80 年代初,新一届理事会发起扩建宏文学校,新加坡莆商慷慨解囊。1982 年,宏文学校新校舍落成典礼,莆仙同乡欢聚一堂,共同庆祝。

新加坡兴安会馆现有会员 500 多人,绝大多数会员系莆籍华人,会员中先后有 11 人获得莆田市人民政府授予的"荣誉市民"称号。

(二)新加坡莆中高平公会

莆中高平公会创立于 1947 年 10 月,由侨商唐文理、郑文高、林天建、林九三、林德美、陈鸿硕等人发起组织。会员主要由忠门、北高、平海、埭头 4 个乡镇的同乡组成,早期的会员大多以海为田,捕鱼为生。

莆中高平公会成立有着复杂的历史背景。二战结束后,一些因战乱而逃难的莆籍华侨陆续返回新加坡,重操旧业,从事渔业生产。当时国内大批莆田人为了逃避抓壮丁而迁居新加坡,莆籍华侨剧增。为了团结同乡,联络感情,增进友谊,发挥互助合作精神,莆田同乡于 1946 年 12 月 20 日成立了筹委会,筹备成立华人社团组织。1947 年 2 月 13 日晚,唐文理主持召开捐资大会,审议通过了莆中高平公会章程,推举刘亚赞、刘亚汉、林亚望、宋开国、黄生土等 5 名委员,指定林天建、刘芳草为印度尼西亚廖内地区的联络人;林德美、许文祝为巴来地区的联络人;丘全钟、刘文华为马六甲、麻坡地区的联络人;林九三为砂拉越地区的联络人,积极发展会员,筹集资金。1947 年 10 月 10 日,莆中高平公会正式成立,其中"莆"指莆田,"中"指忠门,"高"指北高,"平"指平海,由黄金宣、林恩强、陈福林等人先后担任理事会主席。

1953 年,侨领陈六使号召新加坡侨民筹办南洋大学,莆中高平公会积极发动会员捐资办学,先后开展了"司机义驾""理发师义剪""三轮车义踏""小商小贩义卖"等募捐活动。1954 年,莆中高公会捐巨款建设南洋大学,成为南洋大学的会员。

新加坡独立后,经济逐渐繁荣,莆中高平公会会员大多数加入侨居国国籍,不少莆商事业有成,成为侨居国的著名商人,在新加坡经济建设和社会发展中做出了积极贡献。1975 年,莆中高平公会着手筹办宏文学校,成立了五人小组(林和义、黄金宣、林源泉、蔡文高),专门负责筹集建校资金,并设立了奖学金,鼓励华侨子女努力学习。

莆中高平公会成立后积极开展联谊活动,得到会员和社会各界的好评。会员侨领热心为同乡服务,扶贫济困,尽心尽力,全力以赴,得到莆田同乡的称赞。同时,公会还积极支持家乡的慈善公益事业建设,如 20 世纪 90 年代初,公会主席黄金宣捐资50 万元,建设黄瓜岛淇沪小学教学楼,铺筑了东林淇沪公路 2.8 公里。1991 年,公会赞助 6 万新币作为《莆田乡讯》办刊基金。1993 年,公会捐资 100 多万元,支援笏石、埭头卫生院建设。1995 年,莆中高平公会发动会员赞助 600 多万元,用于家乡公路建设。据不完全统计,莆中高平公会及其新加坡侨领共向家乡捐资总额 1 000 多万元。

(三)新加坡三大莆籍侨民社团

新加坡境内三大莆籍侨民社团是指南洋莆田会馆、兴安天后宫和荔城俱乐部,"三位一体",长期紧密合作,共同开展各种联谊活动,取得良好的成效。

新加坡兴安天后宫成立于 1920 年,是三个社团中最早成立的同乡组织,侨民通过妈祖信仰这一纽带,将莆仙同乡紧密联系起来。

1950 年,新加坡境内莆田同乡发起成立了荔城俱乐部,积极开展各种联谊活动,成为新加坡境内又一莆籍华侨社团。

1957 年,莆田同乡成立了南洋莆田会馆,共有会员 228 名,成为新加坡境内一个颇具影响力的华侨社团。新加坡南洋莆田会馆成立之后,肩负促进乡亲情谊、发扬传统文化的重任,经常为乡亲举办民族传统节日庆典。

新加坡境内三大莆籍华侨社团经常联办"新春团拜"、"头牙"(农历正月十六日)、"端午节"、"莆田公建普度"(七月)、"中秋节"和"尾牙"(农历十二月十六日)等传统节日庆典活动,积极开展国庆节和社区性纪念庆典,经常组团参加各地恳亲大会和庆典会议,接待来新加坡访问的中国文化团体和经贸代表团。

1980 年,天后宫得到当地政府获准成立了理事会。随后因城市重建,南洋莆田会馆和天后宫搬迁到马德拉街,在芽笼 33 巷购置馆所。2004 年 3 月,南洋莆田会馆改名为新加坡莆田会馆。

四、其他国家和地区的莆籍华侨社团

莆仙移民习俗历史悠久，移居范围广泛，除了东南亚各国外，在东亚的日本、韩国、朝鲜，欧洲的德国、法国、英国、意大利、西班牙、俄罗斯，北美洲的美国、加拿大、墨西哥，南美洲的阿根廷、巴西，以及非洲的南非、纳米比亚、利比亚等国，都有大量的莆籍侨民，不少国家成立了莆籍侨民社团。在此着重介绍阿根廷、西班牙和纳米比亚等国家的莆籍华侨社团。

(一)阿根廷罗萨里奥华人商会及兴化同乡会

改革开放后，莆田人陆续向南美洲各国移民，并在当地形成了一个颇具实力的莆田商帮。据不完全统计，在阿根廷创业的莆商约有 7 000 人，在罗萨里奥经商的莆籍华侨就有 1 000 多人，且大多数为江口人，主要从事超市和餐饮业，现有 30 多家超市、多家豪华餐馆和众多的商店，还有不少莆田人创办的贸易公司。

2001 年，中国华侨在罗萨里奥成立华人商会，其中莆籍会员有 100 多人，会长关国武系莆田人，兼任阿根廷福建省同乡会副会长和兴化同乡会副会长。

阿根廷兴化同乡会创建于 1999 年，第一届、第二届会长由莆商王庆苍担任。第三届会长由林国兴担任，黄敏任常务副会长，郑飞艇任秘书长，吴国荣任监事长，吴雄鹰任理事长。

阿根廷兴化同乡会成立后，积极维护旅阿莆仙同乡的团结与友谊，引导会员遵纪守法、文明经商、公平竞争、协商合作，促进华人经济和其他事业发展。兴化同乡会积极发挥"侨胞之家"的凝聚作用，凡侨民家庭纠纷、子女婚姻、经济纠纷等，不管大事小事，分内分外，理事们都尽心尽责、关心帮助、无私奉献。如 2001 年阿根廷发生动乱，莆籍企业和侨民经济惨遭损失，人身安全受到威胁，兴化同乡会全力救助侨民，安置同乡生活，提供资金帮助，支持侨民生产自救。兴化同乡会还经常对阿根廷贫民实施人道主义援助，如赈灾救助、帮助难民和支持公益事业建设等，得到当地民众的好评。

阿根廷兴化同乡会关心家乡公益事业建设，每当祖国和家乡遭受灾害时，同乡会都会开展赈灾捐助活动，向家乡人民献爱心。

阿根廷兴化同乡会始终与祖国和家乡保持着密切联系，满腔热情地接待来阿根廷访问的党和国家领导人，以及各级政府访问团和经贸代表团等，经常应邀组团回国参观访问，成为中阿友谊的桥梁与纽带。

(二)西班牙福莆仙同乡会

西班牙是世界著名的旅游胜地，改革开放后有不少莆仙人移居西班牙境内，分布在各大城市经商兴办企业。据不完全统计,西班牙境内现有莆仙乡亲 1 500 多人,大部分来自涵江区江口镇,在首都马德里和大西洋加那利群岛的莆籍侨民,主要从事餐饮、百货等业务,现有 200 多家莆商创办的公司、企业和商店。

西班牙福莆仙同乡会成立于 2003 年 5 月,总部设在大西洋加那利亚群岛中最大的岛屿特内里费岛,首届会长蔡俊凡,第一副会长李凡;常务副会长陈铭泉、李森、王建国、黄文荣、蔡进瑞、蔡光华、李金水、李子平;副会长有陈国宝、何金木、张振辉等 12 人;秘书长李志成。

西班牙福莆仙同乡会积极开展侨民联谊活动,协调解决侨民具体问题,扶贫济困,救助难侨,支持公益事业,取得较大成效。

(三)纳米比亚中华工商联合会

纳米比亚中华工商联合会创建于 1999 年 11 月,首届会长林金淡,常务副会长陈庆平。商会创办有《商会会刊》,作为中国侨民联络和联谊的载体。林金淡系莆籍商人,主要从事洗涤用品、床垫等批发生意。

纳米比亚中华工商联合会的会员主体为赴纳经商的港澳台同胞和中资公司及其工作机构的人员。莆商会员约有 100 人,主要从事超市、餐馆等服务业。

纳米比亚中华工商联合会宗旨是团结广大侨胞,促进华人各项事业发展,维护华侨华人的正当权益,鼓励会员融入当地社会,努力提高华侨华人社会地位,积极为当地政治、经济、文化和社会各项事业发展做贡献。坚持继承和发扬中华文化,爱国爱乡,为促进中纳两国友谊和经贸交流进行不懈的努力。